엑셀과 비교하며 배우는
파이썬 데이터 분석

장진홍 지음 / **이춘혁** 옮김

Jpub
제이펍

차례

옮긴이 머리말

'업무'라고 하면 엑셀이라는 프로그램을 쉽게 연상시키는 단어 중의 하나라고 생각합니다. 그만큼 엑셀은 보편화되어 이미 회사의 다양한 업무에서도 필수라고 할 만큼 중요한 도구가 되었습니다. 아울러 효율적이고 편리한 사용을 위해 엑셀도 버전을 거듭하며 새로운 기능과 함수들을 제공하고 있습니다. 따라서 업무에 따라 엑셀만으로도 충분히 만족할 만한 결과와 데이터의 관리가 가능한 사용자는 하루 업무의 시작과 끝을 엑셀과 함께하는 일도 많을 것입니다.

하지만 처리하는 데이터의 양이 많아지고, 엑셀에서 사용자가 필요한 기능을 제공하지 않는다면 데이터 처리 속도와 기능에 대해 아쉬움이 남는 사용자도 많을 것입니다. 이 부분에 대한 해결책의 하나로 파이썬을 생각할 수 있습니다. 파이썬은 엑셀이 할 수 있는 일과 없는 일을 모두 할 수 있습니다. 다만 우리가 엑셀과 대화하는 방식과는 다른 부분이 있으므로, 파이썬을 사용하기 위해서는 파이썬과 대화하는 방법을 배워야 합니다. 파이썬은 엑셀에 비하면 사용자와 덜 친화적이지만, 다재다능함과 속도 면에 있어서는 파이썬의 손을 들어줄 수밖에 없습니다.

이 책에서는 업무에서 자주 사용하는 엑셀의 기능을 확인하고 이를 파이썬에 적용해 파이썬과 대화하는 법을 학습합니다. 또한 엑셀에 익숙하지 않거나 파이썬을 처음 배우는 학습자 모두에게 엑셀과 파이썬의 기초 지식을 전달하고, 편리하고 시각적인 데이터 관리 방법을 설명합니다. 이를 통해 엑셀의 단점을 파이썬의 장점으로 보완하여 보다 효율적인 업무를 가능하게 하고자 하는 것이 이 책의 목표 중 하나입니다.

코드와 파이썬에 익숙하지 않은 독자는 내용만 이해만 하고 넘어가는 것보다는 코드를 직접 입력해 보고 실행하면서 결과를 확인하고, 에러를 고쳐 나가면서 코드와 친숙해지는 것이 파이썬을 익히는 가장 빠른 길이 아닐까 생각합니다.

파이썬이 여러분의 목표를 이룰 수 있도록 도와주는 좋은 도구가 되어 목표에 한 걸음 더 다가갈 수 있기를 바라겠습니다.

옮긴이 **이춘혁**

 추천사

먼저 저자의 책을 소개할 수 있게 되어 매우 기쁩니다.

PC부터 모바일 시대에 이르기까지 모두가 데이터의 폭발적인 성장과 함께 데이터의 중요성을 느끼고 있습니다. PC 시대는 키보드, 스캐너 등의 기기를 통해 정보의 디지털화가 진행되었으며, 모바일 시대는 스마트폰의 카메라, GPS, 자이로 센서 등을 통해 위치와 움직임 추적, 행동 선호도, 감정까지 디지털화가 진행되고 있습니다. 2000년까지 전 세계에서 약 12EB의 데이터가 저장되었습니다(참고로, 1PB는 1,024TB, 1EB는 1,024PB입니다). 2011년에 이르러서는 1년 동안 생산된 데이터가 1.82ZB(1ZB=1,024EB)에 달하게 되어, 데이터는 이미 인류가 생성한 새로운 에너지원이라고 볼 수 있습니다.

비즈니스 분야에서는 정보에서 상품, 상품에서 서비스에 이르기까지 점점 더 익숙한 것을 표준으로 삼습니다. 온라인 광고의 맞춤형 마케팅, 전자 상거래의 맞춤형 추천, 온라인 금융의 얼굴 인식 등을 위한 인터넷 효율의 향상은 전통적인 정보와 사물인터넷, 그리고 디지털화에 달려 있습니다.

데이터를 활용하여 효율을 높이거나 데이터를 비즈니스에 사용하고자 한다면 이 책에서 설명하는 엑셀과 파이썬이 핵심적인 역할을 할 수 있습니다. 엑셀과 파이썬은 데이터 분석가가 대량의 데이터에서 효율적으로 문제를 발견하거나, 가설을 검증하고 모형을 구축하여 미래를 예측할 수 있도록 합니다.

데이터 분석 전문가인 저자는 데이터 수집, 데이터 정리, 데이터 추출, 데이터 시각화 등 여러 각도에서 일상 업무의 데이터를 분석할 수 있는 프로세스를 설명합니다. 또한 엑셀과 파이썬의 처리 과정을 비교하여 둘의 차이점을 확인하고, 파이썬을 사용한 데이터 분석 방법을 알려줍니다.

비록 저자를 만난 적은 없지만 파이썬이 대량의 데이터 처리와 모델링의 효율성, 편의성, 머신러닝 등에서 중요한 위치를 차지하고 있는 부분에 대해서는 같은 견해를 갖고 있습니다. 또한 데이터 분석 실무자들이 데이터 처리를 위해 프로그래밍 언어를 배우는 것은 필수이며, 엑셀에서 파이썬으로의 학습 방법은 데이터 분석을 배울 수 있는 지름길이라고 생각합니다.

왕얀핑(王彦平)
《从Excel 到Python—数据分析进阶指南(엑셀에서 파이썬까지-데이터 분석 고급 안내서)》,
《从Excel到R—数据分析进阶指南(엑셀에서 R까지-데이터 분석 고급 안내서)》,
《从Excel 到SQL—数据分析进阶指南(엑셀에서 SQL-데이터 분석 고급 안내서)》의 저자

이 책에 대하여

책을 집필한 이유

이 책은 데이터 분석 책인 것과 동시에 엑셀 데이터 분석 책이기도 하고, 파이썬 데이터 분석 책이기도 합니다. 엑셀 데이터 분석을 검색하거나 파이썬 데이터 분석을 검색하면 관련 서적을 많이 찾을 수 있습니다. 비슷한 주제의 책이 많지만 이 책을 집필한 이유는 무엇일까요? 그 이유는 바로 집필하는 시점에 데이터 분석과 엑셀 데이터 분석, 파이썬 데이터 분석을 모두 결합한 서적은 없었기 때문입니다.

그렇다면 왜 이 세 가지의 결합이 필요할까요? 저는 이 세 가지가 데이터 분석가에게 필수 기술이며, 유기적으로 결합할 수 있다고 생각하기 때문입니다. 데이터 분석을 통해 분석 방법과 분석 대상을 알 수 있으며, 엑셀과 파이썬은 이들 분석 과정에서 사용하는 도구입니다.

파이썬 학습이 필요한 이유

파이썬은 데이터 분석 분야에서 엑셀과 유사한 데이터 분석 도구이며, 동일한 기능을 구현합니다. 그렇다면 왜 엑셀만이 아니라 파이썬도 함께 배워야 할까요? 이유는 다음과 같습니다.

1. 대량의 데이터 처리 시에 파이썬은 엑셀보다 효율적이다

데이터의 양이 적을 때는 엑셀과 파이썬의 처리 속도가 비슷하지만, 데이터의 양이 많거나 수식이 많을 경우에는 엑셀이 매우 느립니다. 이때 파이썬을 사용하면 대량의 데이터를 효율적으로 처리할 수 있습니다. Vlookup 함수를 사용한 테스트를 진행해 보겠습니다. 크기가 23MB인 테이블(6만 행의 데이터)을 준비하고, 하나의 식에 공식을 여러 번 사용하거나 어떠한 처리도 진행하지 않은 상태에서 엑셀 Vlookup 함수를 사용한 데이터 로딩은 20초가 걸립니다(성능은 I7, 8GB 메모리, 256GB SSD의 조건입니다). 일부 성능이 낮은 컴퓨터에서는 해당 테이블의 데이터 로딩이 어려울 수도 있습니다. 그러나 파이썬을 사용하면 580밀리초, 즉 0.58초가 걸리므로 엑셀보다 약 34배 효율이 좋은 것을 확인할 수 있습니다.

2. 파이썬은 쉽게 자동화할 수 있다
엑셀의 VBA도 자동화가 가능하지만, VBA는 주로 엑셀 내부에서 작동하므로 다른 영역에서는 사용할 수 없습니다. 예를 들어, 로컬 폴더의 파일 이름을 수정하려면 VBA가 아닌 파이썬만 구현할 수 있습니다.

3. 파이썬은 알고리즘 모형을 사용할 수 있다
데이터 분석에도 기초 알고리즘 이해가 필요합니다. 몇 가지 알고리즘의 기초를 이해하면 파이썬으로 모형을 생성할 수 있습니다. 예를 들어, 클러스터링 알고리즘을 사용해 사용자 분류 모형을 생성할 수 있습니다.

파이썬을 엑셀과 비교하며 학습하는 이유

파이썬은 프로그래밍 언어이지만 데이터 분석 분야에서는 엑셀의 기본 기능과 같습니다. 엑셀은 익숙하고 익히기 쉬운 프로그램이므로 파이썬의 데이터 분석과 비교하여 학습할 수 있습니다. 같은 기능에 대해 엑셀에서 사용하는 방법과 파이썬에서 사용하는 코드를 각각 확인하여 효과적인 학습을 진행할 수 있습니다. 예를 들어, 엑셀에서 하나의 데이터를 다른 데이터로 바꾸는 데이터 변환은 다음 그림과 같습니다.

파이썬에서 사용하는 코드는 다음과 같습니다.

```
df.replace("Excel","Python")  # df의 'Excel'을 'Python'으로 변환
```

이 책은 데이터 분석 과정에서 모든 작업을 위와 같은 방식으로 설명합니다. 코드를 바로 학습하는 것이 아니라 익숙한 엑셀의 기능에 대응하는 파이썬의 구현 방법을 확인합니다. 이를 통해 파이썬을 쉽게 접하고 익숙해질 수 있도록 하여 코드에 대한 막연한 두려움을 줄이고자 합니다. 이것이 이 책의 특징 중의 하나이자 책을 쓴 주된 이유 중의 하나입니다. 코드를 두려워하지 않고 파이썬 데이터 분석도 엑셀처럼 쉽고 가볍게 시작할 수 있습니다.

이 책의 학습 방법

기술을 완전히 익히려면 체계적으로 학습하고 인과 관계를 완전히 파악해야 합니다. 이 책은 엑셀과 파이썬 작업을 위주로 설명하지 않고, 일반적인 데이터 분석의 프로세스를 중심으로 설명합니다. 도구 익히기 ▶ 목표 명확화 ▶ 데이터 가져오기 ▶ 데이터 익히기 ▶ 데이터 처리 ▶ 데이터 분석 ▶ 결론 도출 ▶ 결론 검증 ▶ 결론 표시의 각 단계에서 사용하는 작업을 엑셀과 파이썬으로 분류하여 구현합니다. 이 책은 데이터 분석을 체계적으로 학습하기 위한 매뉴얼이자 실용적인 도구를 목표로 합니다.

처음부터 모든 함수를 기억할 필요는 없으며, 모두 기억하더라도 사용하지 않으면 잊어버리기 십상입니다. 따라서 올바른 학습 방법은 일상 업무에서 필요한 도구나 기능을 먼저 파악하는 것입니다(이 책은 데이터 분석 프로세스에 따라 내용이 진행됩니다). 도구들을 사용해 목적을 달성하거나, 요구 조건을 나열하고 필요한 도구의 사용 방법을 확인할 수도 있습니다. 예를 들어, 중복값 삭제는 엑셀과 파이썬 각각의 구현 방법을 명확히 확인해야 합니다. 두 도구의 차이점과 공통점을 확인하고 비교하는 횟수가 늘어나면, 가장 적합한 도구를 자연스럽게 선택할 수 있게 될 것입니다. 데이터 분석은 도구의 사용 방법에만 한정되는 것이 아니라, 먼저 구현 방법을 생각하고 나서 사용할 도구를 고려하는 것이 중요합니다.

이 책의 구성

책은 크게 세 부분으로 구성됩니다.

입문편 주로 데이터 분석의 기초 지식에 대해 설명합니다. 데이터 분석의 정의와 데이터 분석의 필요성, 데이터 분석의 목표, 데이터 분석의 일반적인 과정을 설명합니다.

실전편 데이터 분석의 전체 프로세스에 중점을 두고 각 단계의 작업을 엑셀과 파이썬으로 구분하여 소개합니다. 파이썬 환경 설정, 파이썬 기초 지식, 데이터 소스 가져오기, 데이터 개요, 데이터 전처리, 데이터 작업, 데이터 연산, 시계열, 데이터 그룹화, 데이터 피벗 테이블, 결과 파일 내보내기, 데이터 시각화 등을 포함합니다.

심화편 몇 가지 사례를 통해 실제 비즈니스에서 사용할 수 있는 파이썬의 샘플을 확인할 수 있습니다. 주로 파이썬을 사용한 보고서 자동화, 자동 이메일 전송, 다양한 비즈니스 상황의 사례 분석 등이 있으며, NumPy(넘파이) 배열의 기본적인 메소드도 소개합니다.

대상 독자

대상 독자는 다음과 같습니다.

- 엑셀 또는 파이썬에 익숙하지 않은 데이터 분석가
- 엑셀을 사용하고 있지만 파이썬을 통해 업무 효율을 높이고 싶은 담당자

파이썬은 프로그래밍 언어이지만 타 언어에 비해 어렵지 않아 쉽게 익힐 수 있다는 장점을 가졌습니다. 이것이 바로 파이썬이 데이터 업무 담당자에게 인기 있는 이유 중 하나입니다. 이와 같이 파이썬을 학습하기에 앞서 파이썬은 어렵지 않다는 마음가짐을 가져야만 합니다.

감사 인사

먼저, 교육받을 기회를 주신 부모님께 감사드립니다. 그리고 공식 계정의 팔로워와 친구들에게 감사드리며, 덕분에 이 책과 기술 관련 글들이 탄생할 수 있었습니다. 책을 쓰는 의미를 알게 해 준 Huimin, 출판 및 책이 나오기까지 도움을 주신 모든 분께 감사드립니다. 책을 쓰는 동안에도 항상 멀리서 응원해 주고 지원해 준 여자친구에게도 감사합니다.

독자 서비스

책 내용 중 궁금한 부분은 perfecris@naver.com 또는 help@jpub.kr로 문의 바랍니다.

베타리더 후기

 공민서

엑셀과 파이썬의 기능을 1:1로 비교하며 설명하여 상당히 유용하다고 느꼈습니다. 개발자들에게는 파이썬이 엑셀보다 자유도가 더 높다고 생각할 수도 있지만, 엑셀도 굉장히 훌륭한 도구라고 생각합니다. 대량의 데이터를 처리하기엔 상당히 무겁게 동작하지만, 차트나 피벗 테이블, 함수 등을 바로바로 사용할 수 있고, 매크로나 VB 스크립트까지 나아간다면 더 강력하게 엑셀을 활용할 수 있으니까요. 엑셀이나 파이썬 어느 것 하나 소홀하지 않고 기능별로 설명하여 매우 유용하며, 사용자의 취사선택에 따라 도구를 사용할 수 있도록 구성한 좋은 책입니다. 편집 품질 또한 뛰어납니다.

 김용현(Microsoft MVP)

수치형 데이터를 처리하기 위해 표현식의 데이터와 그래프로 표현하는 방법을 실습하며 진행합니다. 이를 통해 머신러닝 고유 알고리즘을 시작하는 데 허들이 될 수 있는 데이터 다루는 방법을 쉽고, 빠르고, 직관적으로 배울 수 있습니다. 우리 모두에게 익숙한 엑셀을 파이썬과 병행해 사용하여 입문자에게는 부담 없는 시작점이 되기에 충분합니다. 머신러닝을 시작할 때 알고리즘 학습에 집중하고 싶은데 파이썬으로 데이터를 다루지 못하는 입문자가 많습니다. 부디 이 책이 이들에게 좋은 선택지와 시작점이 될 수 있기를 기원합니다.

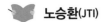 **노승환(JTI)**

처음부터 엑셀과 파이썬 모두 잘 다룰 줄 알면 좋겠지만 그러긴 쉽지 않습니다. 이 책은 초심자는 물론 엑셀과 파이썬 중 어느 하나에만 익숙한 분께 특히 도움이 되리라 생각합니다. 여러 무기를 갖추고 상황에 따라 골라서 휘두를 수 있는 그 날까지 모두 화이팅!

 양성모(현대오토에버)

실무에서 많이 사용하는 프로그램 중 하나인 엑셀의 각 기능과 파이썬의 데이터 분석 기능을 비교하여 쉽게 이해하고 사용할 수 있게 알려주는 책이었습니다. 쉬운 설명 덕분에 파이썬 데이터 분석에 부담 없이 입문할 수 있을 것 같습니다. 번역 또한 내용 이해가 쉽도록 전반적으로 잘 이루어진 것 같습니다.

 차준성(서울아산병원)

파이썬을 활용한 데이터 분석을 엑셀의 기능과 비교해서 설명합니다. 엑셀의 기능을 잘 모르시는 분에게는 엑셀과 파이썬이라는 두 마리 토끼를 동시에 잡을 수 있는 좋은 책이지만, 엑셀을 잘 알고 계신 분들에게는 엑셀의 기본적인 설명이 담긴 부분으로 인해 다소 지루하게 느껴질 수도 있을 것 같습니다.

제이펍은 책에 대한 애정과 기술에 대한 열정이 뜨거운 베타리더의 도움으로 출간되는 모든 IT 전문서에 사전 검증을 시행하고 있습니다.

입문편

입문편 학습을 통해 데이터 분석을 거시적인 관점에서 이해하고,
데이터 분석의 대상이 되는 데이터와 분석의 필요성, 그리고 분석
의 장점을 확인할 수 있습니다.

CHAPTER 01 데이터 분석 기초

1.1 데이터 분석이란?

데이터 분석data analysis은 통계 이론에 기반하여 전처리한 데이터를 특정 비즈니스 분석 데이터와 결합하여 관련 비즈니스 분야의 모니터링, 포지셔닝, 분석, 그리고 문제 해결을 가능하게 합니다. 이를 통해 기업이 효과적인 결정을 내릴 수 있도록 하며, 운영의 효율을 개선하거나 비즈니스 기회를 발견하여 경쟁 우위를 확보할 수 있게 합니다.

1.2 데이터 분석의 필요성

어떤 일을 하기 전에 먼저 필요성 혹은 결과의 장점을 파악하는 것이 더 좋은 결과를 이끌어낼 수 있습니다.

맥주와 기저귀(고객의 장바구니 데이터를 분석했더니 맥주와 기저귀를 함께 구매하는 고객이 많으며, 두 제품은 각각 독립적인 구매처럼 보이지만 기저귀를 사는 부모들이 맥주도 함께 구매하는 경향이 높음을 확인한 사례)의 상관관계처럼 데이터 분석 없이는 기저귀와 맥주의 관계를 발견할 수 없었을 것입니다. 현재 각 인터넷 쇼핑몰에서는 세트 상품 혹은 연관 상품을 패키지로 판매하여 단가를 높이고, 더불어 수익도 증가시킵니다. 이러한 세트 조합은 과거 사용자의 구매 데이터에 기반하므로 데이터 분석 없이는 상품의 조합을 구성하거나 이를 통한 패키지 판매가 어려워집니다.

구글에서 독감의 발생 시점을 예측하는 '구글 독감 트렌드'라는 제품을 내놓은 적이 있습니다. 독감 예측 원리는 일정 시간 동안 특정 키워드(기침, 두통, 빌열 등 감기나 독감의 증상)의 검색량이 비정상적으로 많아지면, 일반적인 감기가 아닌 전염성 독감일 가능성이 매우 높다고 분석하는 방법입니다. 이를 통해 적절한 시기에 예방 조치를 실시하고, 독감의 확산을 막을 수 있도록 하는 것이 목적입니다.

비록 '구글 독감 트렌드'의 예측은 실패로 끝났지만, 이 제품의 전체적인 아이디어는 참고할 만한 가치가 있습니다. 자세한 내용은 구글 검색을 통해 확인할 수 있습니다.

데이터 분석은 빅데이터 뒤에 숨겨진 정보를 추출하고, 데이터 내부의 규칙을 정리할 수 있습니다. 경험에 의존해 머리를 맞대고 의사 결정을 진행하던 이전의 방식에서 벗어나 데이터 분석을 중시하는 기업이 점차 늘고 있습니다. 구체적인 예를 들면, 데이터 분석은 기업의 일상 업무에서 현황 분석, 원인 분석, 예측 분석과 같은 중요한 역할을 합니다.

1.2.1 현상 분석

현상 분석phenomenon analysis은 과거 비즈니스에서 어떤 일이 발생했는지를 두 가지 방식으로 나타냅니다.

첫째는 각 핵심 지수를 통해 현재 단계의 전반적인 운영 상황을 알려주고, 기업의 발전 추세를 파악합니다.

둘째는 기업의 비즈니스 구성을 알려줍니다. 일반적으로 회사의 업무는 단일 업무만이 아닌 여러 부분으로 구성되어 있습니다. 현상 분석은 기업 각 구성의 발전과 변동 상황을 알려주므로 기업 운영 상황에 대해 더 깊이 이해할 수 있게 합니다.

현상 분석은 일반적으로 일별, 주별, 월별 보고서와 같이 일상 보고서를 이용합니다. 예를 들어, 전자 상거래 웹 사이트의 일일 보고서 현상 분석은 주문 수, 신규 사용자 수, 사용자 활성화 비율 및 유지율과 같은 지수의 전년대비 상승/하락 상태를 보여 줍니다. 만약 회사의 비즈니스 구분을 지역별로 나누어 현상을 분석한다면, 구역별로 더욱 명확한 비교가 가능합니다.

1.2.2 원인 분석

원인 분석causal analysis을 통해 특정 현상의 이유를 확인할 수 있습니다.

현상 분석으로 기업 운영에 대한 기본적인 이해를 통해 상승하는 지수와 감소하는 지수를 확인할 수 있으며, 비즈니스의 상태도 확인할 수 있습니다. 그러나 우리는 비즈니스의 상태가 왜 좋고 나쁜지 알 수 없습니다. 하지만 원인 분석을 사용한다면 그 이유까지 찾아낼 수 있습니다.

원인 분석은 일반적으로 주제별 분석을 통해 이루어지며, 기업의 운영 상황에 따라 특정 현상에 대한 원인 분석을 선택합니다. 예를 들어 특정한 날짜의 전자 상거래 보고서에서 특정 상품의 판매량이 갑자기 증가했을 때, 급증한 판매량의 주제 분석을 통해 판매량 증가의 원인을 파악합니다.

1.2.3 예측 분석

예측 분석predictive analysis은 미래에 일어날 일을 예상할 수 있습니다.

기업의 운영 상황을 이해하고 운영 목표 및 전략 수립을 위한 참조와 의사 결정의 기반을 제공하여 지속 가능하고 건전한 발전을 하기 위해서는 기업의 발전 추세 예측이 필요합니다.

예측 분석은 일반적으로 회사의 분기 및 연간 계획을 작성할 때 주제 분석을 사용합니다. 위에서 언급한 원인 분석을 통해 목표한 방식으로 몇 가지 전략을 수립할 수 있습니다. 예를 들어, 원인 분석을 통해 태풍이 접근하면 식료품의 판매량이 급증하는 것을 알 수 있으므로, 다음 태풍이 오기 전에 전보다 더 많은 식료품을 준비하여 더 많은 매출을 얻기 위한 준비를 해야 합니다.

1.3 데이터 분석의 분석 대상은 무엇인가?

데이터 분석의 중요성이 도구가 아니라 분석에 있다면 우리는 무엇을 분석해야 할까요?

1.3.1 전체 개요 지수

전체 개요 지수는 통계 절댓값이라고 부르기도 하며, 특정 데이터 지수의 전체 규모 크기와 총량 크기의 지수를 반영합니다. 예를 들어 당일 판매량은 6,000만 원, 주문량은 20,000건, 구매자 수는 15,000명이라고 할 때, 이 데이터는 모두 개요 지수입니다. 이 개요 지수는 특정 시간 동안 특정 비즈니스의 특정 지수 절대량을 반영합니다.

우리는 자주 주목하는 전체 개요 지수를 핵심 지수라고 부르며, 이 지수의 값은 회사의 수익성에 직집직으로 관여힙니다.

1.3.2 비교 지수

비교 지수comparative index는 현상 간의 양적 관계를 나타내는 지수로, 일반적으로 전년 대비나 전기 대비 등 지수의 차로 표현합니다.

전년 대비는 인접한 기간의 공통되는 시점의 지수를 비교하는 것이며, 전기 대비는 인접한 기간의 지수를 비교하는 것입니다. 두 기간의 지수를 직접적으로 계산하여 차이를 나타내며, 차이의 절댓값은 두 기간 내 지수의 변화량입니다. 예를 들어 2020년과 2019년이 인접한 기간인 경우, 2020년의 26번째 주와 2019년의 26번째 주의 비교가 전년 대비이며, 2020년 26번째 주와 25번째 주의 비교는 전기 대비입니다.

1.3.3 중심 경향 지수

중심 경향 지수central tendency index는 일정 시간 동안 특정 현상의 일반적인 수준을 반영하는 데 사용하며, 보통 평균 지수average index로 표시합니다. 평균 지수는 값 평균과 위치 평균으로 나눕니다. 한 예로, 어느 지역의 평균 임금은 하나의 중심 경향 지수입니다.

값 평균은 통계 수열의 모든 값을 평균화한 결과로, 일반 평균normal average과 가중 평균weighted average이라는 두 종류가 있습니다.

일반 평균에서 모든 값의 가중치는 모두 1이며, 가중 평균은 값이 다르면 가중치도 모두 다릅니다. 그러므로 평균값 계산 시 서로 다른 값에는 다른 가중치를 곱해야 합니다. 만약 한 해의 월평균 판매량을 구하고 싶다면, 일반 평균을 사용해 12개월의 판매량을 더하고 12로 나누면 됩니다. 만약 한 사람의 평균 신용 점수를 계산하고 싶은 경우에는 영향을 미치는 여러 요인이 존재하고, 각 요소별 가중치 비율도 다르므로 가중치 평균을 사용해야 합니다.

최빈값mode은 일련의 값에서 가장 빈번하게 나타나는 값이며, 집단에서 가장 보편적인 값입니다. 따라서 일반적인 수준을 대표하여 나타낼 수 있습니다. 만약 데이터를 여러 그룹으로 나눌 수 있다면, 각 그룹에서 최빈값을 찾습니다. 주의할 점은 최빈값은 집단에서 충분한 단위의 값이 있을 때만 존재 의미가 있다는 것입니다.

중앙값median은 오름차순으로 정렬한 일련의 각 값에서 중간에 위치하는 값입니다. 중간에 위치하므로 절반의 변수는 이 값보다 크고, 나머지 절반은 이 값보다 작습니다. 따라서 이와 같이 중간을 사용하면 전체 수준을 표시할 수 있습니다.

1.3.4 분산 지수

분산 지수_{dispersion index}는 전체 분포의 분산(변동)을 나타내는 지수입니다. 이 지수가 크면 데이터의 변동이 크고, 지수가 작으면 데이터가 안정적입니다.

변량의 측도_{measures of variation}, 분산, 표준 편차와 같은 여러 지수를 사용해 값의 분산을 측정합니다.

평균값으로 데이터의 중심을 결정할 수 있으나, 데이터의 변동 사항을 알 수 없으므로 전체 거리를 사용합니다. 전체 거리는 데이터 세트의 최댓값(상한)에서 데이터 세트의 최솟값(하한)의 차이를 계산합니다.

전체 거리에는 주로 다음과 같은 두 가지 문제가 있습니다.

- 문제 1: 이상값_{outlier}에 쉽게 영향을 받습니다.
- 문제 2: 전체 거리는 데이터의 너비만을 나타내며, 데이터의 상한과 하한 사이의 분포 형태를 명확하게 나타내지 않습니다.

문제 1에서는 사분위수_{quartile}의 개념을 도입할 수 있습니다. 사분위수는 일부 값을 오름차순으로 배열하고 네 부분으로 나눕니다. 가장 작은 사분위수는 하위 사분위수, 가장 큰 사분위수는 상위 사분위수가 되며, 중간 사분위수는 중앙값이 됩니다.

문제 2에서는 분산과 표준 편차의 개념을 사용해 데이터의 분산을 측정합니다.

분산은 각 값과 평균 거리 간 제곱의 평균값입니다. 분산이 작을수록 각 값과 평균 사이의 간격이 작아지고 값은 안정됩니다.

표준 편차_{standard deviation}는 분산의 제곱근이며, 값과 평균까지 거리의 평균값을 나타냅니다.

1.3.5 상관성 지수

위에서 언급한 차원은 데이터의 전반적인 상태를 설명합니다. 그러나 때로는 데이터 전체에서 변수 간에 존재하는 관계를 확인하거나, 하나가 변할 때 다른 변화를 일으키는 것을 확인하고 싶을 경우가 있습니다. 이 관계를 반영하는 지수를 상관계수_{correlation coefficient}라고 하며, 상관계수는 보통 r로 표시합니다.

$$r(X, Y) = \frac{\text{Cov}(X, Y)}{\sqrt{\text{Var}[X]\text{Var}[Y]}}$$

여기서 Cov(X, Y)는 X와 Y의 공분산covariance이며, Var[X]는 X의 분산, Var[Y]는 Y의 분산입니다.

상관계수는 다음과 같은 주의점이 있습니다.

- 상관계수 r의 범위는 [-1, 1]입니다.
- r의 절댓값이 클수록 상관성도 강해집니다.
- r의 양수와 음수는 상관성의 방향을 나타내며, 양수는 양의 상관관계, 음수는 음의 상관관계를 나타냅니다.

1.3.6 상관관계와 인과관계

상관관계correlation는 인과관계causality와 같지 않습니다. 상관관계는 두 이벤트가 관련되어 있음을 보여 주는 것이며, 인과관계는 한 이벤트가 다른 이벤트를 발생시키는 것을 의미합니다. 따라서 두 관계를 혼동하지 않도록 주의해야 합니다. 예를 들어, 맥주와 기저귀는 상관관계를 갖지만, 인과관계를 갖지는 않습니다. 또한, 독감과 키워드 검색량의 증가는 인과관계를 갖습니다. 실제 비즈니스에서는 많은 상관관계가 존재하지만, 모든 상관관계가 반드시 인과관계를 갖는 것은 아니므로 유의해서 구분해야 합니다.

1.4 데이터 분석의 일반적인 프로세스

데이터 분석의 개념을 다시 확인해 보겠습니다. 데이터 분석은 적절한 도구를 사용해 데이터 뒤에 숨겨진 정보를 발견하고 마이닝하여 비즈니스를 돕는 역할을 합니다. 이를 바탕으로 데이터 분석은 다음과 같은 단계로 분류할 수 있습니다.

1.4.1 도구 익히기

데이터 분석은 적절한 도구와 이론을 사용해 데이터 뒤에 숨겨진 정보를 마이닝합니다. 데이터 분석의 첫 번째 단계는 도구를 익히는 것입니다. 일을 잘하기 위해서는 먼저 도구를 능숙하게 사용할 줄 알아야 적절하게 데이터를 처리하고 분석할 수 있습니다.

1.4.2 목표를 명확하게 하기

어떠한 일이라도 먼저 목표를 명확히 해야 하는 것처럼 데이터 분석도 마찬가지입니다. 우선, 데이터 분석의 목표와 얻고자 하는 분석 결과를 명확히 해야 합니다. 예를 들어 데이터를 통하여 사용자의 특성이나 판매량 증가의 원인을 파악한다는 목표와 이에 따른 분석 결과를 세울 수 있습니다.

1.4.3 데이터 가져오기

목표를 명확히 한 뒤에는 데이터를 가져와야 합니다. 데이터를 가져오기 전에는 다음 사항을 확인합니다.

- 어떤 지표가 필요한가?
- 어떤 기간의 데이터가 필요한가?
- 이러한 데이터는 어느 데이터베이스 혹은 테이블에 보관되는가?
- 데이터를 가져올 때는 직접 SQL을 사용하는가 혹은 ERP 시스템을 사용하는가?

1.4.4 데이터 익히기

데이터를 가져온 후에는 데이터에 익숙해져야 합니다. 데이터에 익숙해지려면 데이터가 얼마나 많은지, 유형은 카테고리형인지 숫자형인지, 각 지표의 대략적인 값은 무엇인지, 각 데이터는 요구 조건을 만족하는지, 부족한 경우 어떤 데이터가 더 필요한지 등을 확인해야 합니다.

데이터를 가져오는 것과 데이터를 익히는 것은 양방향 프로세스입니다. 데이터를 익힌 뒤 현재 데이터이 차원이 부족한 것을 발견하게 되면 데이터를 다시 가져와야 합니다. 새로운 데이터를 가져오면 데이터를 다시 익혀야 하므로 가져온 데이터와 데이터를 익히는 과정은 전체 데이터 분석 과정에서 중요한 부분입니다.

1.4.5 데이터 처리하기

획득하는 데이터는 원시$_{raw}$ 데이터로, 보통 이와 같은 데이터에는 특수한 데이터가 존재합니다. 따라서 이러한 데이터에는 전처리$_{preprocessing}$가 필요하며, 특수 데이터는 주로 다음과 같은 유형이 있습니다.

- 이상 데이터
- 중복 데이터
- 결측 데이터
- 테스트 데이터

중복 데이터, 테스트 데이터는 보통 삭제 처리합니다.

결측 데이터(누락된 데이터)의 비율이 30%를 넘으면 해당 지표는 사용하지 않고 삭제합니다. 결측 비율이 30%보다 작은 지표의 경우에는 보통 0, 평균값, 최빈값 등을 사용해 데이터를 채워 넣습니다.

이상 데이터의 경우에는 구체적인 업무와 결합하여 처리를 진행해야 합니다. 만약 당신이 전자 상거래 데이터 분석가고 허위 매물 판매자를 찾고자 한다면, 집중적으로 살펴야 할 대상이 바로 이상 데이터입니다. 또한, 사용자의 나이를 분석하고자 하는 경우에는 100보다 크거나 0보다 작은 일부 데이터를 삭제 처리해야 합니다.

1.4.6 데이터 분석하기

분석 데이터는 주로 앞에서 소개한 데이터 분석 지표를 중심으로 진행합니다. 분석 과정에서 자주 사용하는 한 가지 방법은 드릴 다운$_{drill\ down}$(문제를 여럿으로 세분화하면서 분석하는 기법. 옮긴이)입니다. 예를 들어 특정 날짜의 판매량이 갑자기 증가/감소하는 것을 발견하면 어떤 지역인지를 확인한 뒤, 어떤 카테고리와 어떤 상품의 판매량이 증가/감소하는지 단계별로 드릴 다운하여 최종적으로 문제의 정확한 원인을 찾습니다.

1.4.7 결론 도출하기

데이터 분석을 통해 결론을 도출할 수 있습니다.

1.4.8 결론 검증하기

데이터 분석을 통해 도출된 결론이 반드시 옳은 것은 아니므로 데이터 분석을 실제 업무
와 연계하여 정확성을 검증해야 합니다. 예를 들어, 뉴미디어 데이터를 분석할 때 감정
관련 문장에 대해 '좋아요'가 더 많고 전달량이 더 많은 것을 발견하여 어떤 결론을 내렸
다면, 이 분석 결론은 정확한 것인지 확인이 필요합니다. 따라서 다시 몇 편의 감정 관련
문장을 작성하여 검증을 진행합니다.

1.4.9 결론 표시하기

결론을 분석하고 검증한 뒤 리더 혹은 업무 담당자 등과 관련 내용을 공유할 수 있습니다.
결론을 표시할 때는 방법과 형식을 고려해야 하며, 주로 데이터 시각화data visualization가 필요
합니다.

1.5 데이터 분석 도구: 엑셀과 파이썬

데이터 분석은 기존 데이터 분석 프로세스를 중심으로 이루어지며, 이 과정에서 데이터
를 조작할 수 있는 적절한 도구를 선택해야 합니다.

외부 데이터를 가져오는 경우 엑셀은 메뉴의 데이터 탭(다음 그림 참조)을 직접 클릭한 뒤,
외부 데이터 형식에 따라 다양한 형식의 데이터 옵션을 선택합니다.

파이썬을 사용하는 경우 데이터를 가져오기 위해서는 다음과 같이 사용합니다. 즉, 다른
형식의 로컬 파일을 가져오기 위해서는 각각 다른 형식의 코드를 사용해야 합니다.

```
#.csv 파일 가져오기
data = pd.read_csv(filepath + "test.csv", encoding = "euc-kr")

#.xlsx 파일 가져오기
data = pd.read_excel(filepath + "test.xlsx", encoding = "euc-kr")
```

```
#.txt 파일 가져오기
data = pd.read_table(filepath + "test.txt", encoding = "euc-kr")

#데이터베이스 파일 가져오기
data = pd.read_sql("select * from test", con)
```

해당 샘플을 통해 같은 작업이라도 다른 도구를 사용해 구현할 수 있으며, 각각의 도구는 구현 방식이 다른 것을 확인할 수 있습니다. 엑셀은 마우스를 사용하여 데이터를 다루지만, 파이썬은 특정 코드를 사용해 데이터를 다룹니다. 두 작업을 실행하는 방법은 다르지만, 모두 외부 데이터를 가져오려는 목적은 동일합니다.

파이썬은 데이터 분석 분야에서 엑셀과 유사한 데이터 분석 도구입니다. 이 책에서 코드 작성은 이와 같은 방법으로 진행되며, 데이터 분석의 각 작업에 대해 엑셀과 파이썬의 비교를 진행합니다.

실전편

실전편은 이 책에서 가장 중점을 두고 있는 부분으로, 데이터 분석의 각 프로세스를 중심으로 다룹니다. 각 과정에서 엑셀과 파이썬으로 어떻게 조작이 이루어지는지 소개합니다. 데이터 분석의 전체 과정은 요리를 하는 과정과 동일합니다.

먼저, 사용할 냄비를 확인합니다(파이썬 기초 지식). 다음으로, 쌀과 야채와 같은 재료를 준비합니다(데이터 소스 가져오기). 준비한 재료를 씻습니다(데이터 전처리). 씻은 뒤 원하는 요리와 재료를 선택합니다(데이터 선별). 선택한 요리에 맞게 재료를 손질합니다(데이터 조작). 손질 후 냄비를 사용해 요리를 시작합니다(데이터 연산). 요리에 따라 조리 시간이 다르므로 타이머가 필요합니다(시계열). 요리 후 차가운 음식과 따뜻한 음식은 따로 분류해야 합니다(데이터 그룹화). 기본 요리 이외에도 과일을 담은 접시도 준비할 수 있습니다(다중 테이블 결합). 모든 준비가 완료되면 상을 차립니다(결과 도출).

또한, 요리가 끝난 뒤 SNS에 게재하기 위해서는 필터를 사용해 먹음직스러운 각도에서 사진을 찍습니다. 사진을 찍은 뒤 SNS에 게시하는 과정은 데이터 시각화 과정과 같습니다.

02 냄비 확인하기
― 파이썬 기초 지식

2.1 파이썬이란?

파이썬은 풍부하고 강력한 라이브러리를 가진 프로그래밍 언어입니다. 파이썬은 다른 언어 (특히 C/C++)로 만든 모듈을 쉽게 연결할 수 있으므로 연결(접합)용 언어라고 부르기도 합니다. 파이썬은 문법이 간단하고 사용하기 쉬우며, 다양한 분야의 요구 사항을 충족하기 위해 직접 호출할 수 있는 라이브러리가 많습니다. 파이썬은 데이터 분석, 머신러닝, 인공지능 분야에서 점점 더 많은 개발자가 선호하는 언어가 되고 있으며, 2018년 7월 프로그래밍 언어 순위에서는 자바Java를 뛰어넘어 1위를 차지하였습니다. 다음 그림에서 순위를 확인할 수 있습니다(번역 시점인 2021년 3월 현재는 C와 Java에 이어 3위에 랭크되어 있습니다. 옮긴이).

Mar 2021	Mar 2020	Change	Programming Language	Ratings	Change
1	2	^	C	15.33%	-1.00%
2	1	v	Java	10.45%	-7.33%
3	3		Python	10.31%	+0.20%
4	4		C++	6.52%	-0.27%
5	5		C#	4.97%	-0.35%
6	6		Visual Basic	4.85%	-0.40%
7	7		JavaScript	2.11%	+0.06%
8	8		PHP	2.07%	+0.05%
9	12	^	Assembly language	1.97%	+0.72%
10	9	v	SQL	1.87%	+0.03%
11	10	v	Go	1.31%	+0.03%
12	18	^	Classic Visual Basic	1.26%	+0.49%
13	11	v	R	1.25%	-0.01%
14	20	^	Delphi/Object Pascal	1.20%	+0.48%
15	36	^	Groovy	1.19%	+0.94%
16	14	v	Ruby	1.18%	+0.13%
17	17		Perl	1.15%	+0.24%
18	15	v	MATLAB	1.04%	+0.05%
19	13	⌄⌄	Swift	0.95%	-0.28%
20	19	v	Objective-C	0.91%	+0.17%

2.2 파이썬 설치

2.2.1 설치 과정

이 책은 파이썬 공식 사이트 파일이 아니라 오픈 소스인 아나콘다_{Anaconda}를 사용합니다. 아나콘다를 사용하는 이유는 아나콘다가 파이썬을 배우는 사람들에게 매우 친절하기 때문입니다. 알려진 것처럼 파이썬은 직접 호출하여 사용할 수 있는 라이브러리가 많지만, 호출 전 설치가 필요합니다. 공식 사이트의 파이썬을 설치하는 경우에는 라이브러리를 수동으로 설치해야 하지만, 아나콘다는 자주 사용하는 라이브러리를 함께 제공하므로 직접 설치할 필요가 없습니다. 아나콘다의 구체적인 설치 과정을 살펴보겠습니다.

1단계 그림과 같이 컴퓨터 시스템 유형이 32비트인지 64비트인지 확인합니다.

2단계 아나콘다 공식 사이트(*https://www.anaconda.com*)에 접속하여 오른쪽 위 Get Started를 클릭 후 Download Anaconda installers를 클릭합니다.

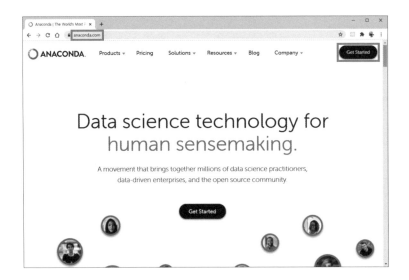

3단계 다음 그림과 같이 시스템 운영체제 유형(Windows/MacOS/Linux)에 따라 소프트웨어 유형을 선택합니다.

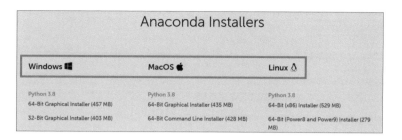

4단계 파이썬 버전을 선택합니다(박스 안의 archive 단어를 클릭하면 다른 버전을 선택할 수 있습니다 옮긴이). 2020년 1월 1일부터 파이썬 2의 공식 지원이 종료되었으므로 파이썬 3을 선택하는 것이 좋으며, 이 책의 코드 역시 파이썬 3을 기반으로 작성되었습니다. 시스템 유형(32비트/64비트)에 따라 해당 버전을 선택합니다.

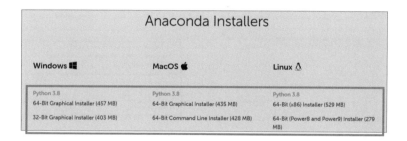

5단계 다운로드는 다음 그림과 같습니다. 해외 사이트인데다가 파일 크기가 상대적으로 크므로 다운로드 속도가 느릴 수 있습니다.

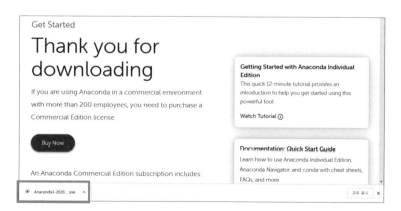

6단계 설치 패키지를 열고 다음과 같이 순서대로 진행합니다.

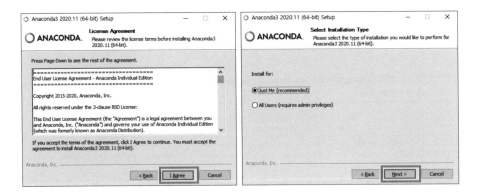

7단계 설치 경로는 기본 경로를 선택하며, 환경 변수는 추가할 필요가 없습니다. 다음(Next >) 버튼을 클릭하고, 팝업 대화 상자에서 옵션을 확인합니다.

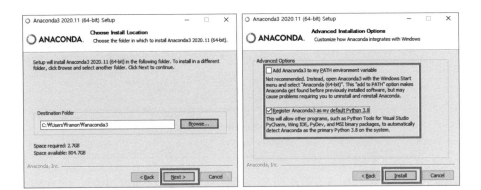

8단계 다운로드 완료 후 다음 그림과 같이 계속해서 진행합니다.

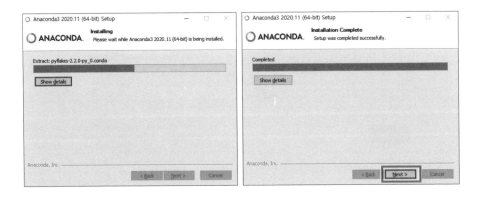

9단계 다음 그림과 같이 진행합니다.

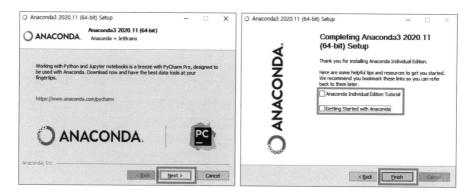

10단계 앞의 작업을 완료하면 윈도우 시작 메뉴에 다음과 같이 새로 추가된 프로그램이 표시되며, 이는 파이썬이 설치 완료되었음을 의미합니다. Jupyter Notebook(주피터 노트북)을 열면 다음 그림과 같이 검은 창이 나타나며, Enter 키를 누르면 사용할 브라우저를 선택할 수 있습니다. 이 경우 크롬 브라우저 사용을 추천합니다.

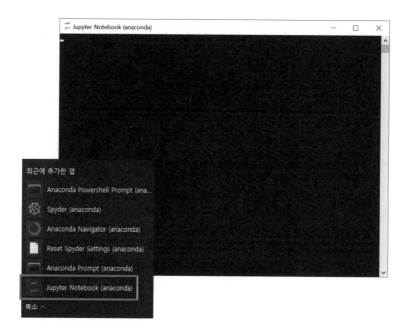

11단계 다음 그림과 같은 인터페이스가 보이면 환경 구성이 완료되었음을 의미합니다.

○ jupyter				Quit	Logout

Files Running Clusters

Select items to perform actions on them.   Upload New ▾ ↻

□ 0 ▾ ■ /	Name ↓	Last Modified	File size
□ ▭ 3D Objects		한 달 전	
□ ▭ anaconda		10분 전	
□ ▭ anaconda3		5일 전	
□ ▭ Apple		5달 전	
□ ▭ Contacts		한 달 전	
□ ▭ Desktop		7시간 전	
□ ▭ Documents		7일 전	
□ ▭ Downloads		33분 전	
□ ▭ Favorites		한 달 전	
□ ▭ Links		한 달 전	

2.2.2 IDE와 IDLE

프로그래밍 단계는 다음과 같습니다.

프로그램 실행 과정에서는 먼저 코드를 작성하기 위한 편집기가 필요합니다. 코드 작성 후에는 컴퓨터로 실행하기 위해 코드를 컴파일하는 컴파일러가 필요합니다. 코드에 포함된 오류를 확인하고 없애기 위해 디버거를 사용해 디버깅을 진행합니다.

IDE는 Integrated Development Environment의 약자로, 통합 개발 환경을 의미합니다. 통합 개발 환경은 프로그램 개발 환경 제공에 사용되는 응용 프로그램으로, 일반적으로 코드 편집기, 컴파일러, 디버거, 그래픽 유저 인터페이스 도구를 포함합니다. IDE는 프로그래밍 과정에서 사용되는 모든 도구가 포함되어 있으므로 프로그래밍을 할 때는 보통 IDE를 사용합니다.

IDLE_{Integrated Development and Learning Environment}는 IDE의 종류 중 하나로, 가장 간단하고 기본적인 IDE입니다. Visual Studio(VS, 비주얼 스튜디오), Pycharm(파이참), Xcode(엑스코드), Spyder(스파이더), Jupyter Notebook(주피터 노트북) 등 다양한 IDE이 존재합니다.

현재 데이터 분석 분야에서는 일반적으로 Jupyter Notebook이 사용되며, 이 책에서도 Jupyter Notebook을 사용합니다.

2.3 Jupyter Notebook 소개

2.3.1 Jupyter Notebook 새 파일 만들기

다음 그림과 같이 검색창에 Jupyter Notebook(대소문자 구분 없음)을 입력하고 실행합니다.

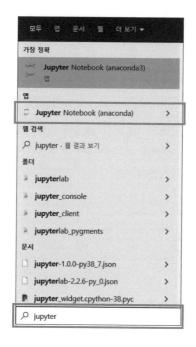

Jupyter Notebook을 열고 오른쪽 상단의 New▾ 버튼을 클릭하여 드롭다운 리스트에서 Python 3를 선택해 파이썬 파일을 생성합니다. 또는 텍스트 파일인 .txt 형식의 파일 생성도 가능하며, 다음 그림과 같습니다.

다음 인터페이스가 표시되면 새 Jupyter Notebook 파일이 생성되었음을 의미합니다.

2.3.2 첫 번째 코드 실행하기

다음 그림과 같이 코드 박스에 print("hello world")를 입력하고, ⧸ Run 버튼을 클릭하거나 Ctrl + Enter 를 누르면 hello world가 출력됩니다. 이는 첫 번째 코드가 성공적으로 실행되었음을 의미합니다. 새로운 코드 박스에 코드를 입력하려면 왼쪽 상단의 ➕ 버튼을 클릭하여 새로운 코드 박스를 추가합니다.

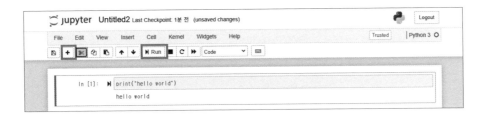

2.3.3 Jupyter Notebook 파일 이름 변경하기

새로운 Jupyter Notebook 파일 생성 시 파일 이름은 기본적으로 Untitled(엑셀의 통합 문서와 유사)로 지정되며, 다음 그림과 같이 File ▶ Rename을 통해 변경이 가능합니다.

2.3.4 Jupyter Notebook 파일 저장

코드 작성 후 파일명을 지정하고 코드 파일을 저장할 수 있습니다. 저장은 다음과 같이 두 가지 방법이 있습니다.

첫 번째 방법은 File ▶ Save and Checkpoint를 클릭하여 파일을 저장합니다. 이 방법은 파일을 기본 경로에 저장하며, 파일 형식은 ipynb입니다. ipynb는 Jupyter Notebook 고유의 파일 형식입니다.

두 번째 방법은 Download as를 클릭하여 저장하는 방법으로, 엑셀의 '다른 이름으로 저장' 방식에 해당합니다. 저장 경로와 형식을 선택할 수 있으며 다음 그림과 같습니다.

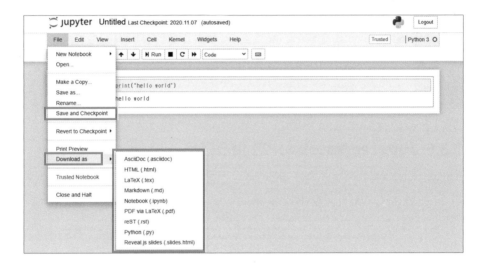

2.3.5 Jupyter Notebook 로컬 파일 가져오기

ipynb 파일을 여는 방법은 다음 그림과 같이 Upload 버튼을 눌러 파일을 선택하고 Jupyter Notebook에 파일을 추가하는 것입니다.

이는 엑셀의 '열기' 기능과 유사하며, 다음 그림과 같습니다.

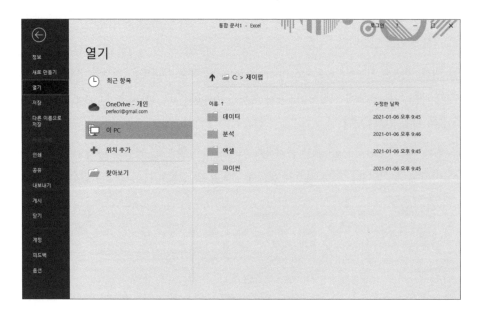

2.3.6 Jupyter Notebook과 마크다운

Jupyter Notebook의 코드 박스는 기본적으로 프로그래밍에 사용하는 코드Code 모드로 되어 있으며, 다음 그림과 같습니다.

Jupyter Notebook 코드 박스의 모드를 마크다운Markdown 모드로 전환할 수도 있으며, 이때 코드 박스는 텍스트 박스가 됩니다. 텍스트 박스의 내용은 마크다운 문법을 지원합니다. 데이터 분석 진행 시 마크다운을 사용해 분석 결과를 기록할 수 있으며, 다음 그림과 같습니다.

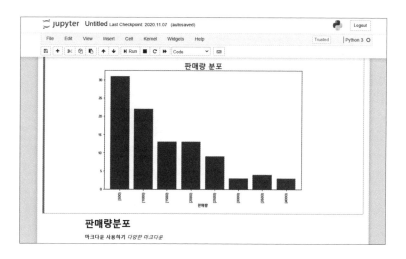

이런 점도 데이터 실무자 사이에서 Jupyter Notebook이 인기 있는 이유 중 하나입니다.

2.3.7 Jupyter Notebook 목차 추가하기

목차 기능은 해당 콘텐츠를 쉽게 찾을 수 있도록 합니다. 보통은 서적이나 졸업 논문 등 비교적 긴 콘텐츠에 주로 존재합니다. 하나의 프로그램에 너무 많은 코드가 존재하는 경우에도 읽기 쉽도록 코드에 목차를 추가할 수 있습니다. 다음 그림에서 왼쪽 박스가 목차이며, 목차를 클릭하면 해당 부분으로 이동할 수 있습니다.

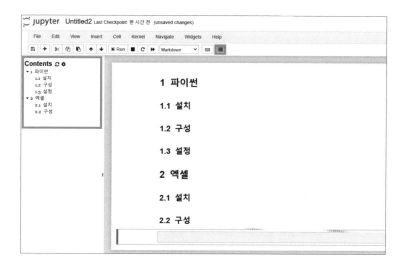

목차는 Jupyter Notebook에 포함되어 있지 않으므로 수동으로 설치해야 합니다. 구체적인 설치 과정은 다음과 같습니다.

[1단계] Windows 검색창에 Anaconda Prompt를 입력하여 실행합니다.

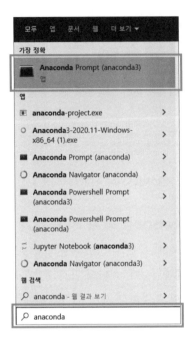

[2단계] 다음 그림과 같이 pip install jupyter_contrib_nbextensions를 입력하여 jupyter_contrib_nbextensions 모듈을 설치합니다.

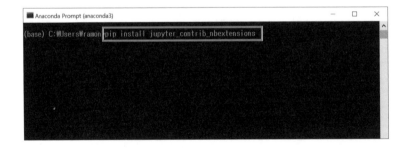

[3단계] 프로그램 중간에 y/n 옵션이 표시되면 y를 입력하여 진행합니다. Successfully installed 메시지가 표시되면 설치가 완료되었다는 의미입니다.

4단계 3단계에 이어 다음 그림과 같이 jupyter contrib nbextension install --user를
입력합니다.

5단계 4단계 완료 후 Jupyter Notebook을 재실행하면 인터페이스에서 여러 Nbextensions
탭을 확인할 수 있습니다.

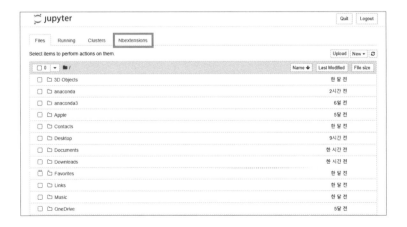

Nbextensions 탭 클릭 후 다음 그림과 같이 Table of Contents(2) 체크박스를 선택
합니다(필요한 경우 disable configuration for nbextensions without explicit compatibility
(they may break your notebook environment, but can be useful to show for nbextension
development) 체크박스를 해제합니다. (옮긴이)).

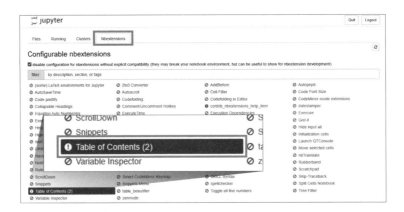

6단계 › 이때 이미 목차가 있는 ipynb 파일을 열면 다음 그림과 같이 메인 인터페이스에
네모난 목차(▤) 버튼은 보이지만 목차 자체는 여전히 나타나지 않습니다.

오른쪽 상단의 목차(▤) 버튼을 클릭하면 다음 그림과 같이 목차가 표시됩니다.

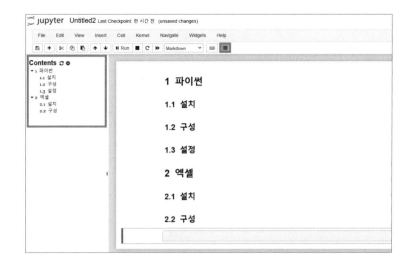

1단계~6단계는 Jupyter Notebook을 위한 목차 환경 생성이며, 다음으로 새로운 목차 파일을 생성하는 방법을 설명하겠습니다.

1단계 다음 그림과 같이 코드 박스 형식을 Heading으로 선택합니다.

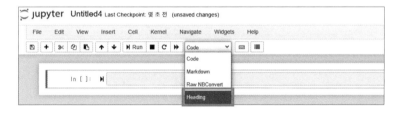

2단계 코드 박스에서 다양한 레벨의 레이블을 직접 입력합니다. 하나의 #은 첫 번째 수준(레벨)의 제목, 두 개의 #은 두 번째 수준의 제목, 세 개의 #은 세 번째 수준의 제목을 나타냅니다(주의: #과 제목 텍스트 사이에는 공백이 있으므로 주의할 것). 제목 수준은 #의 증가에 따라 점차 감소합니다.

3단계 > 2단계의 코드 블록을 실행하면 다음 그림과 같은 결과를 확인할 수 있습니다.

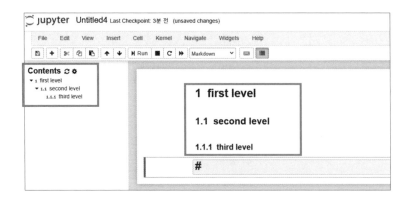

2.4 기본 개념

2.4.1 수

수number는 일상 생활에서 사용하는 숫자로, 파이썬에서는 다음 표와 같이 일반적으로 정수와 실수가 사용됩니다.

유형	부호	의미	예
정수	int	생활 속에서 사용하는 정수	1, 2, 3……
실수	float	소수점을 가지는 수	1.1, 2.2, 3.3……

소수점 존재 여부에 따라 정수와 실수 여부를 확인할 수 있습니다. 예를 들어, 66은 정수이지만, 66.0은 실수입니다.

2.4.2 변수

변수variable, 즉 변화량은 하나의 컨테이너로 이해할 수 있습니다. 이 컨테이너에 다양한 물건(데이터)을 배치(저장)할 수 있으며, 이 물건은 변하기도 합니다. 컴퓨터에는 다양한 데이터를 저장할 수 있는 컨테이너가 있으며, 각 컨테이너를 구별하기 위해 컨테이너의 이름을 지정하는 것과 같이 변수 이름을 지정합니다. 이 변수의 이름을 통해 각 변수에 접근할 수 있습니다.

변수를 병조림에 비교해 보겠습니다. 3개의 병조림은 3개의 용기, 즉 3개의 변수를 나타내며, 각각 복숭아, 배, 포도 병조림으로 이름을 지정합니다. 이와 같은 방법으로 특정 변수는 각각의 변수명을 얻습니다.

변수명을 지정하는 방식은 물건의 이름을 짓는 것과 같이 어느 정도 신경을 써서 정해야 합니다. 파이썬의 변수명 지정에는 다음과 같은 원칙이 있습니다.

- 변수명은 알파벳 또는 언더바(_)로 시작해야 하며, 이름의 중간은 알파벳, 숫자, 밑줄로만 구성되어야 합니다.
- 변수명의 길이는 255자를 초과할 수 없습니다.
- 변수명은 유효한 범위 내에서 유일해야 합니다.
- 파이썬의 키워드는 변수명이 될 수 없습니다.

파이썬의 키워드는 다음과 같습니다.

```
and         elif        import      return
as          else        in          try
assert      except      is          while
break       finally     lambda      with
class       for         not         yield
continue    from        or
def         global      pass
del         if          raise
```

변수명은 대소문자를 구분합니다. 예를 들어, Var와 var는 서로 다른 두 변수를 나타냅니다.

2.4.3 식별자

식별자identifier는 물건의 이름 식별에 사용하며, 파이썬에서는 변수명, 기호 상수명, 함수명, 배열명, 파일명, 클래스명, 객체명 등의 식별에 사용합니다. 식별자 명명 규칙은 변수명명 규칙과 같습니다.

2.4.4 데이터 유형

파이썬에는 주로 숫자와 문자열 두 가지 데이터 유형이 있으며, 숫자는 정수와 실수를 포함합니다. type()을 사용해 데이터의 구체적인 유형을 확인할 수 있습니다.

```
>>> type(1)
int

>>> type(1.0)
float

>>> type("hello world")
str
```

해당 코드에서 1은 정수이므로 결과는 int, 1.0은 실수이므로 결과는 float, "hello world"는 문자열이므로 결과는 str입니다.

2.4.5 입출력 형식 설정

파이썬에서는 print 키워드를 사용해 출력을 진행합니다.

```
>>> print("hello world")
hello world
```

출력 형식에 대한 설정이 필요한 경우 str.format()을 사용해 설정을 진행합니다. str은 문자열이며, format 내부의 내용이 str 문자열의 {}에 들어갑니다. 일반적으로 사용되는 주요 형식은 다음과 같습니다.

- 일대일 대응

```
>>> print('나는 지금 {}'.format('파이썬 기초를 배웁니다.'))
나는 지금 파이썬 기초를 배웁니다.
```

- 다대다 대응

```
>>> print('나는 지금 {}의 {}'.format('파이썬', '기초를 배웁니다.'))
나는 지금 파이썬의 기초를 배웁니다.
```

- 실수 설정

.2f는 실수 유형을 표시하며, 소수점 2자리까지 표시합니다. 같은 방식으로 .3f 등의
표현도 가능합니다.

```
>>> print("{}약 {:.2f}억 명".format("2020년 세계 인구 수 ", 77))
2020년 세계 인구 수 약 77.00억 명
```

- 백분율 설정

.2%는 백분율 유형을 표시하며, 소수점 두 자리까지 표시합니다. 같은 방식으로 .3%
등의 표현도 가능합니다.

```
>>> print("우승 확률: {:.2%}".format(0.329))
우승 확률: 32.90%
```

2.4.6 들여쓰기와 주석

■ 들여쓰기

행의 시작 부분의 공백을 들여쓰기indent라고 하며, 들여쓰기는 프로그램이 해당 코드 블
록을 인식하고 식별할 수 있도록 합니다. 예를 들어, if 조건문의 경우 들여쓰기를 통해
해당 조건 만족 시 실행되어야 할 블록을 구분할 수 있도록 합니다. 다른 언어에서는 일반
적으로 중괄호가 들여쓰기와 같은 의미를 가집니다.

행의 시작 부분에 공백이 있으면 공백의 수에 상관없이 들여쓰기가 됩니다. 보통 4개의
공백을 들여쓰기로 사용하며, 이 방식을 사용하면 가독성도 좋아집니다.

파이썬에서는 오른쪽 그림과 같이 함수, 조건문, 반복문의
블록에서 모두 들여쓰기를 해야 합니다.

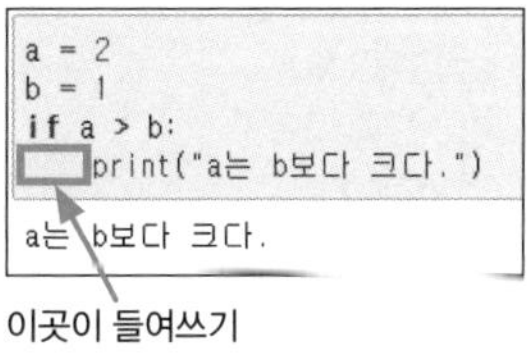

```
a = 2
b = 1
if a > b:
    print("a는 b보다 크다.")

a는 b보다 크다.
```

이곳이 들여쓰기

■ **주석(코멘트)**

주석comment은 코드를 설명하는 부분으로 실제로 실행되지는 않습니다. 한 행에 대한 주
석은 #으로 시작하며 다음과 같습니다.

```
>>> #행 주석. 실행되지는 않음
>>> print("hello world")
hello world
```

여러 행은 다음과 같이 #을 여러 개 사용하거나 ''' 혹은 """을 사용합니다.

```
#여러 행의 첫 번째 주석
#여러 행의 두 번째 주석

'''
여러 행의 첫 번째 주석
여러 행의 두 번째 주석
'''

"""
여러 행의 첫 번째 주석
여러 행의 두 번째 주석
"""
>>> print("hello world")
hello world
```

2.5 문자열

2.5.1 문자열의 개념

문자열은 작은따옴표나 큰따옴표로 묶인 0개 이상의 유한한 문자로 구성되며, 기호는
str(string의 약자)입니다. 다음은 모두 문자열에 해당합니다.

```
"hello world"
"사과나무"
"오렌지나무"
"Python"
"123"
```

2.5.2 문자열 연결하기

문자열의 연결은 성과 이름을 연결하는 것과 같이 기본적인 작업입니다. + 연산자를 사용해 둘 이상의 문자열을 직접 연결할 수 있습니다.

```
>>> "박"+"소정"
'박소정'
```

2.5.3 문자열 반복하기

"파이썬은 정말 좋아요."와 같은 문자열을 여러 번 반복하고 싶은 경우 * 연산자를 사용합니다.

```
>>> "파이썬은 정말 좋아요." *3
파이썬은 정말 좋아요.파이썬은 정말 좋아요.파이썬은 정말 좋아요.
```

해당 코드에서 *3을 입력하면 문자열을 세 번 반복하며, 원하는 만큼 반복을 지정할 수 있습니다.

2.5.4 문자열 길이 확인하기

우편번호, 전화번호, 이름 등은 모두 문자열입니다. 문자열의 길이는 len()을 사용해 확인할 수 있습니다.

```
#임의로 생성한 번호

#우편번호 길이 확인
>>> len("10881")
5

#전화번호 길이 확인
>>> len("01012345678")
11

#이름 길이 확인
>>> len("박소정")
3
```

2.5.5 문자열 검색하기

문자열 검색은 특정 문자열이 해당 문자열에 포함되어 있는지를 확인하는 것입니다. 예를 들어 사용자 계정의 활성 여부를 확인하고 싶다면, 해당 사용자의 아이디를 검색하여 확인할 수 있습니다. 검색에 성공하는 경우와 실패하는 경우에 따라 활성과 비활성 상태를 확인할 수 있습니다. in 혹은 not in 키워드를 사용한 두 가지 방법 모두 다음과 같이 사용할 수 있습니다.

```
>>> "엑셀" in "엑셀과 파이썬"
True

>>> "엑셀" in "워드와 파이썬"
False

>>> "엑셀" not in "엑셀과 파이썬"
False

>>> "엑셀" not in "워드와 파이썬"
True
```

in, not in 이외에 find의 사용도 가능합니다. find를 사용해 문자열에서 특정 문자의 존재 여부를 확인하며, 존재한다면 구체적인 위치를 반환합니다. 존재하지 않는다면 -1을 반환하며, 다음과 같습니다.

```
#문자 c는 Abc에서 세 번째에 위치함
>>> "Abc".find("c")
2
```

주의할 점은 파이썬은 위치를 0부터 계산하므로 세 번째 수는 2가 된다는 것입니다.

```
#문자 d는 문자열 Abc에 존재하지 않음
>>> "Abc".find("d")
-1
```

2.5.6 문자열 인덱스 지정하기

문자열 인덱스는 위치에 따라 값을 선택하는 것을 의미하며, 0부터 시작합니다.

문자열에서 첫 번째 위치의 값을 가져오는 코드는 다음과 같습니다.

```
>>> a = "Python 데이터 분석"
>>> a[0]
'P'
```

문자열에서 네 번째 위치의 값을 가져오는 코드는 다음과 같습니다.

```
>>> a = "Python 데이터 분석"
>>> a[3]  #문자열에서 네 번째 값 가져오기
'h'
```

문자열의 두 번째부터 네 번째 위치까지 값을 가져오는 코드는 다음과 같으며, 네 번째 위치의 값은 포함하지 않습니다.

```
>>> a = "Python 데이터 분석"
>>> a[1:3]
'yt'
```

문자열의 첫 번째부터 네 번째 위치까지 값을 가져오는 코드는 다음과 같으며, 네 번째 위치의 값은 포함하지 않습니다. 이때 첫 번째 위치 인덱스 지정은 생략할 수 있습니다.

```
>>> a = "Python 데이터 분석"
>>> a[:3]
'Pyt'
```

문자열의 여덟 번째부터 마지막 위치 사이의 값을 가져오는 코드는 다음과 같으며, 마지막 위치 인덱스의 지정은 생략할 수 있습니다.

```
>>> a = "Python 데이터 분석"
>>> a[7:]
'데이터 분석'
```

문자열의 마지막 위치의 값을 가져오는 코드는 다음과 같습니다.

```
>>> a = "Python 데이터 분석"
>>> a[-1]
'석'
```

이와 같이 특정 위치를 통해 값을 얻는 방법을 일반 인덱스normal index라고 하며, 특정 위치 간격을 통해 값을 얻는 방법을 슬라이스 인덱스slice index라고 합니다.

2.5.7 문자열 자르기

문자열 자르기는 먼저 구분 기호로 문자를 구분한 뒤, split()을 사용해 구분된 값을 리스트 형식으로 반환합니다.

```
#문자열 "a, b, c"를 ,로 분리
>>> "a, b, c".split(", ")
['a', 'b', 'c']
#문자열 "a|b|c"를 |로 분리
>>> "a|b|c".split("|")
['a', 'b', 'c']
```

2.5.8 문자 제거하기

문자는 strip()을 사용해 제거합니다. 이 함수는 문자열의 시작과 끝에서 지정된 문자를 제거할 수 있으며, 기본적으로 문자열의 시작과 끝의 공백이나 줄바꿈을 제거합니다.

```
#공백 제거
>>> " a ".strip()
'a'
#줄바꿈 제거
>>> "\ta\t ".strip()
'a'
#지정 문자 A 제거
>>> "AaA".strip("A")
'a'
```

2.6 데이터 구조-리스트

2.6.1 리스트의 개념

리스트list는 순차 데이터를 저장하는 데이터 구조로, 데이터를 쉼표로 구분합니다. 이 리스트의 데이터는 대괄호로 묶어야 합니다. 리스트는 검색이 가능하며, 가변 데이터 유형이므로 생성한 이후에 요소의 추가 삭제도 가능합니다. 또한, 다양한 유형의 데이터 사용 또한 가능합니다.

2.6.2 새 리스트 만들기

새 리스트를 만드는 방법은 데이터 요소를 대괄호로 묶으면 됩니다. 다음은 자주 사용하는 리스트 생성 방법입니다.

■ 빈 리스트 만들기

대괄호 내 데이터 요소가 없으면 이 리스트는 비어 있는 리스트입니다.

```
>>> null_list = []
```

■ int형 리스트 만들기

대괄호 내 데이터 요소가 모두 int형일 때, 이 리스트는 int형 리스트입니다.

```
>>> int_list = [1, 2, 3]
```

■ str형 리스트 만들기

대괄호 내 데이터 요소가 모두 str형일 때, 이 리스트는 str형 리스트입니다.

```
>>> str_list = ["a", "b", "c"]
```

■ int + str형 리스트 만들기

대괄호 내 데이터 요소가 int형과 str형이 함께 있을 때, 이 리스트는 int + str형 리스트입니다.

```
>>> int_str_list = [1, 2, "a", "b"]
```

2.6.3 리스트 반복

리스트의 반복은 문자열 반복과 비슷하며 * 연산자를 사용합니다.

```
>>> int_list = [1, 2, 3]
>>> int_list*2
[1, 2, 3, 1, 2, 3]

>>> str_list = ["a", "b", "c"]
>>> str_list*2
["a", "b", "c", "a", "b", "c"]
```

2.6.4 리스트 병합하기

리스트의 병합에는 두 가지 방법이 있습니다. 한 가지 방법은 문자열 연결 시 사용하는
+ 연산자의 사용이며, 다른 하나는 extend()의 사용입니다.

+ 연산자를 사용해 두 리스트를 직접 연결 시, 병합이 순차적으로 진행됩니다.

```
>>> int_list = [1, 2, 3]
>>> str_list = ["a", "b", "c"]
>>> int_list + str_list
[1, 2, 3, "a", "b", "c"]

>>> str_list + int_list
['a', 'b', 'c', 1, 2, 3]
```

리스트 B를 리스트 A에 병합하는 방법은 A.extend(B)이며, 리스트 A를 리스트 B에 병
합하는 방법은 B.extend(A)입니다.

```
>>> int_list = [1, 2, 3]
>>> str_list = ["a", "b", "c"]
>>> int_list.extend(str_list)
>>> int_list
[1, 2, 3, "a", "b", "c"]

>>> int_list = [1, 2, 3]
>>> str_list = ["a", "b", "c"]
>>> str_list.extend(int_list)
>>> str_list
['a', 'b', 'c', 1, 2, 3]
```

2.6.5 리스트에 새 요소 삽입하기

리스트는 변경이 가능하므로 생성 후에도 데이터를 변경할 수 있습니다. 리스트에 데이
터 요소를 삽입하는 방법은 주로 append()와 insert()를 사용합니다. 두 함수는 모두
리스트를 직접 변경하지만 결과를 직접 출력할 수는 없으므로, 변경된 리스트는 기존의
리스트명을 사용해 확인할 수 있습니다.

append()는 리스트 마지막에 새로운 데이터 요소를 삽입합니다.

```
>>> int_list = [1, 2, 3]
>>> int_list.append(4)
>>> int_list
[1, 2, 3, 4]

>>> str_list = ["a", "b", "c"]
>>> str_list.append("d")
>>> str_list
["a", "b", "c", "d"]
```

insert()는 지정한 위치에 새로운 데이터 요소를 삽입합니다.

```
>>> int_list = [1, 2, 3]
>>> int_list.insert(3, 4)  #네 번째 위치에 숫자 4 삽입
>>> int_list
[1, 2, 3, 4]

>>> int_list = [1, 2, 3]
>>> int_list.insert(2, 4)  #세 번째 위치에 숫자 4 삽입
>>> int_list
[1, 2, 4, 3]
```

2.6.6 리스트에서 특정 데이터 개수 확인하기

count()를 사용해 리스트에서 특정 데이터의 개수를 확인할 수 있습니다.

예를 들어 전교 석차 1등부터 5등까지의 학생이 속한 학급을 리스트에 순서대로 나열하고, 원하는 학급의 출현 빈도를 확인할 수 있습니다.

```
>>> score_list = ["1학급", "1학급", "3학급", "2학급", "1학급"]
>>> score_list.count("1학급")
3
```

2.6.7 리스트에서 특정 데이터 위치 확인하기

데이터의 위치를 확인하는 것은 리스트 내 데이터의 위치를 가져오는 것입니다.

예를 들어, 다음과 같이 내림차순으로 정렬된 A 회사의 영업 매출 실적에서 '호랑이'의 실적 순위를 알고 싶을 때 사용할 수 있습니다.

```
>>> sale_list = ["용", "여우", "사자", "호랑이", "곰"]
>>> sale_list.index("호랑이")
3
```

결과는 3으로, 이는 호랑이 실적 순위가 네 번째임을 의미합니다.

2.6.8 리스트에서 지정한 위치의 데이터 가져오기

지정한 위치의 데이터를 가져오는 방법은 문자열 인덱스와 같이 일반 인덱스와 슬라이스 인덱스의 방법이 있습니다.

■ 일반 인덱스

일반 인덱스는 특정 위치의 데이터를 가져옵니다.

```
>>> v = ["a", "b", "c", "d", "e"]
>>> v[0]  #첫 번째 데이터 가져오기
'a'

>>> v[3]  #네 번째 데이터 가져오기
'd'
```

■ 슬라이스 인덱스

슬라이스 인덱스는 특정 구간의 데이터를 가져옵니다.

```
>>> i = ["a", "b", "c", "d", "e"]
>>> i[1:3]  #두 번째에서 네 번째까지 데이터를 가져오기
['b', 'c']

>>> i[:3]  #첫 번째에서 네 번째까지 데이터를 가져오기(네 번째는 포함하지 않음)
['a', 'b', 'c']

>>> i[3:]  #네 번째에서 마지막까지 데이터 가져오기
['d', 'e']
```

2.6.9 리스트에서 데이터 삭제하기

리스트 내부 데이터 요소의 삭제는 pop()과 remove()를 사용합니다.

pop()은 리스트의 위치에 따라 삭제를 진행하며, 지정된 위치의 데이터를 삭제합니다.

```
>>> str_list = ["a", "b", "c", "d"]
>>> str_list.pop(1)  #두 번째 위치의 데이터 삭제하기
'b'
>>> str_list
['a', 'c', 'd']
```

remove()는 데이터 원소에 따라 삭제를 진행하며, 특정 원소를 삭제합니다.

```
>>> str_list = ["a", "b", "c", "d"]
>>> str_list.remove("b")
>>> str_list
['a', 'c', 'd']
```

2.6.10 리스트에서 데이터 정렬하기

리스트 내부 데이터는 sort()를 사용해 정렬하며, sort()의 기본값은 오름차순 정렬입니다.

```
>>> s = [1, 3, 2, 4]
>>> s.sort()
>>> s
[1, 2, 3, 4]
```

2.7 데이터 구조-딕셔너리

2.7.1 딕셔너리의 개념

딕셔너리dictionary, dict는 키와 값을 세트로 가지는 구조로, 이름으로 연락처와 상세 정보를 검색하는 주소록과 유사합니다. 보통 키(이름)와 값(상세 정보)이 연결되어 있지만, 동명이인이 존재할 때는 정보를 찾기 어려운 상황이 발생하기도 합니다. 따라서 키는 반드시 고유한 값을 가져야 합니다.

키와 값의 세트는 {key1:value1, key2:value2}로 표시합니다. 키와 값은 콜론(:), 키-값 세트는 쉼표(,)로 구분하며, 중괄호({})로 묶습니다.

2.7.2 새로운 딕셔너리 만들기

먼저 빈 딕셔너리 생성 후 내부에 값을 입력합니다. 다음과 같이 새로운 주소록을 만들 수 있습니다.

```
>>> test_dict = {}
>>> test_dict["호랑이"] = '01012345678'
>>> test_dict["용"] = '01087654321'
>>> test_dict
{'호랑이': '01012345678', '용': '01087654321'}
```

값을 직접 키-값 세트의 형식으로 입력할 수도 있습니다.

```
>>> test_dict = {'호랑이': '01012345678', '용': '01087654321'}
>>> test_dict
{'호랑이': '01012345678', '용': '01087654321'}
```

키-값 세트를 리스트 형식으로 튜플에 저장하고, dict()를 사용해 변환할 수도 있습니다.

```
>>> contact = (["호랑이", '01012345678'], ["용", '01087654321'])
>>> test_dict = dict(contact)
>>> test_dict
{'호랑이': '01012345678', '용': '01087654321'}
```

2.7.3 딕셔너리 keys(), values(), items() 메소드

keys() 메소드는 딕셔너리의 모든 키를 가져옵니다.

```
>>> test_dict = {'호랑이': '01012345678', '용': '01087654321'}
>>> test_dict.keys()
dict_keys(['호랑이', '용'])
```

values() 메소드는 딕셔너리의 모든 값을 가져옵니다.

```
>>> test_dict = {'호랑이': '01012345678', '용': '01087654321'}
>>> test_dict.values()
dict_values(['01012345678', '01087654321'])
```

items() 메소드는 키-값 세트를 가져옵니다.

```
>>> test_dict = {'호랑이': '01012345678', '용': '01087654321'}
>>> test_dict.items()
dict_items([('호랑이', '01012345678'), ('용', '01087654321')])
```

2.8 데이터 구조-튜플

2.8.1 튜플의 개념

튜플tuple은 리스트와 유사하지만 요소를 수정할 수 없으며, 소괄호(())를 사용합니다.

2.8.2 새로운 튜플 만들기

튜플의 생성은 데이터 요소의 집합을 소괄호로 묶으면 됩니다.

```
>>> tup = (1, 2, 3)
>>> tup
(1, 2, 3)

>>> tup = ("a", "b", "c")
>>> tup
('a', 'b', 'c')
```

2.8.3 튜플의 길이 구하기

튜플의 길이 확인은 리스트와 같은 방법인 len()을 사용합니다.

```
>>> tup = (1, 2, 3)
>>> len(tup)
3

>>> tup = ("a", "b", "c")
>>> len(tup)
3
```

2.8.4 튜플의 데이터 가져오기

튜플의 데이터는 일반 인덱스와 슬라이스 인덱스 두 가지 방법을 사용해 가져올 수 있습니다.

■ 일반 인덱스

```
>>> tup = (1, 2, 3, 4, 5)
>>> tup[2]
3

>>> tup = (1, 2, 3, 4, 5)
>>> tup[3]
4
```

```
>>> tup = (1, 2, 3, 4, 5)
>>> tup[1:3]
(2, 3)

>>> tup[:3]
(1, 2, 3)

>>> tup[1:]
(2, 3, 4, 5)
```

2.8.5 튜플과 리스트의 상호 변환

튜플과 리스트는 유사한 데이터 구조로, 상호 변환이 자주 발생합니다.

list()를 사용해 튜플을 리스트로 변환합니다.

```
>>> tup = (1, 2, 3)
>>> list(tup)
[1, 2, 3]
```

tuple()을 사용해 리스트를 튜플로 변환합니다.

```
>>> t_list = [1, 2, 3]
>>> tuple(t_list)
(1, 2, 3)
```

2.8.6 zip() 함수

zip() 함수는 반복 가능한 객체(리스트, 튜플)를 파라미터로 사용하며, 객체의 요소를 튜플로 묶어 반복 가능한 튜플iterator of tuples로 반환합니다. zip() 함수는 종종 for 루프와 함께 사용됩니다.

반복 가능한 객체가 리스트일 때는 다음과 같습니다.

```
>>> list_a = [1, 2, 3, 4]
>>> list_b = ["a", "b", "c", "d"]
>>> for i in zip(list_a, list_b):
        print(i)
```

```
(1, 'a')
(2, 'b')
(3, 'c')
(4, 'd')
```

반복 가능한 객체가 튜플일 때는 다음과 같습니다.

```
>>> list_a = (1, 2, 3, 4)
>>> list_b = ("a", "b", "c", "d")
>>> for i in zip(list_a, list_b):
        print(i)
(1, 'a')
(2, 'b')
(3, 'c')
(4, 'd')
```

2.9 연산자

2.9.1 산술 연산자

산술 연산자arithmetic operator는 기본적인 더하기, 빼기, 곱하기, 나누기 연산입니다. 다음 표
에서 기본적인 산술 연산자와 예를 확인할 수 있습니다.

연산자	의미	예
+	두 수의 합	10 + 20 = 30
-	두 수의 차	10 - 20 = -10
*	두 수의 곱	10 * 20 = 200
/	두 수의 나누기(division)	10 / 20 = 0.5
%	두 수를 나눈 나머지	10 % 20 = 10
**	x의 y 제곱	10 ** 20 = 100000000000000000000
//	정수 나누기	10 // 20 = 0

2.9.2 비교 연산자

비교 연산자comparison operator는 주로 비교에 사용하며, 크기가 크거나 작거나 같음을 나타
냅니다. True 또는 False의 결과를 반환하며, 자주 사용되는 비교 연산자는 다음과 같습
니다.

연산자	의미	예
==	같음	(10 == 20)는 False 반환
!=	같지 않음	(10 != 20)는 True 반환
<>	같지 않음(파이썬 3에서는 삭제됨)	(10 <> 20)는 True 반환
>	큼	(10 > 20)는 False 반환
<	작음	(10 < 20)는 True 반환
>=	크거나 같음	(10 >= 20)는 False 반환
<=	작거나 같음	(10 <= 20)는 True 반환

2.9.3 논리 연산자

논리 연산자logical operator는 and, or, not이 있으며, 다음과 같습니다.

연산자	논리 표현식	의미	예
and	a and b	a와 b가 모두 참일 때, 결과는 참	((10 > 20) and (10 < 20))는 False 반환
or	a or b	a 또는 b가 하나라도 참일 때, 결과는 참	((10 > 20) or (10 < 20))는 True 반환
not	not a	a가 참일 때 결과는 False, 거짓일 때는 True	not (10 > 20)는 True 반환

2.10 반복문

2.10.1 for 반복문

for 반복문은 시퀀스의 항목을 순회합니다. 시퀀스는 하나의 리스트 혹은 문자열이 될 수도 있으며, 각 항목에 대한 작업을 수행합니다.

예를 들어 데이터 분석가의 필수 과목으로는 엑셀, SQL, 파이썬, 통계학이 있습니다. 데이터 분석가가 되기 위해서는 이 네 과목을 필수로 학습해야 하며, 보통 엑셀, SQL, 파이썬, 통계학의 순서로 학습합니다. 이 네 과목을 순서대로 학습하는 과정이 for 반복문과 같다고 볼 수 있습니다.

```
>>> subject = ["엑셀", "SQL", "파이썬", "통계학"]
>>> for sub in subject:
        print("현재 학습 중: {}".format(sub))

현재 학습 중: 엑셀
현재 학습 중: SQL
현재 학습 중: 파이썬
현재 학습 중: 통계학
```

2.10.2 while 반복문

while 반복문은 프로그램을 주기적으로 실행하며, 조건이 충족되면 충족 조건을 벗어날 때까지 프로그램이 실행됩니다.

예를 들어 7주 동안 학습하여 데이터 분석가가 되는 프로그램에서 7주 과정이 완료되면 일자리를 찾을 수 있는 시스템이 있다고 가정해 보겠습니다. 7주간의 학습 여부를 판단 조건으로 하며, 학습 기간이 7주가 되지 않으면 7주가 될 때까지 공부를 계속해야 취직할 수 있습니다. 이를 while 문으로 나타내면 다음과 같습니다.

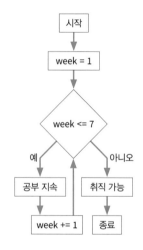

실행 코드는 다음과 같습니다.

```
>>> week = 0 #0부터 학습 시작
>>> while week <= 7:
        print("데이터 분석 학습 {}주차".format(week)) #들여쓰기 필요
        week += 1
>>> print("데이터 분석 학습 {}주차, 취직 가능".format(week-1))
```

```
데이터 분석 학습 0 주차
데이터 분석 학습 1 주차
데이터 분석 학습 2 주차
데이터 분석 학습 3 주차
데이터 분석 학습 4 주차
데이터 분석 학습 5 주차
데이터 분석 학습 6 주차
데이터 분석 학습 7 주차
데이터 분석 학습 7 주차, 취직 가능
```

2.11 조건문

2.11.1 if 구문

if 구문은 조건의 만족 여부를 확인하여 조건을 만족하면 프로그램을 실행합니다. if 구문 다음에는 들여쓰기가 필요합니다.

예를 들어, 데이터 분석가에게 필요한 기술을 열심히 학습하면 관련 직업을 찾을 수 있고, 열심히 하지 않으면 관련 직업을 찾기 어려운 상황이 발생할 수 있습니다.

여기서 우리는 1로 열심히 학습하는 것을 표시하고, 0으로 반대 상황을 표시할 수 있습니다. 초깃값에 1을 할당하면 열심히 학습하고 있음을 가정할 수 있습니다.

판단 조건이 학습에 열심히 임하는 것이라고 할 때, 구체적인 과정은 다음과 같습니다.

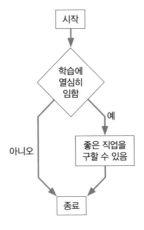

실행 코드는 다음과 같습니다.

```
>>> is_study = 1
>>> if is_study == 1:
        print("좋은 직업을 구할 수 있음")  #들여쓰기 필요
좋은 직업을 구할 수 있음
```

반대로 판단 조건이 기술을 열심히 학습하지 않는 것이라고 할 때, 구체적인 과정은 다음과 같습니다.

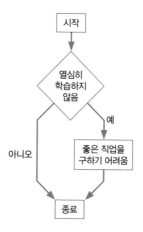

실행 코드는 다음과 같습니다.

```
>>> is_study = 1
>>> if is_study == 0:
        print("좋은 직업을 구하기 어려움")  #들여쓰기 필요
```

조건을 만족하지 않으므로 if 구문 이후의 프로그램(출력)은 비어 있습니다.

2.11.2 else 구문

else 구문은 if 구문을 보완합니다. if 구문은 조건이 충족될 때만 프로그램이 수행할 작업을 설명하고, 충족되지 않을 때는 작업을 설명하지 않습니다. else 구문은 if 조건을 만족하지 않을 때 프로그램이 수행하는 작업입니다.

판단 조건이 기술을 열심히 학습하는 것이라고 할 때, 구체적인 과정은 다음과 같습니다.

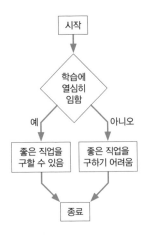

실행 코드는 다음과 같습니다.

```
>>> is_study = 1
>>> if is_study == 1:
        print("좋은 직업을 구할 수 있음")
>>> else:
        print("좋은 직업을 구하기 어려움")
좋은 직업을 구할 수 있음
```

판단 조건이 기술을 열심히 학습하지 않는 것이라고 할 때, 실행 코드는 다음과 같습니다.

```
>>> is_study = 1
>>> if is_study == 0:
        print("좋은 직업을 구하기 어려움")
>>> else:
        print("좋은 직업을 구할 수 있음")
좋은 직업을 구할 수 있음
```

2.11.3 elif 구문

elif 구문은 else_if로 이해할 수 있습니다. 앞의 if와 else 구문은 하나의 구문만 판단할 수 있으므로 여러 구문의 판단은 elif 구문을 사용합니다.

elif는 else 문을 가질 수도 있으며, 반드시 if 구문과 함께 존재해야 합니다. 구체적인 실행 순서는 먼저 if 구문의 조건을 만족하면 if 구문을 실행하고 루프를 종료합니다. if 구문을 만족하지 않으면 다음 elif 구문이 실행됩니다. 여러 개의 elif 구문이 존재할 수 있지만, 0개 혹은 1개의 elif 구문만이 실행됩니다.

예를 들어 어떤 사람이 시험에서 얻은 점수를 추측해 보겠습니다. 먼저 합격 여부(60점)를 판단하며, 불합격이라면 60점 미만의 점수 범위를 추측합니다. 합격이라면 해당 점수 구간의 판단을 진행합니다. 구체적인 과정은 다음과 같습니다.

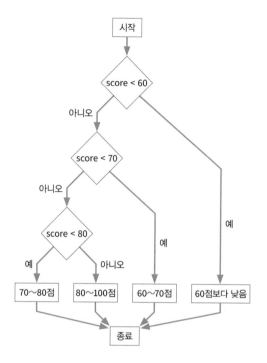

실행 코드는 다음과 같습니다.

```
>>> if score < 60:
        print("60점보다 낮음")
>>> elif score < 70:
        print("60~70점")
>>> elif score < 80:
        print("70~80점")
>>> else:
        print("80~100점")
```

2.12 함수

함수function는 하나의 프로그램에서 재사용할 수 있는 프로그램 섹션(조각)입니다. 코드 블록과 이름으로 구성되며, 함수가 정의되면 이름을 사용해 프로그램을 실행할 수 있습니다.

2.12.1 일반 함수

일반 함수는 보통 함수명(필수), 파라미터, 코드 블록(필수), return, 변수로 구성됩니다.

함수의 정의 방법은 다음과 같습니다.

```
def 함수명(파라미터):
    코드블록
```

함수 정의에 사용하는 키워드는 def입니다. 파라미터는 함수명 뒤의 괄호 안에 넣습니다(빈 값도 가능). 파라미터 뒤는 콜론으로 끝나야 하며, 코드 블록은 일반적으로 4칸의 공백을 넣습니다. 코드 블록은 함수가 실행하는 작업입니다.

함수명이 learn_python인 함수의 정의 방법은 다음과 같습니다.

```
>>> def learn_python(location):
        print("현재 {}에서 파이썬 학습 중".format(location))  #코드 블록

>>> learn_python("집")  #함수 호출
현재 집에서 파이썬 학습 중

>>> learn_python("도서관")  #함수 호출
현재 도서관에서 파이썬 학습 중

>>> learn_python("카페")  #함수 호출
현재 카페에서 파이썬 학습 중
```

앞서 나온 함수는 함수명 learn_python을 사용해 해당 코드 블록을 여러 번 호출합니다.

함수의 파라미터는 형식 파라미터formal parameter와 실제 파라미터actual parameter 두 가지가 있습니다. 함수를 정의할 때 사용하는 파라미터는 형식 파라미터이며, 앞에서는 location이 형식 파라미터입니다. 함수 호출 시 전달되는 파라미터는 실제 파라미터로, 앞에서는 집, 도서관 등이 실제 파라미터입니다. 앞에서는 코드 블록에서 직접 print를 실행하며, 반환값이 없으면 return을 사용해 결과를 반환할 수도 있습니다.

return을 포함하는 함수의 정의는 다음과 같습니다.

```
>>> def learn_python(location):
        doing = ("현재 {}에서 파이썬 학습 중".format(location))  #실행 결과 할당
    return doing  #return으로 doing 반환
```

```
>>> learn_python("집")
현재 집에서 파이썬 학습 중

>>> learn_python("도서관")  #함수 호출
현재 도서관에서 파이썬 학습 중

>>> learn_python("카페")  #함수 호출
현재 카페에서 파이썬 학습 중
```

이번에는 함수를 호출하면 직접 print를 실행하지 않고, return을 사용해 실행 결과를 반환합니다.

다음은 여러 개의 파라미터를 가지는 함수를 정의합니다.

```
>>> def learn_python(location, drink):
        doing = ("나는 지금 {}에서 {}를 마신다.".format(location, drink))
        return doing

>>> learn_python("카페", "커피")
나는 지금 카페에서 커피를 마신다.
```

2.12.2 익명 함수

이름과 같이 익명 함수anonymous function는 이름이 없으며, def를 사용해 함수를 정의하는 과정이 생략됩니다. lambda는 함수의 본체가 없는 표현식으로, 사용법은 다음과 같습니다.

```
lambda arg1, arg2, arg3, ... : expression
```

arg1, arg2, arg3은 특정 파라미터를 나타내며, expression은 파라미터에 대해 수행할 작업을 나타냅니다.

수를 더하는 일반 함수와 익명 함수를 각각 만들고, 두 함수의 차이점을 확인해 보겠습니다.

일반 함수는 다음과 같습니다.

```
>>> def two_sum(x, y):
        result = x + y
        return result

>>> two_sum(1, 2)
3
```

익명 함수는 다음과 같습니다.

```
>>> f = lambda x, y:x + y
>>> f(1, 2)
3
```

익명 함수는 일반 함수보다 훨씬 간결하면서 자주 사용되므로 반드시 익숙해져야 합니다.

2.13 고급 기능

2.13.1 리스트 생성식

리스트 각 값을 제곱하여 새로운 리스트로 생성하고 싶을 때, 일반적으로 사용하는 방법은 다음과 같습니다.

```
>>> num = [1, 2, 3, 4, 5]
>>> new = []    #계산 후 결과를 저장할 빈 리스트 생성
>>> for i in num:
        new.append(i ** 2)
>>> new
[1, 4, 9, 16, 25]
```

리스트 생성식을 사용한 방법은 다음과 같습니다.

```
>>> num = [1, 2, 3, 4, 5]
>>> [i ** 2 for i in num]
[1, 4, 9, 16, 25]
```

이 작업은 아주 간단하기에 리스트 생성식의 장점을 실감하지 못했을 수도 있으므로, 조금 더 복잡한 상황을 가정하여 확인하겠습니다.

두 리스트의 세트 결합이 필요할 때를 가정하여 일반적인 방법과 리스트 생성식을 사용한 구현을 확인하겠습니다.

일반적인 방법은 다음과 같습니다.

```
>>> list1 = ["A", "B", "C"]
>>> list2 = ["a", "b", "c"]
>>> new = []
```

```
>>> for m in list1:
        for n in list2:
                new.append(m+n)
>>> new
['Aa', 'Ab', 'Ac', 'Ba', 'Bb', 'Bc', 'Ca', 'Cb', 'Cc']
```

리스트 생성식은 다음과 같습니다.

```
>>> list1 = ["A", "B", "C"]
>>> list2 = ["a", "b", "c"]
>>> [m + n for m in list1 for n in list2]
['Aa', 'Ab', 'Ac', 'Ba', 'Bb', 'Bc', 'Ca', 'Cb', 'Cc']
```

일반적인 방법은 두 개의 for 반복문을 중첩해 사용하지만, 리스트 생성식은 코드 한 줄로도 충분합니다. 데이터의 양이 적을 때는 for 반복문의 중첩이 속도에 크게 영향을 미치지 않지만, 데이터의 양이 많을 때는 속도가 매우 느려집니다.

2.13.2 map 함수

map 함수는 map(function, args) 형식으로 나타냅니다. 이는 시퀀스 args의 각 값에 대해 function이 수행되고, 최종적으로 결과 시퀀스를 얻는 것을 나타냅니다.

```
>>> a = map(lambda x, y: x+y, [1, 2, 3], [3, 2, 1])
>>> a
<map at 0x1b0260d29b0>

>>> for i in a:
        print(i)
4
4
4
```

map 함수로 생성한 결과 시퀀스는 모든 결과를 직접 표시할 수 없으므로 확인을 위해서는 for 반복문을 사용해야 합니다. list 메소드를 사용해 결괏값 리스트를 생성할 수도 있습니다.

```
>>> b = list(map(lambda x, y: x+y, [1, 2, 3], [3, 2, 1]))
>>> b
[4, 4, 4]
```

2.14 모듈

모듈module은 함수의 업그레이드 버전으로, 앞에서 언급한 것과 같이 함수는 프로그램에서 함수명을 사용해 여러 차례 호출할 수 있습니다. 하지만 함수가 정의된 프로그램에서 호출해야 하며, 정의되지 않은 다른 프로그램에서는 작동하지 않습니다.

모듈이 함수의 업그레이드 버전인 이유는 프로그램에 상관없이 해당 모듈 프로그램을 모듈명만으로 호출할 수 있기 때문입니다.

함수를 사용하려면 먼저 함수를 정의해야 하는 것과 같이 모듈도 가져오기가 필요합니다. 모듈을 가져오는 방법은 두 가지가 있습니다.

```
import module_name  #모듈명을 사용해 가져오기(import)

from module1 import module2  #큰 모듈에서 작은 모듈 가져오기(import)
```

데이터 분석 분야에서 자주 사용되는 세 가지 모듈은 NumPy, Pandas, Matplotlib이며, 이 외에도 파이썬에는 유사한 모듈이 많습니다. 이런 종류의 모듈들이 존재하기 때문에 파이썬은 더 단순해지고 더욱 환영받게 되었습니다.

CHAPTER

03

Pandas 데이터 구조

앞에서는 파이썬의 기초 지식에 대해 알아보았으며, 이번 장부터는 본격적인 데이터 분석 프로세스를 진행하겠습니다. 주로 각 데이터 분석 과정에서 사용되는 작업에 대해 설명하고, 엑셀에서 구현하는 방법과 이를 파이썬에서 구현하는 코드를 확인하겠습니다.

다음 몇 장에 걸쳐 Pandas, NumPy, Matplotlib 모듈을 사용하겠습니다. 모듈을 사용하기 전, 먼저 기초 지식에서 학습한 대로 가져오기를 통해 해당 모듈을 불러옵니다. 하나의 프로그램에서는 한 번만 가져오면 됩니다.

```
>>> import pandas as pd
>>> import numpy as np
>>> import matplotlib.pyplot as plt
```

모듈을 참조할 때 편리하게 사용하기 위해 앞 코드와 같이 as를 사용해 별칭을 지정합니다. 앞으로 이 책에서 Pandas는 pd, NumPy는 np, matplotlib.pyplot는 plt로 나타내겠습니다.

3.1 Series 데이터 구조

3.1.1 Series 정의

Series(시리즈)는 1차원 배열과 유사한 객체로, 데이트 세트와 이와 관련된 데이터 레이블(인덱스) 세트로 구성됩니다.

```
0 A
1 B
2 C
3 D
4 E
dtype: object
```

앞의 데이터 구조는 Series입니다. 왼쪽의 숫자는 데이터 레이블이며, 오른쪽은 구체적인 데이터입니다. 데이터 레이블과 데이터는 일대일로 대응하며, 엑셀에서는 이 데이터를 오른쪽 표와 같이 나타냅니다.

데이터 레이블	데이터
0	A
1	B
2	C
3	D
4	E

3.1.2 Series 생성하기

Series의 생성은 pd.Series()를 사용하며, Series() 메소드에 다른 객체를 전달합니다.

■ 리스트 전달하기

리스트 전달을 통한 생성은 다음과 같습니다.

```
>>> import pandas as pd
>>> S1 = pd.Series(["a", "b", "c", "d"])
>>> S1
0    a
1    b
2    c
3    d
dtype: object
```

데이터 레이블을 지정하지 않고 리스트를 전달하면 Series는 기본값으로 0부터 시작하는 데이터 레이블을 사용합니다. 위의 0, 1, 2, 3은 기본값으로 사용된 데이터 레이블입니다.

■ 인덱스 지정하기

리스트를 전달하면 기본값 인덱스가 사용되지만, 파라미터로 지정할 수도 있습니다.

```
>>> S2 = pd.Series([1, 2, 3, 4], index = ["a", "b", "c", "d"])
>>> S2
a    1
b    2
c    3
d    4
dtype: int64
```

■ 딕셔너리 전달하기

데이터와 데이터 레이블을 key:value(딕셔너리) 형식으로 전달할 수 있습니다. key는 데이터 레이블, value는 데이터가 됩니다.

```
>>> S3 = pd.Series({"a": 1, "b": 2, "c": 3, "d": 4})
>>> S3
a    1
b    2
c    3
d    4
dtype: int64
```

3.1.3 index 메소드로 Series 인덱스 가져오기

데이터 세트에서 인덱스를 확인하는 것은 일상적인 작업입니다. index 메소드를 이용해 Series의 인덱스 값을 얻는 방법은 다음 코드와 같습니다.

```
>>> S1.index
RangeIndex(start = 0, stop = 4, step = 1)
>>> S2.index
Index(['a', 'b', 'c', 'd'], dtype = 'object')
```

3.1.4 values 메소드로 Series 값 가져오기

Series의 각 인덱스 값은 values 메소드를 사용해 가져올 수 있습니다.

```
>>> S1.values
array(['a', 'b', 'c', 'd'], dtype = object)
>>> S2.values
array([1, 2, 3, 4], dtype = int64)
```

3.2 DataFrame 테이블 형식의 데이터 구조

3.2.1 DataFrame 정의

Series는 데이터 세트와 인덱스 세트(행 인덱스)로 구성된 데이터 구조이며, DataFrame은 데이터 세트와 두 개의 인덱스 세트(행과 열 인덱스)로 구성된 테이블 형식의 데이터 구조입니다. DataFrame의 데이터 형식은 엑셀과 유사하므로 이어지는 장과 절에서는 주로 DataFrame의 데이터 구조를 사용합니다. 다음은 간단한 DataFrame의 데이터 구조입니다.

```
           기술
첫 번째    Excel
두 번째    SQL
세 번째    Python
네 번째    PPT
```

이 데이터 구조는 엑셀의 데이터 구조와 유사하게 행 인덱스와 열 인덱스가 모두 존재하며, 행 인덱스와 열 인덱스가 값의 종류를 결정합니다. 엑셀 테이블을 사용해 앞 데이터를 표시하면 다음과 같습니다.

	기술
첫 번째	Excel
두 번째	SQL
세 번째	Python
네 번째	PPT

3.2.2 DataFrame 생성하기

DataFrame의 생성은 pd.DataFrame()을 사용하며, DataFrame() 메소드에 객체를 전달합니다.

■ 리스트 전달하기

리스트 전달은 다음과 같습니다.

```
>>> import pandas as pd
>>> df1 = pd.DataFrame(["a", "b", "c", "d"])
>>> df1
     0
0    a
1    b
2    c
3    d
```

단일 리스트를 전달하면 리스트의 값은 하나의 열로 표시되며, 행과 열은 모두 기본값인 0부터 시작됩니다.

■ 중첩 리스트 전달하기

```
>>> df2 = pd.DataFrame([["a", "A"], ["b", "B"], ["c", "C"], ["d", "D"]])
>>> df2
   0  1
0  a  A
1  b  B
2  c  C
3  d  D
```

중첩 리스트를 전달하면 중첩된 리스트의 수만큼 열 데이터가 표시됩니다. 행과 열의 인덱스는 기본값인 0부터 시작되며, 리스트 내 중첩 리스트는 튜플로 대체할 수 있습니다.

```
>>> df2 = pd.DataFrame([("a", "A"), ("b", "B"), ("c", "C"), ("d", "D")])
>>> df2
   0  1
0  a  A
1  b  B
2  c  C
3  d  D
```

■ 행 인덱스, 열 인덱스 지정하기

DataFrame() 메소드에 리스트만 전달하면 행과 열 인덱스는 기본값으로 지정되지만, columns와 index 파라미터를 사용하면 열과 행 인덱스를 지정할 수 있습니다.

```
#열 인덱스 지정
>>> df31 = pd.DataFrame([["a", "A"], ["b", "B"], ["c", "C"], ["d", "D"]],
                  columns = ["소문자", "대문자"])
>>> df31

   소문자  대문자
0  a     A
1  b     B
2  c     C
3  d     D

#행 인덱스 지정
>>> df32 = pd.DataFrame([["a", "A"], ["b", "B"], ["c", "C"], ["d", "D"]],
                  index = ["하나", "둘", "셋", "넷"])
>>> df32

    0  1
하나 a  A
```

```
둘      b    B
셋      c    C
넷      d    D

#행과 열 인덱스 동시 지정
>>> df33 = pd.DataFrame([["a", "A"], ["b", "B"], ["c", "C"], ["d", "D"]],
                        columns = ["소문자", "대문자"],
                        index = ["하나", "둘", "셋", "넷"])
>>> df33

      소문자   대문자
하나   a       A
둘     b       B
셋     c       C
넷     d       D
```

■ 딕셔너리 전달하기

딕셔너리 전달은 다음과 같습니다.

```
>>> data = {"소문자": ["a", "b", "c", "d"], "대문자": ["A", "B", "C", "D"]}
>>> df41 = pd.DataFrame(data)
>>> df41
      소문자   대문자
0     a       A
1     b       B
2     c       C
3     d       D
```

딕셔너리 형식을 직접 DataFrame에 전달할 때, key 값은 열 인덱스에 해당합니다. 행 인
덱스를 지정하지 않으면 행 인덱스는 기본값인 0부터 시작합니다. index 파라미터를 사
용한 행 인덱스의 지정은 다음과 같습니다.

```
>>> data = {"소문자": ["a", "b", "c", "d"], "대문자": ["A", "B", "C", "D"]}
>>> df42 = pd.DataFrame(data, index = ["하나", "둘", "셋", "넷"])
>>> df42
      소문자   대문자
하나   a       A
둘     b       B
셋     c       C
넷     d       D
```

3.2.3 DataFrame의 행 인덱스, 열 인덱스 가져오기

columns를 사용해 DataFrame의 열 인덱스를 가져올 수 있습니다.

```
>>> df2.columns
RangeIndex(start = 0, stop = 2, step = 1)
>>> df33.columns
Index(['소문자', '대문자'], dtype = 'object')
```

index를 사용해 DataFrame의 행 인덱스를 가져올 수 있습니다.

```
>>> df2.index
RangeIndex(start = 0, stop = 4, step = 1)
>>> df33.index
Index(['하나', '둘', '셋', '넷'], dtype = 'object')
```

3.2.4 DataFrame 값 가져오기

DataFrame의 값을 가져오는 것은 특정 행, 열을 가져오는 것이며, 이 행과 열의 선택은 6장에서 상세히 설명하겠습니다.

04 원재료 준비하기 — 데이터 소스 가져오기

쌀 없이는 밥 짓기가 어렵고, 제 아무리 실력이 좋더라도 재료 없이는 요리가 어려운 것처럼, 기본 재료 준비는 요리의 필수 요소입니다. 데이터 분석도 요리와 같이 첫 번째 단계는 재료 준비, 즉 데이터 소스를 준비하는 것입니다.

4.1 외부 데이터 가져오기

데이터 가져오기는 주로 Pandas의 read_x() 메소드를 사용하며, x는 가져올 파일의 형식을 나타냅니다.

4.1.1 .xlsx 파일 가져오기

엑셀에서 .xlsx 형식의 파일은 더블 클릭만으로 매우 간단하게 가져올 수 있습니다. 파이썬에서는 read_excel()을 사용합니다.

■ 기본 형식 가져오기

파일을 가져올 때 먼저 파일이 저장되어 있는 폴더의 경로를 지정해야 합니다(본인이 파일을 저장한 위치의 경로를 확인하여 지정해야 합니다. 옮긴이).

```
>>> import pandas as pd
>>> df = pd.read_excel(r"C:\Users\ramon\Desktop\test.xlsx")
>>> df
    번호    나이    성별    가입일자
0   A1    54    남자    2020-08-08
1   A2    16    여자    2020-08-09
2   A3    47    여자    2020-08-10
3   A4    41    남자    2020-08-11
```

윈도우즈의 폴더 및 파일명 구분은 기본적으로 \를 사용하며, 이스케이프 방지를 위해
경로 앞에 r(이스케이프 방지 문자)을 사용합니다. r을 추가하지 않으면 경로의 모든 \를 /
로 변경해야 합니다. 이 규칙은 다른 형식의 파일을 가져올 때도 같으며, 보통 경로 앞에
r을 추가하여 사용합니다.

```
#경로 앞에 r을 추가하지 않음
>>> df = pd.read_excel("C:/Users/ramon/Desktop/test.xlsx")
>>> df
    번호   나이   성별    가입일자
0   A1    54   남자   2020-08-08
1   A2    16   여자   2020-08-09
2   A3    47   여자   2020-08-10
3   A4    41   남자   2020-08-11
```

■ 시트 지정하여 가져오기

.xlsx 형식의 파일에는 여러 시트sheet가 존재할 수 있으며, sheet_name 파라미터를 사용
하면 지정한 시트를 가져올 수 있습니다.

```
>>> df = pd.read_excel(r"C:\Users\ramon\Desktop\test.xlsx",
                sheet_name = "Sheet1")
>>> df
    번호   나이   성별    가입일자
0   A1    54   남자   2020-08-08
1   A2    16   여자   2020-08-09
2   A3    47   여자   2020-08-10
3   A4    41   남자   2020-08-11
```

특정 시트 지정 외에도 0부터 순서대로 전달할 수도 있습니다.

```
>>> df = pd.read_excel(r"C:\Users\ramon\Desktop\test.xlsx", sheet_name = 0)
>>> df
    번호   나이   성별    가입일자
0   A1    54   남자   2020-08-08
1   A2    16   여자   2020-08-09
2   A3    47   여자   2020-08-10
3   A4    41   남자   2020-08-11
```

만약 sheet_name 파라미터를 지정하지 않는다면, 기본값인 첫 번째 시트부터 가져옵
니다.

■ **행 인덱스 지정하기**

로컬 파일을 DataFrame으로 가져올 때, index_col 파라미터를 사용해 행 기본값이 0부터 시작하는 행 인덱스를 설정할 수 있습니다.

```
>>> df = pd.read_excel(r"C:\Users\ramon\Desktop\test.xlsx",
                 sheet_name = 0, index_col = 0)
>>> df
       나이    성별    가입일자
번호
A1     54    남자    2020-08-08
A2     16    여자    2020-08-09
A3     47    여자    2020-08-10
A4     41    남자    2020-08-11
```

index_col은 .xlsx 파일에서 행 인덱스로 사용하는 열을 나타내며, 0부터 계산합니다.

■ **열 인덱스 지정하기**

로컬 파일을 DataFrame으로 가져올 때, 기본적으로 소스 데이터 테이블의 첫 번째 행을 열 인덱스로 사용합니다. 또한, header 파라미터를 사용해 열 인덱스를 설정할 수도 있습니다. header 파라미터의 기본값은 0으로, 첫 번째 행부터 모든 값을 가져옵니다.

다른 행의 지정은 구체적인 행을 전달합니다. 기본값은 0부터 시작합니다.

```
#첫 번째 행을 열 인덱스로 사용
>>> df = pd.read_excel(r"C:\Users\ramon\Desktop\test.xlsx",
                 sheet_name = 0, header = 0)
>>> df
     번호    나이    성별    가입일자
0    A1     54    남자    2020-08-08
1    A2     16    여자    2020-08-09
2    A3     47    여자    2020-08-10
3    A4     41    남자    2020-08-11

#두 번째 행을 열 인덱스로 사용
>>> df = pd.read_excel(r"C:\Users\ramon\Desktop\test.xlsx",
                 sheet_name = 0, header = 1)
>>> df
     A1     54    남자    2020-08-08
1    A2     16    여자    2020-08-09
2    A3     47    여자    2020-08-10
3    A4     41    남자    2020-08-11
```

```
#기본값(0)부터 열 인덱스 사용
>>> df = pd.read_excel(r"C:\Users\ramon\Desktop\test.xlsx",
                       sheet_name = 0, header = None)
>>> df
     0      1      2      3
0   번호    나이    성별    가입일자
1   A1     54     남자    2020-08-08
2   A2     16     여자    2020-08-09
3   A3     47     여자    2020-08-10
4   A4     41     남자    2020-08-11
```

■ 열 지정 가져오기

로컬 파일의 많은 열이 모두 필요하지 않을 때, usecols 파라미터를 사용해 열을 지정하여 가져올 수 있습니다.

```
>>> df = pd.read_excel(r"C:\Users\ramon\Desktop\test.xlsx", usecols = A)
>>> df
     번호
0    A1
1    A2
2    A3
3    A4
```

usecols 파라미터에 구체적인 값을 전달하여 지정한 열을 가져올 수 있습니다. 시작은 0부터이고 리스트 형식을 전달하면 여러 열을 지정할 수 있습니다.

```
>>> df = pd.read_excel(r"C:\Users\ramon\Desktop\test.xlsx", usecols = [0, 2])
>>> df
     번호    성별
0    A1     남자
1    A2     여자
2    A3     여자
3    A4     남자
```

4.1.2 .csv 파일 가져오기

엑셀에서 .csv 형식의 파일은 .xlsx 형식의 파일과 같이 더블 클릭으로 열 수 있습니다. 파이썬에서는 read_csv() 메소드를 사용합니다.

■ 직접 가져오기

파일 경로를 직접 지정할 수 있습니다.

```
>>> import pandas as pd
>>> df = pd.read_csv(r"C:\Users\ramon\Desktop\test.csv")
>>> df
    번호   나이   성별    가입일자
0   A1    54    남자    2020-08-08
1   A2    16    여자    2020-08-09
2   A3    47    여자    2020-08-10
3   A4    41    남자    2020-08-11
```

■ 구분자 지정하기

엑셀과 DataFrame에서는 백그라운드의 특정 규정을 따르는 도구가 데이터를 규칙적으로 정렬합니다. read_csv()는 기본적으로 파일의 데이터를 쉼표로 구분하지만, 일부 파일은 쉼표로 구분되지 않습니다. 이때는 구분자를 수동으로 지정해야 하며, 그렇지 않으면 오류가 발생합니다.

공백으로 구분자를 지정한 새 파일의 생성은 다음과 같습니다.

```
번호   나이   성별   가입일자
A1     54     남자   2020-08-08
A2     16     여자   2020-08-09
A3     47     여자   2020-08-10
A4     41     남자   2020-08-11
```

구분자를 기본값인 쉼표로 사용하면 다음과 같은 결과를 확인할 수 있습니다.

```
>>> df = pd.read_csv(r"C:\Users\ramon\Desktop\test1.csv")
>>> df
    번호나이성별가입일자
0   A1 54 남자 2020-08-08
1   A2 16 여자 2020-08-09
2   A3 47 여자 2020-08-10
3   A4 41 남자 2020-08-11
```

모든 데이터가 하나로 모여 있고, 분리되어 있지 않음을 확인할 수 있습니다. 구분 기호를 공백으로 지정하여 결과를 확인하겠습니다.

```
>>> df = pd.read_csv(r"C:\Users\ramon\Desktop\test1.csv", sep = " ")
>>> df
    번호   나이   성별    가입일자
0   A1    54    남자    2020-08-08
1   A2    16    여자    2020-08-09
2   A3    47    여자    2020-08-10
3   A4    41    남자    2020-08-11
```

정확한 구분자를 사용하면 데이터가 깔끔하게 분리됩니다. 쉼표와 공백 이외에 탭(\t)도 자주 사용됩니다.

■ 가져오는 행의 수 지정하기

수백만 개의 파일에서 각 파일마다 어떤 데이터가 존재하는지 확인하고자 할 때는 모든 데이터를 다 가져올 필요 없이 처음 몇 줄만 표시하는 nrows 파라미터를 사용합니다.

```
>>> df = pd.read_csv(r"C:\Users\ramon\Desktop\test1.csv", sep = " ", nrows = 2)
>>> df
     번호   나이   성별   가입일자
0    A1    54    남자   2020-08-08
1    A2    16    여자   2020-08-09
```

■ 인코딩 형식 지정하기

파이썬이 자주 사용하는 인코딩 형식은 UTF-8과 euc-kr이며, 기본값은 UTF-8입니다. 가져온 파일 자체의 인코딩 형식에 맞춰 설정을 진행해야 하며, encoding 파라미터를 사용합니다. 이름과 형식이 같은 파일이라도 인코딩 형식이 다르면 다른 파일로 간주해야 합니다. 엑셀 파일 저장 시 같은 .csv 파일이라고 할지라도 표시되는 두 가지 옵션에 따라 다음 그림과 같이 다른 파일이 됩니다.

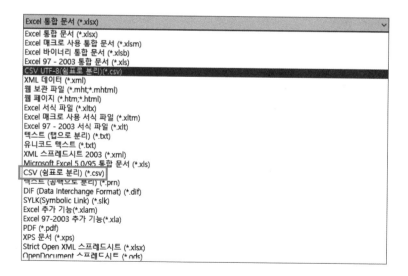

만약 CSV UTF-8(쉼표로 분리)(*.csv) 형식의 파일을 가져올 때는 encoding 파라미터의 추가가 필요합니다.

```
>>> df1 = pd.read_csv(r"C:\Users\ramon\Desktop\test2.csv", encoding = "utf-8")
>>> df1
    번호    나이    성별    가입일자
0   A1    54    남자    2020-08-08
1   A2    16    여자    2020-08-09
2   A3    47    여자    2020-08-10
3   A4    41    남자    2020-08-11
```

파이썬의 인코딩 기본값은 UTF-8이므로 encoding 파라미터는 생략해도 됩니다.

```
>>> df1 = pd.read_csv(r"C:\Users\ramon\Desktop\test2.csv")
>>> df1
    번호    나이    성별    가입일자
0   A1    54    남자    2020-08-08
1   A2    16    여자    2020-08-09
2   A3    47    여자    2020-08-10
3   A4    41    남자    2020-08-11
```

CSV(쉼표로 분리)(*.csv) 형식의 파일은 인코딩 형식을 euc-kr로 지정해야 하며, UTF-8을 사용하면 오류가 발생합니다.

```
>>> df1 = pd.read_csv(r"C:\Users\ramon\Desktop\test3.csv", encoding = "euc-kr")
>>> df1
    번호    나이    성별    가입일자
0   A1    54    남자    2020-08-08
1   A2    16    여자    2020-08-09
2   A3    47    여자    2020-08-10
3   A4    41    남자    2020-08-11
```

■ engine 지정하기

파일 경로 또는 파일 이름에 한국어가 포함된 상태에서 앞의 방법을 사용하면 오류가 발생하는 경우도 있습니다.

```
>>> df1 = pd.read_csv(r"C:\Users\ramon\Desktop\새폴더\test.csv")
>>> df1
OSError Traceback (most recent call last)
<ipython-input-147-87fc2d876174> in <module>()
----> 1 df1 = pd.read_csv(r"C:\Users\ramon\Desktop\새폴더\test.csv")
      2 df1
OSError: Initializing from file failed
```

이때 engine 파라미터를 설정하면 오류를 제거할 수 있습니다. 오류의 원인은 read_csv() 메소드 사용 시, 기본값으로 C 언어가 파싱 언어로 사용되기 때문입니다. 따라서 기본값을 C에서 파이썬으로 변경합니다. 파일 형식이 CSV UTF-8(쉼표로 분리)(*.csv)일 때 인코딩 형식은 utf-8-sig이며, 파일 형식이 CSV(쉼표로 분리)(*.csv)일 때는 인코딩 형식이 euc-kr입니다.

```
>>> df1 = pd.read_csv(r"C:\Users\zhangjunhong\Desktop\새 폴더\test.csv",
                engine = "python", encoding = "utf-8-sig")
>>> df1
    번호    나이    성별    가입일자
0   A1     54     남자    2020-08-08
1   A2     16     여자    2020-08-09
2   A3     47     여자    2020-08-10
3   A4     41     남자    2020-08-11
```

■ 기타

.csv 파일은 행과 열 인덱스를 설정하여 가져오는 열을 지정할 수 있으며, 설정 방법은 .xlsx 파일과 같습니다.

4.1.3 .txt 파일 가져오기

Excel

엑셀에서 .txt 파일을 가져오기 위해서는 다음 그림과 같이 도구 모음의 데이터 ▶ 데이터 가져오기 및 변환 ▶ 텍스트/CSV를 클릭하여 가져올 .txt 파일이 있는 경로를 선택합니다.

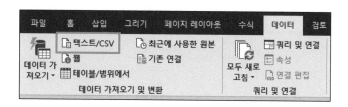

경로를 선택하면 다음과 같은 인터페이스가 나타나며, 미리보기에서 가져올 파일의 내용을 확인합니다.

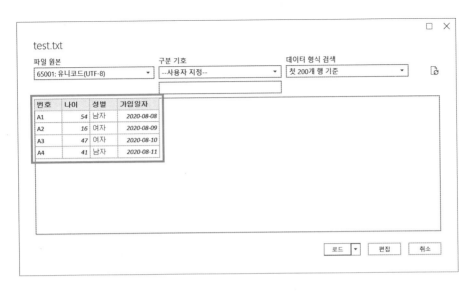

샘플 .txt 파일은 공백으로 구분되어 있으므로 다음 그림과 같이 구분 기호에서 공백을
선택하고 로드를 클릭합니다.

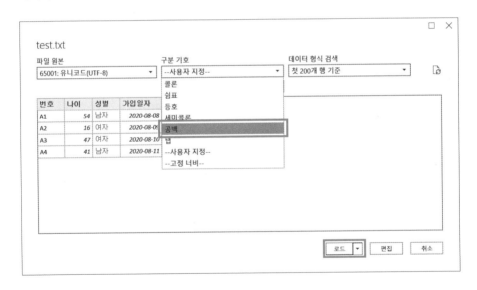

파이썬에서 .txt 파일을 가져오기 위해서는 read_table()을 사용합니다. read_table()
은 구분 기호로 구분된 파일을 DataFrame으로 가져오는 함수이며, txt 파일 외에 .csv
파일도 가져올 수 있습니다.

```
#read_table()을 사용해 .txt 파일 가져오기
>>> import pandas as pd
>>> df1 = pd.read_table(r"C:\Users\ramon\Desktop\test.txt", sep = " ")
>>> df1
    번호   나이    성별    가입일자
0   A1    54    남자    2020-08-08
1   A2    16    여자    2020-08-09
2   A3    47    여자    2020-08-10
3   A4    41    남자    2020-08-11

#read_table()을 사용해 .csv 파일 가져오기
>>> df1 = pd.read_table(r"C:\Users\ramon\Desktop\test.csv", sep = ", ")
>>> df1
    번호   나이    성별    가입일자
0   A1    54    남자    2020-08-08
1   A2    16    여자    2020-08-09
2   A3    47    여자    2020-08-10
3   A4    41    남자    2020-08-11
```

이 read_table()은 .csv 파일을 가져올 때, read_csv()와는 달리 쉼표로 구분된 파일이
라도 구분 기호를 sep으로 지정해야 합니다.

4.1.4 sql 파일 가져오기

Excel

엑셀은 데이터베이스에 직접 연결할 수 있으며, 도구 모음의 데이터 ▶ 데이터 가져오기 ▶
데이터베이스에서 ▶ 해당 sql을 선택합니다. 다음 그림과 같이 데이터베이스가 SQL Server
라면 SQL Server, MySQL이라면 MySQL을 선택하여 연결할 수 있습니다.

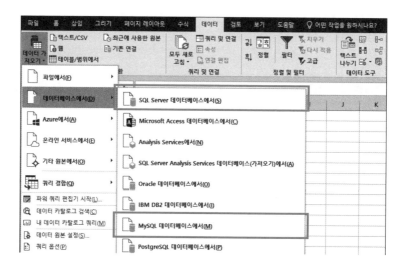

파이썬은 크게 두 단계로 나뉩니다. 첫 번째 단계는 파이썬을 데이터베이스에 연결하는 것이며, 두 번째 단계는 파이썬을 사용해 SQL 쿼리문을 실행하는 것입니다.

파이썬은 pymysql 모듈을 사용해 데이터베이스에 연결합니다. 이 모듈은 아나콘다에 존재하지 않으므로 수동으로 설치해야 합니다. 아나콘다 프롬프트prompt를 열고, pip install pymysql을 입력하여 설치를 진행합니다. 설치 완료 후 import를 사용해 가져오며, 구체적인 연결 방법은 다음과 같습니다.

```
#pymysql 모듈 가져오기
import pymysql

#연결 생성
eng = pymysql.connect(host = 'localhost',
                      user = 'user',
                      password = 'passwd',
                      db = 'db',
                      charset = 'utf8')

#user: 아이디
#password: 비밀번호
#host: 데이터베이스 주소 / 사용 localhost
#db: 데이터베이스명
#charset: 데이터베이스 인코딩 형식. 기본값은 UTF-8
```

데이터베이스에 연결 후 read_sql() 메소드를 사용해 sql 쿼리문을 실행합니다.

```
pd.read_sql(sql, eng)
#파라미터 sql은 실행 구문
#파라미터 eng는 첫 번째로 생성한 데이터베이스. 앞 코드의 eng
```

read_sql()은 주요 파라미터인 sql, eng 외에도 행 인덱스를 설정하는 index_col 파라미터와 열 인덱스를 설정하는 columns 파라미터를 전달할 수 있습니다. 예는 다음과 같습니다.

```
>>> sql = "SELECT * FROM memberinfo"
>>> eng = pymysql.connect("118.190.201.130",
                          "jpub",
                          "jpub2020",
                          "test",
                          charset = "utf8")
```

```
>>> df = pd.read_sql(sql, eng)
>>> df
     번호   나이   성별   가입일자
0    A1    54    남자    2020-08-08
1    A2    16    여자    2020-08-09
2    A3    47    여자    2020-08-10
3    A4    41    남자    2020-08-11
```

4.2 데이터 생성하기

새로운 데이터는 주로 DataFrame 데이터의 생성을 의미하며, 3장에서 설명한 pd.Data
Frame() 메소드를 사용합니다.

4.3 데이터 파악하기

데이터가 존재하면 분석을 서두르지 말고, 먼저 데이터를 파악해야 합니다. 데이터에 충
분히 익숙해지면 더 나은 분석을 진행할 수 있습니다.

4.3.1 head를 사용한 미리보기

데이터 테이블의 행이 많은 파일에서 각 열의 데이터 종류를 확인하고 싶을 때, 처음 몇
행만 표시하여 확인할 수 있습니다.

Excel --

엑셀은 엄밀히 말해 파일의 처음 몇 행만 표시하는 기능은 없으며, 데이터 테이블을 열
면 모든 데이터의 내용이 표시됩니다. 그러므로 데이터 행이 너무 많을 때는 스크롤바를
사용해 제어합니다.

Python --

파이썬에서 파일을 가져올 때 head() 메소드를 사용하면 표시하고자 하는 행의 수를 지
정할 수 있습니다. head()에 숫자를 전달하여 표시하고자 하는 행의 수를 지정할 수 있
으며, 기본값은 5입니다.

```
>>> df
     번호    나이    성별      가입일자
0    A1     54     남자     2020-08-08
1    A2     16     여자     2020-08-09
2    A3     47     여자     2020-08-10
3    A4     41     남자     2020-08-11
4    A3     47     여자     2020-08-10
5    A4     41     남자     2020-08-11
6    A2     16     여자     2020-08-09
>>> df.head()  #기본값 5행
     번호    나이    성별      가입일자
0    A1     54     남자     2020-08-08
1    A2     16     여자     2020-08-09
2    A3     47     여자     2020-08-10
3    A4     41     남자     2020-08-11
4    A3     47     여자     2020-08-10
>>> df.head(2)  #2행까지만 표시
     번호    나이    성별      가입일자
0    A1     54     남자     2020-08-08
1    A2     16     여자     2020-08-09
```

4.3.2 shape를 사용해 데이터 테이블의 크기 확인하기

데이터를 파악하기 위한 첫 번째 단계는 데이터 테이블의 크기(데이터 테이블의 행과 열)를
확인하는 것입니다.

Excel --

엑셀의 데이터 테이블에 있는 행의 수는 보통 열을 선택하면 테이블 행의 수가 다음 그림
과 같이 오른쪽 하단에 표시됩니다.

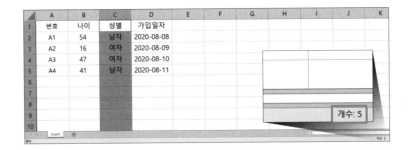

엑셀에서 행을 선택하면 다음 그림과 같이 오른쪽 하단에 열의 수가 표시됩니다.

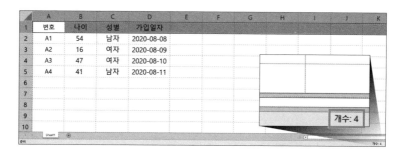

Python

파이썬에서 데이터 테이블의 행과 열의 수는 shape 메소드를 사용해 확인합니다.

```
>>> df
     번호    나이    성별    가입일자
0    A1     54     남자    2020-08-08
1    A2     16     여자    2020-08-09
2    A3     47     여자    2020-08-10
3    A4     41     남자    2020-08-11
>>> df.shape
(4, 4)
```

shape 메소드는 튜플 형태로 행과 열의 수를 반환합니다. 해당 코드에서 (4, 4)는 df 테이블에 4개의 행과 4개의 열 데이터가 있음을 의미합니다. 파이썬에서 shape 메소드를 사용할 때는 행 인덱스와 열 인덱스는 계산에 포함하지 않지만, 엑셀에서는 계산에 포함한다는 점에 주의해야 합니다.

4.3.3 info를 사용해 데이터 유형 가져오기

데이터를 파악하기 위한 두 번째 단계는 데이터 유형의 확인으로, 데이터 유형에 따라 다른 방식으로 분석을 진행합니다. 예를 들어 숫자형은 평균을 구할 수 있지만, 문자열은 평균을 구할 수 없습니다.

Excel

엑셀에서 특정 열 데이터 유형을 확인하려면 열을 선택하고, 도구 모음의 표시 형식에서 유형을 확인합니다.

나이의 데이터 유형은 다음과 같습니다.

성별의 데이터 유형은 다음과 같습니다.

Python

파이썬에서는 info() 메소드를 사용해 테이블의 데이터 유형을 확인할 수 있습니다. 열별로 하나하나 확인할 필요가 없이 info() 메소드를 호출하면, 전체 테이블에 존재하는 데이터 유형을 출력합니다.

```
>>> df
    번호    나이    성별    가입일자
0   A1      54      남자    2020-08-08
1   A2      16      여자    2020-08-09
2   A3      47      여자    2020-08-10
3   A4      41      남자    2020-08-11
>>> df.info()
<class 'pandas.core.frame.DataFrame'>
RangeIndex: 4 entries, 0 to 3
Data columns (total 4 columns):
번호     4 non-null object
나이     4 non-null int64
성별     4 non-null object
가입일자    4 non-null object
dtypes: int64(1), object(3)
memory usage: 208.0+ bytes
```

info() 메소드를 통해 df 테이블의 행 인덱스는 0~3이며, 4개의 열(번호, 나이, 성별, 가입일자)로 분류되는 것을 확인할 수 있습니다. 또한 나이 데이터는 int형, 나머지 데이터는 모두 객체형으로 총 208바이트의 메모리를 차지하는 것을 알 수 있습니다.

4.3.4 describe를 사용해 데이터 분포 확인하기

데이터를 파악하기 위한 세 번째 단계는 값의 분포, 즉 평균값, 최댓값, 편차 및 분위수의 파악입니다.

Excel --

엑셀에서 열의 데이터 분포 확인을 위해 열을 수동으로 선택하면 오른쪽 하단에 열의 평균, 개수, 합계라는 세 가지 지표가 다음 그림과 같이 표시됩니다.

다른 지표(최댓값, 분산, 표준 편차)의 계산 방법은 8.3절에서 확인하겠습니다.

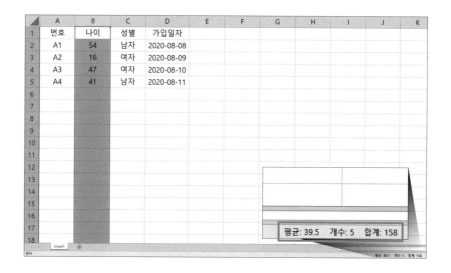

Python

파이썬은 describe() 메소드를 사용해 모든 데이터 필드의 분포를 확인합니다.

```
>>> df
     번호   나이   성별   가입일자
0    A1    54    남자   2020-08-08
1    A2    16    여자   2020-08-09
2    A3    47    여자   2020-08-10
3    A4    41    남자   2020-08-11
```

```
>>> df.describe()
            나이
count   4.000000
mean    39.500000
std     16.542874
min     16.000000
25%     34.750000
50%     44.000000
75%     48.750000
max     54.000000
```

df 테이블에서 '나이' 열만 숫자 유형이므로 describe() 메소드를 호출하면 '나이' 열 관련 데이터 분포만 계산합니다. 여러 숫자 유형의 필드를 갖는 DataFrame을 생성해 분포를 확인해 보겠습니다.

```
>>> df =
pd.DataFrame([[20, 5000, 2], [25, 8000, 3], [30, 9000, 3], [28, 7000, 2]],
  columns = ["나이", "수입", "가족수"])
>>> df
      나이    수입    가족수
0     20    5000    2
1     25    8000    3
2     30    9000    3
3     28    7000    2
>>> df.describe()
            나이             수입          가족수
count   4.000000       4.000000      4.00000
mean    25.750000      7250.000000   2.50000
std     4.349329       1707.825128   0.57735
min     20.000000      5000.000000   2.00000
25%     23.750000      6500.000000   2.00000
50%     26.500000      7500.000000   2.50000
75%     28.500000      8250.000000   3.00000
max     30.000000      9000.000000   3.00000
```

이 df 테이블의 나이, 수입, 가족수는 모두 숫자 유형이므로 describe() 메소드를 호출하면 세 열의 데이터 분포를 동시에 계산합니다.

05 쌀과 야채 씻기
─ 데이터 전처리

시장에서 구매한 야채는 다듬고 손질하여 불필요한 부분을 제거해야 합니다. 대부분의 데이터도 앞서 언급한 야채와 같이, 불필요한 부분을 제거하는 전처리가 필요합니다.

일반적인 비정규 데이터는 주로 결측 데이터, 중복 데이터, 비정상 데이터가 포함되며, 정식 데이터 분석 전 이와 같은 비정규 데이터를 처리해야 합니다.

5.1 결측값 처리

결측값은 어떤 이유로 인해 비어 있는 데이터의 일부로, 보통 이 데이터를 처리하는 방법에는 두 가지가 있습니다. 하나는 데이터를 삭제하는 것이며, 다른 하나는 특정 데이터로 대체하는 것입니다.

5.1.1 결측값 확인하기

결측값을 처리하기 위해서는 먼저 결측값이 있는 열을 확인하고 찾아야 합니다.

> **Excel** ┣- -

엑셀에서는 먼저 결측값이 없는 기준 열을 선택하여 열의 총 데이터 개수를 확인하고, 다른 열의 수와 비교합니다. 다른 열의 데이터 개수가 기준 열보다 적으면 결측값이 존재한다는 것을 의미하므로 두 수의 차가 결측값의 수가 됩니다.

다음 그림에서 결측값이 없는 열의 데이터 개수는 5이고, 성별 열의 수는 4이므로 성별 열에 하나의 결측값이 존재함을 알 수 있습니다.

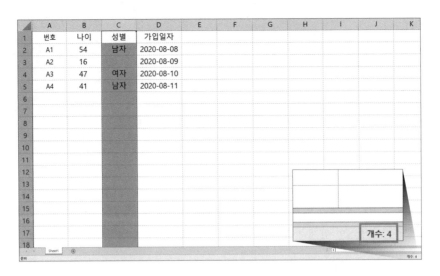

전체 데이터 테이블에서 각 열의 결측값을 확인하려면 각 열을 하나씩 선택하여 결측값의 존재 여부를 확인해야 합니다.

데이터가 너무 많지 않은 상황이라면 이동 옵션(단축키 Ctrl + G 를 눌러 '옵션' 클릭 시 선택 팝업 표시)을 사용하여 결측값 셀을 찾을 수 있습니다. 옵션에서 '빈 셀'을 선택하고 확인을 클릭하면 다음 그림과 같이 모든 빈 셀을 선택합니다.

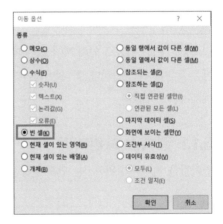

이동 옵션을 통해 결측값을 선택한 결과는 다음 그림과 같습니다.

번호	나이	성별	가입일자
A1	54	남자	2020-08-08
A2	16		2020-08-09
A4	41	남자	2020-08-11

파이썬에서 직접 info() 메소드를 호출하면 각 열의 결측값 정보가 반환됩니다. info() 메소드는 이미 앞서 소개를 하였으나, 결측값 확인을 위한 기능은 소개하지 않았습니다.

```
>>> df
    번호   나이   성별   가입일자
0   A1    54    남자    2020-08-08
1   A2    16    NaN    2020-08-09
2   A3    47    여자    2020-08-10
3   A4    41    남자    2020-08-11
>>> df.info()
<class 'pandas.core.frame.DataFrame'>
RangeIndex: 4 entries, 0 to 3
Data columns (total 4 columns):
번호      4 non-null object
나이      4 non-null int64
성별      3 non-null object
가입일자    4 non-null object
dtypes: int64(1), object(3)
memory usage: 208.0+ bytes
```

파이썬에서 결측값은 보통 NaN으로 표시됩니다. info() 메소드 결과에서 성별 열의 3 non-null object는 3개의 실제 데이터가 존재함을 나타냅니다. 다른 열은 4개의 실제 데이터가 존재하므로 성별 열에 하나의 결측값이 존재하는 것을 알 수 있습니다.

isnull() 메소드를 통해서도 결측값을 확인할 수 있습니다. 결측값은 True, 결측값이 아니면 False를 반환합니다.

```
>>> df
    번호    나이    성별    가입일자
0   A1     54     남자     2020-08-08
1   A2     16     NaN     2020-08-09
2   A3     47     여자     2020-08-10
3   A4     41     남자     2020-08-11
>>> df.isnull()
     번호      나이      성별      가입일자
0    False   False   False   False
1    False   False   True    False
2    False   False   False   False
3    False   False   False   False
```

5.1.2 결측값 삭제하기

결측값은 두 가지 유형이 있습니다. 하나는 행 필드 하나가 결측값인 유형이며, 다른 하나는 행 필드 전체가 빈 행인 결측값 유형입니다.

| Excel |

엑셀에서 두 가지 유형의 결측값은 이동 옵션(단축키 Ctrl + G)에서 빈 셀을 설정하여 확인할 수 있습니다.

이를 통해 특정 셀과 전체 행을 포함하는 결측값을 선택하고, 마우스를 우클릭하여 삭제를 선택하면 행 전체를 삭제할 수 있습니다.

번호	나이	성별	가입일자
A1	54	남자	2020-08-08
A2	16		2020-08-09
A4	41	남자	2020-08-11

삭제 ? ×
삭제
○ 셀을 왼쪽으로 밀기(L)
○ 셀을 위로 밀기(U)
◉ 행 전체(R)
○ 열 전체(C)
확인   취소

| Python |

파이썬은 dropna() 메소드를 사용합니다. dropna()는 기본적으로 결측값이 존재하는 행을 삭제합니다.

```
>>> df
   번호  나이  성별   가입일자
0  A1   54   남자   2020-08-08
1  A2   16   NaN   2020-08-09
2  A3   47   여자   2020-08-10
3  A4   41   남자   2020-08-11
>>> df.dropna()
   번호  나이  성별   가입일자
0  A1   54   남자   2020-08-08
2  A3   47   여자   2020-08-10
3  A4   41   남자   2020-08-11
```

dropna() 메소드는 NaN 데이터가 포함된 행을 삭제한 데이터를 반환합니다.

데이터가 완전히 비어 있는 행만 삭제하려면 dropna() 메소드에 how = "all" 파라미터를 전달합니다. 해당 파라미터를 전달하면 완전히 비어 있는 행만 삭제하며, 데이터가 하나라도 존재하는 행은 삭제되지 않습니다.

```
>>> df
    번호    나이   성별   가입일자
0   A1    54    남자   2020-08-08
1   A2    16    NaN   2020-08-09
2   NaN   NaN   NaN   NaN
3   A4    41    남자   2020-08-11
>>> df.dropna(how = "all")
    번호    나이   성별   가입일자
0   A1    54    남자   2020-08-08
1   A2    16    NaN   2020-08-09
3   A4    41    남자   2020-08-11
```

이 테이블에서 두 번째 행은 성별 필드만 비어 있으므로 dropna(how = "all")을 사용하면, 두 번째 행은 삭제되지 않고 모든 데이터가 NaN인 세 번째 행만 삭제된 것을 확인할 수 있습니다.

5.1.3 결측값 채우기

위에서 결측값의 삭제 방법을 소개하였지만, 분석하는 데는 데이터가 매우 중요합니다. 따라서 결측값의 비율이 너무 높지 않으면(30% 이하), 삭제보다는 데이터를 채워 넣는 것이 좋습니다.

| Excel |

엑셀에서 결측값을 채우는 방법은 삭제 방법과 같이 이동 옵션을 사용합니다. 먼저 결측값을 찾고, 첫 번째 셀에 채워 넣을 데이터를 입력합니다. 일반적으로는 0으로 채워 넣으며, 커서가 깜박이는 상태에서 Ctrl + Enter 를 사용하면 결측값을 모두 같은 데이터로 채워 넣습니다.

결측값을 채우기 전과 후는 다음 그림과 같습니다.

전				후			
번호	나이	성별	가입일자	번호	나이	성별	가입일자
A1	54	남자	2020-08-08	A1	54	남자	2020-08-08
A2	16		2020-08-09	A2	16	0	2020-08-09
A3		여자	2020-08-10	A3	0	여자	2020-08-10
A4	41	남자	2020-08-11	A4	41	남자	2020-08-11

나이 데이터는 숫자 형식이 적절하지만 성별은 숫자 형식의 데이터가 아니므로 구분해서
채워 넣어야 합니다. 채워 넣을 열을 선택해 데이터 전체를 채워 넣는 방식을 사용하며,
일부 작업이 필요합니다.

전			
번호	나이	성별	가입일자
A1	54	남자	2020-08-08
A2	16		2020-08-09
A3		여자	2020-08-10
A4	41	남자	2020-08-11

후			
번호	나이	성별	가입일자
A1	54	남자	2020-08-08
A2	16	남자	2020-08-09
A3	37	여자	2020-08-10
A4	41	남자	2020-08-11

해당 그림은 채우기 전과 후의 데이터로 나이 열은 평균값, 성별 열은 최빈값으로 채웁니다.

0 채우기, 평균값 채우기, 최빈값 채우기 이외에도 앞으로 채우기(바로 앞의 데이터로 결측
값을 채우는 방법. 위에서는 A3의 결측값을 바로 앞 데이터인 16으로 채워 넣는 방법), 뒤로 채우
기(앞으로 채우기의 반대 방식) 등이 있습니다.

Python

파이썬은 `fillna()` 메소드를 사용해 데이터 테이블의 결측값을 채웁니다. `fillna()`의
파라미터로 채울 데이터를 전달합니다.

```
>>> df
    번호   나이   성별   가입일자
0   A1   54   남자   2020-08-08
1   A2   16   NaN   2020-08-09
2   NaN  NaN  NaN   NaN
3   A4   41   남자   2020-08-11
>>> df.fillna(0)
    번호   나이   성별   가입일자
0   A1   54   남자   2020-08-08
1   A2   16   0    2020-08-09
2   0    0    0    0
3   A4   41   남자   2020-08-11
```

`fillna()` 메서드의 파라미터에 열 이름을 전달하여 열을 지정할 수도 있습니다.

```
>>> df
    번호   나이   성별   가입일자
0   A1   54   남자   2020-08-08
1   A2   16   NaN   2020-08-09
2   A3   NaN  여자   2020-08-10
3   A4   41   남자   2020-08-11
```

```
>>> df.fillna({"성별":"남자"})  #성별 데이터 채우기
    번호    나이    성별    가입일자
0   A1    54    남자    2020-08-08
1   A2    16    남자    2020-08-09
2   A3    NaN   여자    2020-08-10
3   A4    41    남자    2020-08-11
```

이상의 코드를 사용하면 성별 열만 데이터가 채워지며, 다른 열은 어떠한 변경도 발생하지 않습니다. 물론, 동시에 여러 열에 대한 데이터 채우기도 설정할 수 있습니다.

```
#성별과 나이를 구분하여 데이터 채우기
>>> df.fillna({"성별":"남자", "나이":"30"})
    번호    나이    성별    가입일자
0   A1    54    남자    2020-08-08
1   A2    16    남자    2020-08-09
2   A3    30    여자    2020-08-10
3   A4    41    남자    2020-08-11
```

5.2 중복값 처리

중복값은 동일한 레코드가 다수 존재하는 것을 의미하며, 보통 이러한 데이터는 삭제 처리합니다.

어느 데이터 분석가가 회사의 매출 현황을 분석하는 상황을 가정해 보겠습니다. 2020년 8월의 판매 상세 정보(거래 내역 정보)에서 8월 전체의 거래량을 확인하고자 합니다. 가장 쉬운 방법은 거래 내역을 확인하는 것이지만, 중복 거래 기록이 존재할 수 있으므로 먼저 중복 내용을 삭제해야 합니다.

Excel --

엑셀은 다음 그림과 같이 데이터 ▶ 데이터 도구 ▶ 중복된 항목 제거를 클릭하여 중복 데이터를 삭제할 수 있습니다.

삭제 전과 후의 데이터는 다음 그림과 같습니다.

전					후			
주문번호	고객명	고유식별코드	거래일자		주문번호	고객명	고유식별코드	거래일자
A1	쥐	101	2020-08-08		A1	쥐	101	2020-08-08
A2	소	102	2020-08-09		A2	소	102	2020-08-09
A3	호랑이	103	2020-08-10		A3	호랑이	103	2020-08-10
A3	호랑이	103	2020-08-10		A4	용	104	2020-08-11
A4	용	104	2020-08-11		A5	용	104	2020-08-12
A5	용	104	2020-08-12					

엑셀에서 중복 데이터 삭제는 기본적으로 모든 데이터에 대한 중복을 검사하여 판단합니다. 예를 들어, 주문번호, 고객명, 고유식별코드(우편번호 등), 거래 시간의 필드가 존재할 때, 엑셀은 네 항목을 모두 검사하여 일치하는 경우 첫 번째 행만 유지하고 나머지를 삭제합니다.

앞의 데이터 분석가가 회사의 8월 상세 거래 내역을 확인하여 8월의 전체 거래 고객과 각 고객별 첫 거래 완료 일자를 확인하고자 합니다.

여기서 고객의 수를 확인하려면 고유식별코드의 중복을 제거하면 됩니다. 엑셀에서 중복된 항목 제거 옵션은 기본적으로 전체 선택되어 있으므로 오른쪽 그림과 같이 전체 선택을 해제하고 고유식별코드만 선택합니다.

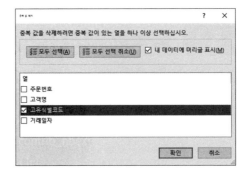

엑셀은 기본적으로 첫 번째 레코드를 유지하므로 거래일자를 빠른 순으로 정렬하려면 오름차순 정렬이 필요합니다. 날짜가 빠른 순으로 위에서부터 정렬하여 삭제를 진행하면 가장 빠른 날짜가 남게 됩니다.

삭제 전과 후의 데이터는 다음 그림과 같습니다.

전					후			
주문번호	고객명	고유식별코드	거래일자		주문번호	고객명	고유식별코드	거래일자
A1	쥐	101	2020-08-08		A1	쥐	101	2020-08-08
A2	소	102	2020-08-09		A2	소	102	2020-08-09
A3	호랑이	103	2020-08-10		A3	호랑이	103	2020-08-10
A3	호랑이	103	2020-08-10		A4	용	104	2020-08-11
A4	용	104	2020-08-11					
A5	용	104	2020-08-12					

파이썬은 drop_duplicates() 메소드를 사용합니다. 모든 데이터에 대해 중복 검사를 진행하여 중복 데이터에서 첫 번째 행 데이터만 유지합니다.

```
>>> df
     주문번호    고객명    고유식별코드    거래일자
0    A1       쥐      101          2020-08-08
1    A2       소      102          2020-08-09
2    A3       호랑이    103          2020-08-10
3    A3       호랑이    103          2020-08-10
4    A4       용      104          2020-08-11
5    A5       용      104          2020-08-12
>>> df.drop_duplicates()
     주문번호    고객명    고유식별코드    거래일자
0    A1       쥐      101          2020-08-08
1    A2       소      102          2020-08-09
2    A3       호랑이    103          2020-08-10
4    A4       용      104          2020-08-11
5    A5       용      104          2020-08-12
```

이 코드는 모든 필드에 대한 중복을 확인합니다. 지정 열 또는 일부 지정 열에 대해서만 중복값 여부를 확인하여 삭제할 수도 있으며, 방법은 drop_duplicates() 메소드에 열 이름을 전달하면 됩니다.

```
>>> df
     주문번호    고객명    고유식별코드    거래일자
0    A1       쥐      101          2020-08-08
1    A2       소      102          2020-08-09
2    A3       호랑이    103          2020-08-10
3    A3       호랑이    103          2020-08-10
4    A4       용      104          2020-08-11
5    A5       용      104          2020-08-12
>>> df.drop_duplicates(subset = "고유식별코드")
     주문번호    고객명    고유식별코드    거래일자
0    A1       쥐      101          2020-08-08
1    A2       소      102          2020-08-09
2    A3       호랑이    103          2020-08-10
4    A4       용      104          2020-08-11
```

몇 개의 열을 지정하여 중복을 확인하는 방법은 subset 파라미터에 열 이름을 리스트 형식으로 전달합니다. 다음은 고객명과 고유식별코드에서 중복을 모두 제거합니다.

```
>>> df.drop_duplicates(subset = ["고객명", "고유식별코드"])
   주문번호   고객명    고유식별코드    거래일자
0   A1      쥐         101       2020-08-08
1   A2      소         102       2020-08-09
2   A3      호랑이     103       2020-08-10
4   A4      용         104       2020-08-11
```

중복 데이터 삭제 시 유지하는 기본 데이터는 첫 번째 데이터이지만, 사용자가 지정하여 마지막 데이터만 유지하거나 데이터 모두를 삭제할 수 있습니다. keep 파라미터를 전달하여 설정하며, 기본값은 first입니다. last를 전달하여 마지막 데이터만 유지하거나 False를 전달하여 모든 중복 데이터를 삭제할 수도 있습니다.

```
#마지막 데이터만 유지
>>> df.drop_duplicates(subset = ["고객명", "고유식별코드"], keep = "last")
   주문번호   고객명    고유식별코드    거래일자
0   A1      쥐         101       2020-08-08
1   A2      소         102       2020-08-09
2   A3      호랑이     103       2020-08-10
5   A5      용         104       2020-08-11
#데이터 모두 삭제
>>> df.drop_duplicates(subset = ["고객명", "고유식별코드"], keep = False)
   주문번호   고객명    고유식별코드    거래일자
0   A1      쥐         101       2020-08-08
1   A2      소         102       2020-08-09
```

5.3 이상값 검측과 처리

이상값은 정상 데이터와 비교해 너무 높거나 낮은 데이터입니다. 예를 들어, 나이가 0살 또는 300살인 데이터가 존재하면 이는 정상 데이터라고 보기 어려우므로 이상값으로 간주합니다.

5.3.1 이상값 검측

이상값을 처리하려면 먼저 이상값을 검측해야 하며, 검측은 다음의 세 가지 방법이 있습니다.

- 각 업무에 따라 지표의 정상 범위는 다르며, 해당 범위를 초과하는 데이터를 이상 값으로 간주합니다.

- 상자 그림box plot을 그리고, 박스의 위쪽 가장자리(아래쪽 가장자리)보다 큰(작은) 점을 이상값으로 간주합니다.
- 데이터가 정규 분포를 따르면 3σ 원리를 사용할 수 있습니다. 이는 한 데이터와 평균값 사이의 편차가 표준 편차의 3배를 초과하면 이상값으로 간주하는 것입니다.

상자 그림은 다음 그림과 같으며, 생성 방법은 13장에서 소개하겠습니다.

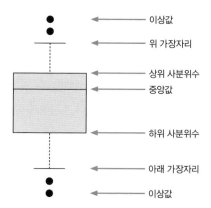

다음은 정규 분포도이며, $\mu + 3\sigma$보다 큰 값을 이상값이라고 합니다.

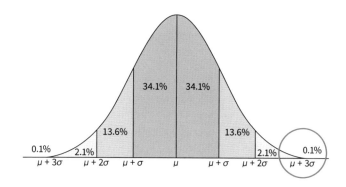

5.3.2 이상값 처리

이상값 처리는 보통 다음과 같은 방식을 사용합니다.

- 데이터 삭제를 진행합니다.
- 결측값으로 간주하여 값을 채워 넣습니다.
- 특수한 상황으로 간주하여 원인을 연구합니다.

엑셀에서 이상값을 삭제하려면 이상값에 해당하는 값을 필터링하여 마우스 우클릭으로 행 삭제를 진행합니다. 이상값을 채워 넣는 것은 실제로는 이상값을 대체하는 것으로, 이상값 필터링 후 채워 넣고자 하는 데이터로 대체합니다.

파이썬에서 이상값 삭제는 엑셀과 유사한 필터링 방법을 사용합니다. 예를 들어, df 테이블에 '나이' 지표가 있을 때 200보다 큰 데이터를 삭제하고자 하면 200보다 크지 않은 데이터를 필터링합니다. 필터링한 결과는 200보다 큰 데이터를 삭제한 후의 새로운 테이블입니다.

상황에 따라 이상값 삭제보다는 대체하는 것을 선택할 수 있는데, replace() 메소드를 사용해 특정 데이터를 대체할 수 있습니다. 데이터 필터링과 데이터 교체는 다음 장에서 소개하겠습니다.

5.4 데이터 유형 변환

5.4.1 데이터 유형

엑셀에서 자주 사용하는 데이터 유형은 메뉴의 표시 형식에 존재하며, 다음 그림과 같이 다른 유형을 선택할 수 있습니다.

엑셀에서 열을 선택하면 해당 열의 데이터 유형을 확인할 수 있습니다.

'거래일자' 열을 선택하면 메뉴의 표시 형식에 '날짜'가 다음 그림과 같이 표시되므로 데이터 유형이 날짜 형식임을 확인할 수 있습니다.

Python

Pandas는 엑셀만큼 상세하지 않으며, 다음 테이블과 같이 여섯 가지 주요 데이터 유형이 존재합니다.

유형	설명
int	정수
float	실수. 소수점이 있는 수
object	파이썬 객체. O로 표시
string_	문자열. S로 표시하며, S10은 길이가 10인 문자열
unicode_	고정 길이의 유니코드. 문자열 정의 방법과 같음
datetime64[ns]	시간 형식 표시

파이썬은 info()뿐만 아니라 dtype 메소드를 사용해서 열의 데이터 유형을 가져올 수도 있습니다.

```
>>> df
    주문번호   고객명    고유식별코드   거래일자
0   A1     쥐      101        2020-08-08
1   A2     소      102        2020-08-09
2   A3     호랑이    103        2020-08-10
3   A3     호랑이    103        2020-08-10
4   A4     용      104        2020-08-11
5   A5     용      104        2020-08-12
>>> df["주문번호"].dtype  #주문번호 데이터 유형 확인
dtype('O')
>>> df["고유식별코드"].dtype  #고유식별코드 데이터 유형 확인
dtype('int64')
```

5.4.2 유형 변환

앞서 말한대로 데이터 유형이 다른 데이터는 할 수 있는 일도 다르므로 데이터를 필요한
유형으로 변환해야 합니다.

엑셀에서 열의 데이터 유형을 변경하려면 열을 선택하고, 메뉴의 표시 형식에서 변환하
고자 하는 데이터 유형을 선택하면 됩니다.

다음 그림은 텍스트형 데이터를 숫자형 데이터로 변환한 것입니다. 숫자형 데이터는 설정
을 통해 소수점 자릿수를 변경할 수 있습니다.

전					후			
주문번호	고객명	고유식별코드	거래일자		주문번호	고객명	고유식별코드	거래일자
A1	쥐	101	2020-08-08		A1	쥐	101.00	2020-08-08
A2	소	102	2020-08-09		A2	소	102.00	2020-08-09
A3	호랑이	103	2020-08-10		A3	호랑이	103.00	2020-08-10
A4	용	104	2020-08-11		A4	용	104.00	2020-08-11

파이썬은 astype() 메소드를 사용해 데이터 유형을 변환하며, 변환하고자 하는 유형을
파라미터로 전달합니다.

```
>>> df
     주문번호      고객명       고유식별코드      거래일자
0    A1        쥐         101          2020-08-08
1    A2        소         102          2020-08-09
2    A3        호랑이       103          2020-08-10
3    A3        호랑이       103          2020-08-10
4    A4        용         104          2020-08-11
5    A5        용         104          2020-08-12
>>> df["고유식별코드"].dtype  #고유식별코드 데이터 유형 확인
dtype('int64')
>>> df["고유식별코드"].astype("float64")  #고유식별코드를 int에서 float으로 변경
유형
0    101.0
1    102.0
2    103.0
3    103.0
4    104.0
5    104.0
```

5.5 인덱스 설정

인덱스는 데이터 검색의 기본으로 데이터를 쉽게 찾을 수 있도록 합니다. 시장에서 구매한 많은 식재료를 냉장고에 구분하여 넣는 것이 마치 인덱스를 설정하는 과정과도 비슷합니다. 예를 들어 야채는 냉장고, 고기는 냉동실에 넣어 쉽게 찾을 수 있도록 합니다.

5.5.1 인덱스가 없는 테이블에 인덱스 추가하기

인덱스가 존재하지 않는 테이블은 인덱스를 추가해야 합니다.

Excel --

엑셀은 보통 인덱스가 존재하며, 인덱스가 없으면 데이터가 정리되지 않아 복잡합니다. 물론, 데이터에 인덱스가 존재하지 않는 예외도 있습니다. 이때는 행과 열을 삽입하여 인덱스를 추가합니다. 인덱스 추가 전과 후의 비교는 다음 그림과 같으며, 번호 열은 행 인덱스, 필드명은 열 인덱스입니다.

전			
A1	쥐	101	2020-08-08
A2	소	102	2020-08-09
A3	호랑이	103	2020-08-10
A4	용	104	2020-08-11
A5	용	105	2020-08-12

후			
번호	고객명	고유식별코드	거래일자
1	쥐	101	2020-08-08
2	소	102	2020-08-09
3	호랑이	103	2020-08-10
4	용	104	2020-08-11
5	용	105	2020-08-12

Python _____

파이썬에서 테이블에 인덱스가 없을 경우에는 기본적으로 0부터 시작하는 자연수를 인덱스로 하며, 다음과 같습니다.

```
>>> df
     0      1      2       3
0    A1    쥐     101     2020-08-08
1    A2    소     102     2020-08-09
2    A3    호랑이   103     2020-08-10
3    A4    용     104     2020-08-11
4    A5    용     104     2020-08-12
```

df 테이블의 columns 파라미터에 열 인덱스 값을 전달하고, index 파라미터에 행 인덱스 값을 전달하여 인덱스를 추가하는 방법은 다음과 같습니다.

```
#열 인덱스 추가
>>> df.columns = ["주문번호", "고객명", "고유식별코드", "거래일자"]
>>> df
     주문번호      고객명       고유식별코드      거래일자
0    A1        쥐          101          2020-08-08
1    A2        소          102          2020-08-09
2    A3        호랑이       103          2020-08-10
3    A4        용          104          2020-08-11
4    A5        용          104          2020-08-12
#행 인덱스 추가
>>> df.index = [1, 2, 3, 4, 5]
>>> df
     주문번호      고객명       고유식별코드      거래일자
1    A1        쥐          101          2020-08-08
2    A2        소          102          2020-08-09
3    A3        호랑이       103          2020-08-10
4    A4        용          104          2020-08-11
5    A5        용          104          2020-08-12
```

5.5.2 인덱스 재설정

인덱스 재설정은 일반적으로 행을 가리키는 인덱스를 다시 정한다는 의미이며, 이미 존재하는 일부 테이블의 인덱스를 필요한 인덱스로 변경하고자 할 때는 인덱스를 재설정해야 합니다. 예를 들어, 번호로 행 인덱스가 지정된 테이블에서 행 인덱스를 주문번호로 변경하고 싶을 때는 어떻게 설정해야 할까요?

Excel

엑셀에서 재설정은 비교적 간단합니다. 행 인덱스로 지정하고 싶은 열을 선택하여 첫 번째 위치로 직접 끌어 옮기면 됩니다.

Python

파이썬은 set_index() 메소드를 사용해 인덱스 열을 재설정하며, 파라미터로 행 인덱스명을 전달합니다.

```
>>> df
     주문번호      고객명       고유식별코드      거래일자
0    A1        쥐          101          2020-08-08
1    A2        소          102          2020-08-09
2    A3        호랑이       103          2020-08-10
3    A4        용          104          2020-08-11
4    A5        용          104          2020-08-12
```

```
>>> df.set_index("주문번호")
              고객명    고유식별코드    거래일자
주문번호
A1            쥐      101         2020-08-08
A2            소      102         2020-08-09
A3            호랑이   103         2020-08-10
A4            용      104         2020-08-11
A5            용      104         2020-08-12
```

인덱스 재설정 시 set_index() 메소드에 두 개 이상의 열 이름을 전달할 수도 있습니다. 이러한 방식으로 테이블의 여러 열을 인덱스로 만드는 방식을 계층화 인덱싱hierarchical indexing이라고 합니다. 계층화는 보통 하나의 열에 많은 중복값을 가질 때 사용합니다. 계층화 인덱스의 예는 다음과 같으며, a, b, c, d는 각각 여러 중복값을 갖습니다.

```
a  1    1
   2    2
   3    3
b  1    4
   2    5
c  3    6
   1    7
d  2    8
   3    9
dtype: int32
```

5.5.3 인덱스명 변경

인덱스명 변경은 현재 인덱스명을 수정하는 것으로, 필드명을 변경합니다.

Excel --

엑셀에서 인덱스명을 변경할 때는 필드명을 직접 수정합니다.

Python

파이썬은 rename() 메소드를 사용하며, 수정할 행 인덱스와 열 인덱스명을 전달합니다.

```
#열 인덱스명 변경
>>> df
     주문번호    고객명    고유식별코드    거래일자
1    A1        쥐      101         2020-08-08
2    A2        소      102         2020-08-09
3    A3        호랑이   103         2020-08-10
4    A4        용      104         2020-08-11
5    A5        용      104         2020-08-12
```

```
>>> df.rename(columns = {"주문번호":"신규주문번호", "고객명":"신규고객명"})
        신규주문번호      신규고객명      고유식별코드        거래일자
1    A1              쥐              101          2020-08-08
2    A2              소              102          2020-08-09
3    A3              호랑이          103          2020-08-10
4    A4              용              104          2020-08-11
5    A5              용              104          2020-08-12
#행 인덱스명 변경
>>> df
        주문번호       고객명        고유식별코드        거래일자
1    A1              쥐              101          2020-08-08
2    A2              소              102          2020-08-09
3    A3              호랑이          103          2020-08-10
4    A4              용              104          2020-08-11
5    A5              용              104          2020-08-12
>>> df.rename(index = {1:"one", 2:"two", 3:"three"})
        주문번호       고객명        고유식별코드        거래일자
one     A1              쥐              101          2020-08-08
two     A2              소              102          2020-08-09
three   A3              호랑이          103          2020-08-10
4       A4              용              104          2020-08-11
5       A5              용              104          2020-08-12
#행과 열 인덱스명 동시 변경
>>> df
        주문번호       고객명        고유식별코드        거래일자
1    A1              쥐              101          2020-08-08
2    A2              소              102          2020-08-09
3    A3              호랑이          103          2020-08-10
4    A4              용              104          2020-08-11
5    A5              용              104          2020-08-12
>>> df.rename(columns = {"주문번호":"신규주문번호", "고객명":"신규고객명"},
            index = {1:"one", 2:"two", 3:"three"})
        신규주문번호      신규고객명      고유식별코드        거래일자
one     A1              쥐              101          2020-08-08
two     A2              소              102          2020-08-09
three   A3              호랑이          103          2020-08-10
4       A4              용              104          2020-08-11
5       A5              용              104          2020-08-12
```

5.5.4 인덱스 초기화

인덱스 초기화는 주로 계층화 인덱스 테이블에서 사용합니다. 인덱스 초기화는 인덱스 열을 하나의 columns로 반환합니다.

다음 그림에서 왼쪽 테이블의 Z1, Z2는 계층화 인덱스입니다. 인덱스 초기화 후 Z1, Z2 두 인덱스는 열 형태로 반환되며, 일반적인 두 개의 열이 됩니다.

전			
		C1	C2
Z1	Z2		
A	a	1	2
	b	3	4
B	a	5	6
	b	7	8

후			
Z1	Z2	C1	C2
A	a	1	2
A	b	3	4
B	a	5	6
B	b	7	8

엑셀은 복사, 붙여넣기, 삭제 등의 기능을 사용해 직접 변환합니다. 엑셀은 비교적 간단하므로 파이썬에서 실행 방법을 자세히 확인해 보겠습니다.

파이썬은 reset_index() 메소드를 사용하며, 자주 사용하는 파라미터는 다음과 같습니다.

```
reset_index(level = None, drop = False, inplace = False)
```

level 파라미터는 열로 변환하는 계층화 인덱스의 레벨을 지정하며, 첫 번째 인덱스는 레벨 0, 두 번째 인덱스는 레벨 1입니다. 기본값은 전체 인덱스를 열로 전환합니다.

drop 파라미터는 기존 인덱스의 삭제 여부를 지정합니다. 기본값은 False로, 이는 기존 인덱스를 삭제하는 것이라 새로운 열을 만들지 않습니다.

inplace 파라미터는 원래 데이터 테이블의 수정 여부를 지정합니다.

```
>>> df
        C1  C2
Z1  Z2
A   a   1   2
    b   3   4
B   a   5   6
    b   7   8
>>> df.reset_index()  #기본값은 전체 인덱스를 열로 변환
    Z1  Z2  C1  C2
0   A   a   1   2
1   A   b   3   4
2   B   a   5   6
3   B   b   7   8
>>> df.reset_index(level = 0)  #레벨 0 인덱스 열로 변환
    Z2  C1  C2
Z1
A   a   1   2
A   b   3   4
B   a   5   6
B   b   7   8
```

```
>>> df.reset_index(drop = True)  #원래 인덱스 삭제. 열 추가하지 않음
     C1   C2
0    1    2
1    3    4
2    5    6
3    7    8
```

reset_index() 메소드는 데이터 그룹화와 피벗 테이블에서 자주 사용됩니다.

CHAPTER

06 요리와 재료 선택하기 – 데이터 선별

모든 재료를 씻고 각각의 용기에 담았으니, 이제 어떤 요리를 할지 정하고 재료를 알맞게 준비해야 합니다. 나물을 만들려면 해당 채소를 찾아 준비하고, 불고기를 만들려면 고기를 찾아 준비해야 하는 것입니다.

데이터 분석도 마찬가지로 먼저 해당 데이터를 필터링합니다. 일반적인 데이터 선택은 열 선택, 행 선택, 행과 열의 동시 선택 세 가지 방법이 있습니다.

6.1 열 선택하기

6.1.1 특정 열/몇 개의 열 선택하기

Excel

엑셀에서 열은 마우스를 사용해 직접 선택합니다. 인접하지 않은 여러 열을 동시에 선택하고자 한다면, 먼저 하나를 선택하고 Ctrl 키를 사용해 추가로 선택할 수 있습니다. 고객명과 거래일자 열의 동시 선택은 다음 그림과 같습니다.

번호	주문번호	고객명	고유식별코드	거래일자	매출ID
1	A1	쥐	101	2020-08-08	1
2	A2	소	102	2020-08-09	2
3	A3	호랑이	103	2020-08-10	1
4	A4	용	104	2020-08-11	2
5	A5	용	104	2020-08-12	3

Python

파이썬은 df 테이블에 선택할 열 이름을 전달합니다. 하나의 열 이름을 전달하거나 동시에 여러 열의 이름을 전달하여 열을 선택할 수 있습니다. 여러 열 이름은 하나의 리스트로 저장됩니다.

```
>>> df
    주문번호    고객명    고유식별코드    거래일자
0   A1      쥐       101         2020-08-08
1   A2      소       102         2020-08-09
2   A3      호랑이    103         2020-08-10
3   A4      용       104         2020-08-11
4   A5      용       104         2020-08-12
>>> df["주문번호"]
0   A1
1   A2
2   A3
3   A4
4   A5
Name: 주문번호, dtype: object
>>> df[["주문번호", "고객명"]]
    주문번호    고객명
0   A1      쥐
1   A2      소
2   A3      호랑이
3   A4      용
4   A5      용
```

파이썬에서 열 이름을 전달하여 데이터를 선택하는 방법을 일반 인덱싱normal indexing이라고 합니다.

열 이름 전달 이외에도 iloc 메소드를 사용하여 구체적인 열 위치(몇 번째 열) 전달을 통해 데이터를 선택할 수 있습니다.

```
#첫 번째 열과 세 번째 열의 데이터 가져오기
>>> df
    주문번호    고객명    고유식별코드    거래일자
0   A1      쥐       101         2020-08-08
1   A2      소       102         2020-08-09
2   A3      호랑이    103         2020-08-10
3   A4      용       104         2020-08-11
4   A5      용       104         2020-08-12
>>> df.iloc[:, [0, 2]]  #첫 번째 열과 세 번째 열 데이터 가져오기
    주문번호    고유식별코드
0   A1      101
1   A2      102
2   A3      103
3   A4      104
4   A5      104
```

앞의 코드에서 iloc 뒤 대괄호의 쉼표 앞 부분은 가져올 행의 위치를 표시하며, 콜론만 입력하면 모든 행을 가져옵니다. 쉼표 뒤 대괄호는 가져올 열의 위치를 나타내며, 열의 위치도 0부터 계산합니다.

이와 같이 특정 위치를 전달하여 데이터를 선택하는 방법을 위치 인덱싱positional indexing 이라고 합니다.

6.1.2 연속되는 열 선택하기

Excel --

엑셀에서 연속 셀을 선택할 때는 마우스로 직접 선택합니다. 하나의 열을 먼저 선택한 후 Ctrl 키로 다른 열을 추가 선택할 수 있습니다.

Python

파이썬은 앞에서 소개한 일반 인덱스와 위치 인덱스를 사용해 여러 열의 데이터를 가져올 수 있습니다.

여러 열을 가져오려면 일반 인덱스와 위치 인덱스를 사용하지만, 연속되는 열은 iloc 메소드를 사용하면 더욱 간단합니다. iloc에 연속되는 열의 범위만 전달하면 됩니다.

```
#첫 번째 열로부터 세 번째 열 데이터 가져오기
>>> df
     주문번호      고객명      고유식별코드      거래일자
0    A1        쥐          101          2020-08-08
1    A2        소          102          2020-08-09
2    A3        호랑이       103          2020-08-10
3    A4        용          104          2020-08-11
4    A5        용          104          2020-08-12
>>> df.iloc[:, 0:3]  #첫 번째 열과 네 번째 열 데이터 가져오기
     주문번호      고객명      고유식별코드
0    A1        쥐          101
1    A2        소          102
2    A3        호랑이       103
3    A4        용          104
4    A5        용          104
```

iloc 뒤 대괄호의 쉼표 앞 부분은 선택할 행을 표시하며, 콜론을 입력하면 모든 행의 선택을 의미합니다. 쉼표 뒤는 선택할 열의 범위를 나타내며, 0:3은 첫 번째 열에서 네 번째

열까지의 데이터(첫 번째 열은 포함하지만 네 번째 열은 포함하지 않음) 선택을 의미합니다. 이와 같이 범위를 전달하여 데이터를 가져오는 방법을 슬라이스 인덱싱_{slice indexing}이라고 합니다.

6.2 행 선택하기

6.2.1 특정 행/몇 개의 행 선택하기

Excel

엑셀에서 행과 열의 선택 방법은 같습니다. 먼저 하나의 행을 선택하고 Ctrl 키를 누른 상태에서 다른 행을 선택합니다.

Python

파이썬에서 행을 가져오는 방법은 주로 두 가지가 있습니다. 하나는 loc 메소드에 행 인덱스명을 전달하는 방법이며, 다른 하나는 iloc 메소드에 구체적인 행의 수를 전달하는 방법입니다.

데이터를 조금 더 명확하게 확인하기 위해 행 인덱스를 다시 정의하는 코드를 확인하겠습니다.

```
#loc 메소드
>>> df
        주문번호      고객명      고유식별코드      거래일자
하나      A1        쥐        101          2020-08-08
둘       A2        소        102          2020-08-09
셋       A3        호랑이     103          2020-08-10
넷       A4        용        104          2020-08-11
다섯      A5        용        104          2020-08-12
>>> df.loc["하나"]  #한 행 선택
주문번호          A1
고객명           쥐
고유식별코드       101
거래일자         2020-08-08
Name: 하나, dtype: object
>>> df.loc[["하나", "둘"]]  #첫 번째 행과 두 번째 행 선택
        주문번호      고객명      고유식별코드      거래일자
하나      A1        쥐        101          2020-08-08
둘       A2        소        102          2020-08-09
#iloc 메소드
>>> df
```

```
        주문번호      고객명        고유식별코드      거래일자
하나   A1          쥐           101            2020-08-08
둘     A2          소           102            2020-08-09
셋     A3          호랑이        103            2020-08-10
넷     A4          용           104            2020-08-11
다섯   A5          용           104            2020-08-12
>>> df.iloc[0] #첫 번째 행 선택
주문번호        A1
고객명          쥐
고유식별코드     101
거래일자        2020-08-08
Name: 하나, dtype: object
>>> df.iloc[[0, 1]] #첫 번째 행과 두 번째 행 선택
        주문번호      고객명        고유식별코드      거래일자
하나   A1          쥐           101            2020-08-08
둘     A2          소           102            2020-08-09
```

6.2.2 연속되는 행 선택하기

Excel --

연속되는 행을 선택하는 방법은 앞서 설명한 연속되는 열을 선택하는 방법과 같으므로
여기서는 생략하겠습니다.

Python --

파이썬에서 연속되는 행을 선택할 때는 행 인덱스명 또는 행 인덱스의 위치를 전달하거
나 연속되는 범위를 iloc에 전달합니다.

```
>>> df
        주문번호      고객명        고유식별코드      거래일자
하나   A1          쥐           101            2020-08-08
둘     A2          소           102            2020-08-09
셋     A3          호랑이        103            2020-08-10
넷     A4          용           104            2020-08-11
다섯   A5          용           104            2020-08-12
>>> df.iloc[0:3] #첫 번째 행에서 세 번째 행까지 선택
        주문번호      고객명        고유식별코드      거래일자
하나   A1          쥐           101            2020-08-08
둘     A2          소           102            2020-08-09
셋     A3          호랑이        103            2020-08-10
```

6.2.3 조건을 만족하는 행 선택하기

앞의 두 열을 가져오면 열이 가진 모든 행을 가져옵니다. 하지만 필터링을 통해 조건에 만족하는 데이터만 가져올 수도 있습니다. 예를 들어, '나이' 열에서 이상값이 아닌(200보다 큰 값을 이상값으로 분류하므로 200보다 작은 값) 데이터를 필터링하는 방법은 무엇일까요?

Excel

엑셀은 필터 기능을 사용해 조건에 만족하는 데이터를 필터링하며, 방법은 다음 그림과 같습니다.

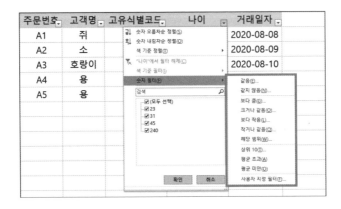

200보다 작은 값의 필터링 전과 후는 다음 그림과 같습니다.

전

주문번호	고객명	고유식별코드	나이	거래일자
A1	쥐	101	31	2020-08-08
A2	소	102	45	2020-08-09
A3	호랑이	103	23	2020-08-10
A4	용	104	240	2020-08-11
A5	용	104	240	2020-08-12

후

주문번호	고객명	고유식별코드	나이	거래일자
A1	쥐	101	31	2020-08-08
A2	소	102	45	2020-08-09
A3	호랑이	103	23	2020-08-10

Python

파이썬에서는 테이블명 뒤에 조건을 직접 지정하여 필터링합니다.

```
>>> df
   주문번호  고객명   고유식별코드   나이   거래일자
0  A1    쥐      101      31   2020-08-08
1  A2    소      102      45   2020-08-09
2  A3    호랑이   103      23   2020-08-10
3  A4    용      104      240  2020-08-11
4  A5    용      104      240  2020-08-12
```

```
>>> df[df["나이"] < 200]  #나이가 200 미만의 데이터 선택
   주문번호   고객명    고유식별코드    나이    거래일자
0   A1      쥐      101        31    2020-08-08
1   A2      소      102        45    2020-08-09
2   A3      호랑이    103        23    2020-08-10
```

이와 같이 판단 조건을 전달하여 데이터를 필터링하는 방법을 불리언 인덱싱boolean indexing 이라고 합니다.

판단 조건은 하나 이상을 전달할 수 있습니다. 다음은 나이가 200 미만, 고유식별코드가 102 미만인 데이터를 필터링하는 코드입니다.

```
>>> df[(df["나이"] < 200) & (df["고유식별코드"] < 102)]
   주문번호   고객명    고유식별코드    나이    거래일자
0   A1      쥐      101        31    2020-08-08
```

6.3 행과 열 동시 선택하기

앞서 나온 데이터 선택은 단일 행 또는 단일 열 선택 방법이지만, 실제 업무에서는 행과 열을 동시에 선택하는 일이 많습니다. 행과 열을 동시 선택하는 것은 행과 열이 교차하는 부분을 선택하는 것이라고 볼 수도 있습니다.

예를 들어 두 번째, 세 번째 행과 두 번째, 세 번째 열이 교차하는 부분의 데이터를 선택하면 다음 그림과 같이 음영이 있는 부분이 됩니다.

주문번호	고객명	고유식별코드	나이	거래일자
A1	쥐	101	31	2020-08-08
A2	소	102	45	2020-08-09
A3	호랑이	103	23	2020-08-10
A4	용	104	240	2020-08-11
A5	용	104	240	2020-08-12

엑셀에서 행과 열의 동시 선택은 앞서 설명한 방법과 같이 마우스 드래그를 통해 선택할 수 있습니다. 따라서 엑셀 설명은 생략하고, 파이썬을 확인해 보겠습니다.

6.3.1 일반 인덱스 + 일반 인덱스로 지정 행과 열 선택하기

일반 인덱스 + 일반 인덱스는 행과 열의 인덱스명을 loc 메소드에 전달하여 데이터를 선택합니다.

```
#첫 번째, 세 번째 행과 첫 번째, 세 번째 열 데이터 가져오기
>>> df
      주문번호      고객명      고유식별코드      거래일자
하나    A1         쥐          101            2020-08-08
둘      A2         소          102            2020-08-09
셋      A3         호랑이      103            2020-08-10
넷      A4         용          104            2020-08-11
다섯    A5         용          104            2020-08-12

#loc 메소드를 사용해 행과 열 이름 전달
>>> df.loc[["하나", "셋"], ["주문번호", "고유식별코드"]]
      주문번호      고유식별코드
하나    A1         101
셋      A3         103
```

loc 메소드의 첫 번째 대괄호는 선택할 행 인덱스를 나타내며, 행 인덱스의 이름을 전달합니다. 두 번째 대괄호는 열 인덱스를 나타내며, 열 인덱스 이름을 전달합니다.

6.3.2 위치 인덱스 + 위치 인덱스로 지정 행과 열 선택하기

위치 인덱스 + 위치 인덱스는 행과 열의 위치를 iloc 메소드에 전달하여 데이터를 선택합니다.

```
#첫 번째, 두 번째 행과 첫 번째, 세 번째 데이터 선택
>>> df
      주문번호      고객명      고유식별코드      거래일자
하나    A1         쥐          101            2020-08-08
둘      A2         소          102            2020-08-09
셋      A3         호랑이      103            2020-08-10
넷      A4         용          104            2020-08-11
다섯    A5         용          104            2020-08-12
#iloc 메소드에 행과 열 위치 전달
>>> df.iloc[[0, 1], [0, 2]]
      주문번호      고유식별코드
하나    A1         101
둘      A2         102
```

iloc 메소드에서 첫 번째 대괄호는 선택할 행 인덱스를 나타내며, 행 인덱스의 위치를 전달합니다. 두 번째 대괄호는 선택할 열 인덱스를 나타내며, 열 인덱스 위치를 전달합니다.

행과 열 인덱스 위치는 모두 0부터 계산합니다.

6.3.3 불리언 인덱스 + 일반 인덱스로 지정 행과 열 선택하기

불리언 인덱스 + 일반 인덱스는 테이블에서 불리언 인덱스로 행을 선택하고, 일반 인덱스로 열을 선택합니다.

```
>>> df
     주문번호    고객명     고유식별코드    나이    거래일자
0    A1       쥐        101         31     2020-08-08
1    A2       소        102         45     2020-08-09
2    A3       호랑이     103         23     2020-08-10
3    A4       용        104         240    2020-08-11
4    A5       용        104         240    2020-08-12

>>> df[df["나이"] < 200][["주문번호", "나이"]]
     주문번호    나이
하나   A1       31
둘    A2       45
셋    A3       23
```

이 코드는 나이가 200 미만인 데이터의 주문번호와 나이를 선택합니다. 먼저 불리언 인덱스를 통해 나이가 200 미만인 모든 행을 선택하고, 일반 인덱스를 통해 주문번호와 나이 열을 선택합니다.

6.3.4 슬라이스 인덱스 + 슬라이스 인덱스로 지정 행과 열 선택하기

슬라이스 인덱스 + 슬라이스 인덱스는 행과 열의 범위를 전달하여 데이터를 선택합니다.

```
#첫 번째~세 번째 행, 두 번째~세 번째 열 선택
>>> df
     주문번호    고객명     고유식별코드    거래일자
하나   A1       쥐        101         2020-08-08
둘    A2       소        102         2020-08-09
셋    A3       호랑이     103         2020-08-10
넷    A4       용        104         2020-08-11
다섯   A5       용        104         2020-08-12
>>> df.iloc[0:3, 1:3]
     고객명     고유식별고드
하나   쥐        101
둘    소        102
셋    호랑이     103
```

6.3.5 슬라이스 인덱스+일반 인덱스로 지정 행과 열 선택하기

앞서 설명한 것과 같이 일반 인덱스는 loc 메소드에 행 이름 또는 열 이름을 직접 전달합니다. 슬라이스 인덱스는 iloc 메소드에 행 또는 열 범위를 전달합니다. 슬라이스 인덱스 + 일반 인덱스는 행(열)에 슬라이스 인덱스를 사용하고, 열(행)에 일반 인덱스를 교차로 사용하는 ix 메소드를 사용합니다.

```
#첫 번째~세 번째 행과 고객명, 고유식별코드 열 선택
>>> df
      주문번호    고객명     고유식별코드    거래일자
하나   A1       쥐        101          2020-08-08
둘     A2       소        102          2020-08-09
셋     A3       호랑이     103          2020-08-10
넷     A4       용        104          2020-08-11
다섯   A5       용        104          2020-08-12
>>> df.ix[0:3, ["고객명", "고유식별코드"]]
      고객명     고유식별코드
하나   쥐        101
둘     소        102
셋     호랑이     103
```

CHAPTER

07

재료 손질하기
— 데이터 조작

만들 요리를 선택한 뒤 재료 손질을 시작합니다. 예를 들어, 갈비찜을 만들려면 갈비와 파, 당근 등을 손질해야 합니다.

7.1 데이터 바꾸기

데이터 바꾸기는 값 A를 값 B로 대체하는 것으로, 이상값과 결측값을 대체할 수 있습니다. 주로 일대일, 다대일, 다대다 교환 방법이 있습니다.

7.1.1 일대일 바꾸기

일대일 바꾸기는 특정 영역의 값을 다른 값으로 대체합니다. '나이' 열에서 이상값으로 볼 수 있는 240을 정상 범위 내의 값(정상 범위의 평균값 33)으로 바꾸는 방법은 무엇일까요?

Excel

엑셀에서 데이터를 교환하려면 먼저 영역을 선택합니다. 만약 열의 데이터만 바꾸려면 열만 선택하면 됩니다. 일부 영역만 선택하려면 마우스를 드래그하여 해당 영역을 선택합니다. 선택 후, 메뉴의 **홈 ▶ 찾기 및 선택 ▶ 바꾸기**(오른쪽 그림 참조)를 클릭하여 기능을 실행합니다. 단축키 Ctrl + H 로 실행할 수도 있습니다.

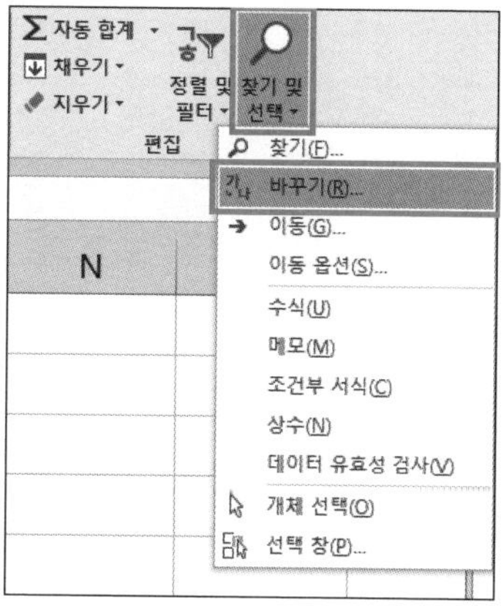

113

다음 그림은 데이터 바꾸기 인터페이스입니다. 검색 내용과 바꿀 내용을 입력하고 필요에 따라 바꾸기 또는 모두 바꾸기를 클릭합니다.

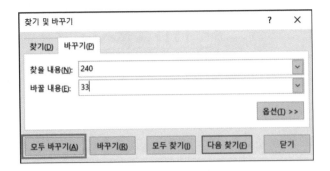

Python

파이썬은 replace() 메소드를 사용해 데이터를 바꿉니다. replace(A, B)는 A를 B로 바꾸는 것을 나타냅니다.

```
#나이 240을 33으로 대체
>>> df
        주문번호    고객명    고유식별코드    나이    거래일자
0       A1       쥐        101         31     2020-08-08
1       A2       소        102         45     2020-08-09
2       A3       호랑이     103         23     2020-08-10
3       A4       용        104         240    2020-08-11
4       A5       용        104         240    2020-08-12
>>> df["나이"].replace(240, 33, inplace = True)
>>> df
        주문번호    고객명    고유식별코드    나이    거래일자
0       A1       쥐        101         31     2020-08-08
1       A2       소        102         45     2020-08-09
2       A3       호랑이     103         23     2020-08-10
3       A4       용        104         33     2020-08-11
4       A5       용        104         33     2020-08-12
```

해당 코드는 '나이' 열의 값 240을 값 33으로 바꾸기 위하여 replace() 메소드를 사용합니다. 때로는 테이블 전체의 결측값을 바꾸는 등 전체 테이블을 대체하는 경우도 있으며, 이때 replace() 메소드는 fillna()와 같습니다.

```
>>> df
     번호    나이    성별    등록일자
0    A1     54     남자    2020-08-08
1    A2     16     NaN    2020-08-09
2    NaN    NaN    NaN    NaN
3    A4     41     남자    2020-08-11
>>> df.replace(np.NaN, 0)
     번호    나이    성별    등록일자
0    A1     54     남자    2020-08-08
1    A2     16     0      2020-08-09
2    0      0      0      0
3    A4     41     남자    2020-08-11
```

np.NaN은 파이썬에서 결측값을 나타내는 방법입니다.

7.1.2 다대일 바꾸기

다대일 바꾸기는 한 범위의 여러 값을 특정 값으로 바꿉니다. '나이' 열에서 세 가지 이상
값 데이터(240, 260, 280)를 정상 범위 내의 값(정상 범위의 평균값 33)으로 바꾸는 방법은 무
엇일까요?

Excel ---

엑셀은 if 함수를 사용해 다대일 바꾸기를 실행합니다. '나이' 열이 D열이므로 다음과 같
이 함수를 사용해 다대일 바꾸기를 진행합니다.

```
=if(OR(D:D=240, D:D=260, D:D=280), 33, D:D)
```

엑셀의 OR() 함수를 사용해 D열의 데이터가 240, 260, 280이면 값을 33으로 변경하고,
그렇지 않으면 D열의 데이터를 그대로 나타냅니다. 실행 결과는 다음 그림과 같습니다.

주문번호	고객명	고유식별코드	나이	거래일자	변환 결과
A1	쥐	101	31	2020-08-08	31
A2	소	102	45	2020-08-09	45
A3	호랑이	103	23	2020-08-10	23
A4	용	104	240	2020-08-11	33
A5	용	104	240	2020-08-12	33

파이썬에서 다대일 바꾸기는 간단합니다. replace() 메소드를 사용하며, replace([A, B], C)는 A, B를 C로 바꾸는 것을 나타냅니다.

```
>>> df
     주문번호    고객명     고유식별코드    나이    거래일자
0    A1       쥐        101         31     2020-08-08
1    A2       소        102         45     2020-08-09
2    A3       호랑이     103         23     2020-08-10
3    A4       용        104         240    2020-08-11
4    A5       용        104         260    2020-08-12
5    A6       곰        105         280    2020-08-12
>>> df.replace([240, 260, 280], 33)
     주문번호    고객명     고유식별코드    나이    거래일자
0    A1       쥐        101         31     2020-08-08
1    A2       소        102         45     2020-08-09
2    A3       호랑이     103         23     2020-08-10
3    A4       용        104         33     2020-08-11
4    A5       용        104         33     2020-08-12
5    A6       곰        105         33     2020-08-12
```

7.1.3 다대다 바꾸기

다대다 바꾸기는 실제로 특정 범위 내에서 일대일 바꾸기와 같습니다. 그렇다면 이상값 240은 정상 범위 평균값에서 1을 뺀 값, 260은 평균값, 280은 정상 범위 평균값에서 1을 더한 값으로 바꾸는 방법은 무엇일까요?

Excel --

엑셀에서 구현하려면 함수를 사용해야 하며, if 문의 중첩이 필요합니다. '나이' 열이 D 열이라고 할 때, 구체적인 방법은 다음과 같습니다.

```
=if(D:D = 240, 32, if(D:D = 260, 33, if(D:D = 280, 34, D:D)))
```

다음 그림은 해당 함수의 실행 과정입니다.

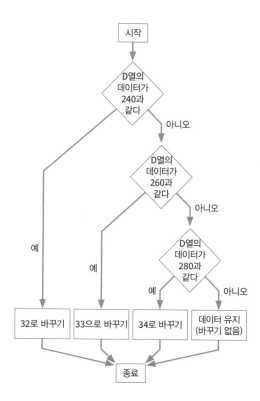

데이터 바꾸기 결과는 다음과 같습니다.

주문번호	고객명	고유식별코드	나이	거래일자	변환 결과
A1	쥐	101	31	2020-08-08	31
A2	소	102	45	2020-08-09	45
A3	호랑이	103	23	2020-08-10	23
A4	용	104	240	2020-08-11	32
A5	용	104	260	2020-08-12	33
A6	용	104	280	2020-08-12	34

Python

파이썬에서 다대다 바꾸기는 replace() 메소드를 사용합니다. 교체할 데이터와 바꿔 넣을 데이터는 딕셔너리 형식을 사용하여 replace({"A":"a", "B":"b"})와 같이 나타냅니다. 이는 A를 a로, B를 b로 바꾸는 의미입니다.

```
>>> df
    주문번호   고객명    고유식별코드    나이   거래일자
0   A1      쥐       101          31    2020-08-08
1   A2      소       102          45    2020-08-09
2   A3      호랑이    103          23    2020-08-10
3   A4      용       104          240   2020-08-11
4   A5      용       104          260   2020-08-12
5   A6      곰       105          280   2020-08-12
>>> df.replace({240:32, 260:33, 280:34})
    주문번호   고객명    고유식별코드    나이   거래일자
0   A1      쥐       101          31    2020-08-08
1   A2      소       102          45    2020-08-09
2   A3      호랑이    103          23    2020-08-10
3   A4      용       104          32    2020-08-11
4   A5      용       104          33    2020-08-12
5   A6      곰       105          34    2020-08-12
```

7.2 데이터 정렬하기

데이터 정렬은 특정 데이터의 크기에 따라 정렬하며, 정렬 방식은 오름차순과 내림차순이 있습니다. 오름차순은 데이터 크기가 작은 값에서 큰 값으로, 내림차순은 큰 값에서 작은 값의 순서로 정렬됩니다.

7.2.1 열 데이터를 기준으로 정렬하기

하나의 열 데이터를 기준으로 정렬하는 것은 전체 데이터 테이블에서 특정 열을 기준으로 오름차순 또는 내림차순으로 정렬하는 것을 의미합니다.

Excel

엑셀에서 특정 열을 기준으로 정렬하려면 해당 열 필드를 선택하고, 오른쪽 그림과 같이 메뉴의 **홈 ▶ 정렬 및 필터**에서 **텍스트 오름차순 정렬** 또는 **텍스트 내림차순 정렬**로 기능을 실행합니다.

매출ID에 따른 오름차순 정렬 전과 후의 결과는 다음 그림과 같습니다.

전						후					
주문번호	고객명	고유식별코드	나이	거래일자	매출ID	주문번호	고객명	고유식별코드	나이	거래일자	매출ID
A1	쥐	101	31	2020-08-08	1	A1	쥐	101	31	2020-08-08	1
A2	소	102	45	2020-08-09	2	A3	호랑이	103	23	2020-08-10	1
A3	호랑이	103	23	2020-08-10	1	A2	소	102	45	2020-08-09	2
A4	용	104	36	2020-08-11	2	A4	용	104	36	2020-08-11	2
A5	곰	105	21	2020-08-11	3	A5	곰	105	21	2020-08-11	3

Python

파이썬은 sort_values() 메소드를 사용해 특정 열을 기준으로 데이터를 정렬합니다. sort_values()에 열 이름과 정렬 방식(오름차순, 내림차순)을 전달합니다.

```
df.sort_values(by = ["col1"], ascending = False)
```

이 코드에서 df 테이블은 col1열에 따라 정렬되고, ascending = False에 따라 내림차순으로 정렬됩니다. ascending 파라미터의 기본값은 True이며, 오름차순 정렬을 의미합니다. 따라서 col1열을 기준으로 오름차순으로 정렬하려면 열 이름인 col1을 전달하면 되며, 정렬 순서는 선언할 필요가 없습니다.

```
df.sort_values(by = ["col1"])
```

```
>>> df
    주문번호    고객명      고유식별코드    나이    거래일자        매출ID
0   A1        쥐        101         31     2020-08-08    1
1   A2        소        102         45     2020-08-09    2
2   A3        호랑이     103         23     2020-08-10    1
3   A4        용        104         36     2020-08-11    2
4   A5        곰        105         21     2020-08-11    3
#매출ID에 따른 오름차순 정렬
>>> df.sort_values(by = ["매출ID"])
    주문번호    고객명      고유식별코드    나이    거래일자        매출ID
0   A1        쥐        101         31     2020-08-08    1
2   A3        호랑이     103         23     2020-08-10    1
1   A2        소        102         45     2020-08-09    2
3   A4        용        104         36     2020-08-11    2
4   A5        곰        105         21     2020-08-11    3
#매출ID에 따른 내림차순 정렬
>>> df.sort_values(by = ["매출ID"], ascending = False)
    주문번호    고객명      고유식별코드    나이    거래일자        매출ID
4   A5        곰        105         21     2020-08-11    3
1   A2        소        102         45     2020-08-09    2
3   A4        용        104         36     2020-08-11    2
0   A1        쥐        101         31     2020-08-08    1
2   A3        호랑이     103         23     2020-08-10    1
```

7.2.2 결측값을 기준으로 열 정렬하기

파이썬은 정렬할 열에 결측값이 존재하면 na_position 파라미터를 통해 표시 위치를 설정할 수 있습니다. 파라미터의 기본값은 last(생략 가능)이며, 결측값이 마지막에 표시됩니다.

```
>>> df
    주문번호    고객명    고유식별코드    나이    거래일자        매출ID
0   A1      쥐       101          31     2020-08-08    1
1   A2      소       102          45     2020-08-09    2
2   A3      호랑이    103          23     2020-08-10    NaN
3   A4      용       104          36     2020-08-11    2
4   A5      곰       105          21     2020-08-11    3
>>> df.sort_values(by = ["매출ID"])
    주문번호    고객명    고유식별코드    나이    거래일자        매출ID
0   A1      쥐       101          31     2020-08-08    1
1   A2      소       102          45     2020-08-09    2
3   A4      용       104          36     2020-08-11    2
4   A5      곰       105          21     2020-08-11    3
2   A3      호랑이    103          23     2020-08-10    NaN
```

na_position 파라미터를 사용해 결측값을 처음에 표시할 수도 있습니다.

```
>>> df.sort_values(by = ["매출ID"], na_position = "first")
    주문번호    고객명    고유식별코드    나이    거래일자        매출ID
2   A3      호랑이    103          23     2020-08-10    NaN
0   A1      쥐       101          31     2020-08-08    1
1   A2      소       102          45     2020-08-09    2
3   A4      용       104          36     2020-08-11    2
4   A5      곰       105          21     2020-08-11    3
```

7.2.3 여러 열의 데이터를 기준으로 정렬하기

여러 열의 데이터를 기준으로 정렬하는 것은 여러 열에 따른 오름차순과 내림차순의 정렬을 의미합니다. 첫 번째 열에 중복값이 존재하면 두 번째 열에 따라 정렬하고, 두 번째 열에 중복값이 존재하면 세 번째 열을 따르는 것과 같은 순서로 진행합니다.

엑셀에서 여러 열에 따라 데이터를 정렬하려면 정렬할 데이터를 모두 선택하고, **홈 ▶ 정렬 및 필터**에서 사용자 지정 정렬을 클릭하여 다음과 같은 화면을 실행합니다. '기준 추가'는 정렬의 기준 열을 추가하는 것이며, '정렬'에서 각 열의 오름차순 또는 내림차순을 별도로 지정할 수 있습니다.

예를 들어 다음 그림의 왼쪽 전 테이블에서 매출ID를 오름차순으로 정렬하고, 매출ID에 중복값 존재 시 거래일자를 기준으로 내림차순 정렬한 결과는 오른쪽 테이블과 같습니다.

전

주문번호	고객명	고유식별코드	나이	거래일자	매출ID
A1	쥐	101	31	2020-08-08	1
A2	소	102	45	2020-08-09	2
A3	호랑이	103	23	2020-08-10	1
A4	용	104	36	2020-08-11	2
A5	곰	105	21	2020-08-11	3

후

주문번호	고객명	고유식별코드	나이	거래일자	매출ID
A3	호랑이	103	23	2020-08-10	1
A1	쥐	101	31	2020-08-08	1
A4	용	104	36	2020-08-11	2
A2	소	102	45	2020-08-09	2
A5	곰	105	21	2020-08-11	3

Python

파이썬은 sort_values() 메소드를 사용해 여러 열을 기준으로 정렬을 실행합니다. sort_values() 메소드의 파라미터에 리스트 형식으로 열의 이름과 정렬 방법을 전달합니다.

```
df.sort_values(by = ["col1", "col2"], ascending = [True, False])
```

이 코드에서 df 테이블은 먼저 col1열에 따라 오름차순으로 정렬되고, col1열에 중복값이 존재하면 col2열에 따라 내림차순으로 정렬됩니다.

df 테이블에서 먼저 매출ID에 따라 오름차순으로 정렬하고, 중복값이 존재하면 거래일자에 따라 내림차순으로 정렬하는 코드는 다음과 같습니다.

```
>>> df
    주문번호    고객명    고유식별코드    나이    거래일자       매출ID
0   A1        쥐        101         31     2020-08-08    1
1   A2        소        102         45     2020-08-09    2
2   A3        호랑이     103         23     2020-08-10    1
3   A4        용        104         36     2020-08-11    2
4   A5        곰        105         21     2020-08-11    3
```

```
>>> df.sort_values(by = ["매출ID", "거래일자"], ascending = [True, False])
     주문번호      고객명      고유식별코드      나이      거래일자        매출ID
2    A3         호랑이      103          23      2020-08-10    1
0    A1         쥐         101          31      2020-08-08    1
3    A4         용         104          36      2020-08-11    2
1    A2         소         102          45      2020-08-09    2
4    A5         곰         105          21      2020-08-11    3
```

7.3 데이터 순위 확인하기

데이터 순위와 데이터 정렬은 상호 관계를 갖습니다. 새로운 열을 추가하고 여기에 1부터
시작하는 순위를 표시할 수 있습니다.

Excel

엑셀에서 순위를 지정하는 함수는 RANK.AVG()와 RANK.EQ()가 있습니다. 중복값이 존재
하지 않을 때 두 함수의 결과는 같으며, 차이는 중복값을 처리하는 방식입니다.

■ RANK.AVG(number, ref, order)

number는 순위를 매길 값을 나타내고, ref는 값의 전체 열 범위를 나타냅니다. order는
내림차순 또는 오름차순의 순위 정렬을 표현합니다. 순위를 매길 값에 중복값이 있으면
중복값의 평균 순위를 반환합니다.

매출ID의 평균 순위 결과는 다음 그림과 같습니다. 매출ID 1에 대해서는 두 개의 값이
있습니다. 두 값에 대해 하나의 순위가 1이고 다른 하나의 순위가 2라고 가정하면, 둘의
평균은 1.5이므로 평균 순위는 1.5가 됩니다. 두 개의 값을 가지는 매출ID 2도 앞과 동일
하게 순위가 3, 4이므로 평균 순위는 평균값인 3.5가 됩니다. 매출ID 3은 중복값이 없으
므로 순위는 5가 됩니다.

주문번호	고객명	고유식별코드	나이	거래일자	매출ID	평균순위
A1	쥐	101	31	2020-08-08	1	1.5
A2	소	102	45	2020-08-09	2	3.5
A3	호랑이	103	23	2020-08-10	1	1.5
A4	용	104	36	2020-08-11	2	3.5
A5	곰	105	21	2020-08-11	3	5

■ RANK.EQ(number, ref, order)

RANK.EQ의 파라미터는 RANK.AVG와 같습니다. 순위를 매길 값에 중복값이 있으면 RANK. EQ는 높은 순위를 반환합니다.

매출ID에서 높은 순위의 결과는 다음 그림과 같습니다. 매출ID 1은 두 개의 중복값이 존재(1위, 2위)하며, 두 값은 모두 높은 순위인 1이 됩니다. 매출ID가 2인 값도 두 개 존재 (3위, 4위)하며, 두 값 모두 높은 순위인 3이 됩니다. 매출ID가 3인 값은 중복값이 없으므로 높은 순위인 5가 됩니다.

주문번호	고객명	고유식별코드	나이	거래일자	매출ID	평균순위
A1	쥐	101	31	2020-08-08	1	1
A2	소	102	45	2020-08-09	2	3
A3	호랑이	103	23	2020-08-10	1	1
A4	용	104	36	2020-08-11	2	3
A5	곰	105	21	2020-08-11	3	5

Python

파이썬은 rank() 메소드를 사용해 순위를 확인하며, 주로 두 개의 파라미터를 전달합니다. 하나는 ascending으로, 오름차순 또는 내림차순을 지정합니다. 기본값은 오름차순이며, 엑셀의 order와 같은 표현입니다. 또 하나는 method로, 순위를 지정하는 값에 중복값이 존재할 때의 처리 방법을 나타냅니다. 다음 표는 method 파라미터로 전달하는 값과 기능을 설명합니다.

method	내용
average	엑셀의 RANK.AVG함수와 동일한 기능
first	정렬된 데이터의 순서에 따라 순위를 지정
min	엑셀의 RANK.EQ 함수와 동일한 기능
max	min과 반대로 중복값에서 가장 큰 값을 사용

method에 average를 전달하면 엑셀의 RANK.AVG 함수와 같습니다.

```
>>> df["매출ID"]
0    1
1    2
2    1
3    2
4    3
```

```
Name: 매출ID, dtype: int64
>>> df["매출ID"].rank(method = "average")
0    1.5
1    3.5
2    1.5
3    3.5
4    5.0
Name: 매출ID, dtype: float64
```

method에 first를 전달하면 매출ID 1이 두 개 존재하는 데이터에서 첫 번째 값 순위는 1,
두 번째 값 순위는 2가 됩니다. 매출ID가 2인 경우도 앞과 같은 방식으로 처리합니다.

```
>>> df["매출ID"].rank(method = "first")
0    1.0
1    3.0
2    2.0
3    4.0
4    5.0
Name: 매출ID, dtype: float64
```

method에 min을 전달하면 엑셀의 RANK.EQ 함수와 같은 기능을 합니다.

```
>>> df["매출ID"].rank(method = "min")
0    1.0
1    3.0
2    1.0
3    3.0
4    5.0
Name: 매출ID, dtype: float64
```

method에 max를 전달하면 min과 반대가 됩니다. 매출ID 1이 두 개 존재할 때, 두 번째
중복값 순위가 2이면, 두 값의 순위 모두 2가 됩니다. 매출ID 2가 두 개 존재하고, 두 번
째 중복값의 순위가 4이면, 두 값의 순위 모두 4가 됩니다.

```
>>> df["매출ID"].rank(method = "max")
0    2.0
1    4.0
2    2.0
3    4.0
4    5.0
Name: 매출ID, dtype: float64
```

데이터 삭제하기

데이터 삭제는 데이터 테이블에서 필요 없는 데이터를 삭제하는 것입니다.

7.4.1 열 삭제

Excel --

엑셀에서 열을 삭제하려면 다음 그림과 같이 해당 열을 선택하고, 마우스 우클릭 후 삭제 옵션을 선택합니다. 또는 마우스 우클릭 후 D 버튼을 입력합니다.

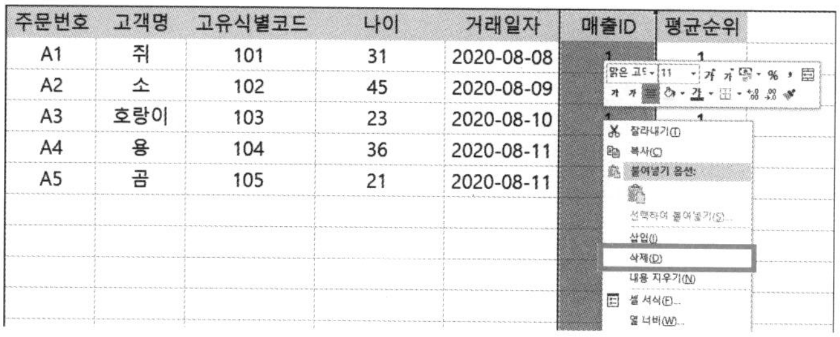

Python

파이썬은 drop() 메소드를 사용해 열을 삭제합니다. drop() 메소드에 삭제할 열 이름 또는 위치를 파라미터로 전달합니다. 직접 열 이름 파라미터와 axis 파라미터를 함께 전달하며, axis = 1은 열 삭제를 의미합니다.

```
>>> df
     주문번호    고객명     고유식별코드     나이     거래일자        매출ID
0    A1       쥐        101         31      2020-08-08    1
1    A2       소        102         45      2020-08-09    2
2    A3       호랑이     103         23      2020-08-10    1
3    A4       용        104         36      2020-08-11    2
4    A5       곰        105         21      2020-08-11    3
>>> df.drop(["매출ID", "거래일자"], axis = 1)
     주문번호    고객명     고유식별코드     나이
0    A1       쥐        101         31
1    A2       소        102         45
2    A3       호랑이     103         23
3    A4       용        104         36
4    A5       곰        105         21
```

drop() 메소드에 삭제할 열의 위치를 직접 전달할 수도 있으며, axis 파라미터를 함께 사용합니다.

```
#다섯 번째 열과 여섯 번째 열 삭제
>>> df.drop(df.columns[[4, 5]], axis = 1)
    주문번호      고객명       고유식별코드     나이
0   A1         쥐          101          31
1   A2         소          102          45
2   A3         호랑이       103          23
3   A4         용          104          36
4   A5         곰          105          21
```

리스트 형식의 열 이름을 columns 파라미터로 전달할 수도 있으며, 이때는 axis 파라미터가 필요하지 않습니다.

```
>>> df.drop(columns = ["매출ID", "거래일자"])
    주문번호      고객명       고유식별코드     나이
0   A1         쥐          101          31
1   A2         소          102          45
2   A3         호랑이       103          23
3   A4         용          104          36
4   A5         곰          105          21
```

7.4.2 행 삭제

Excel

엑셀에서 행의 삭제 방법은 열 삭제 방법과 같습니다. 먼저 삭제할 행을 선택하고, 마우스 우클릭 후 삭제 옵션을 선택합니다.

Python

파이썬은 drop() 메소드를 사용해 특정 행을 삭제하며, 행 삭제 관련 정보를 파라미터로 전달합니다. drop() 메소드에 행 이름 파라미터와 행 삭제를 의미하는 axis = 0 파라미터를 전달합니다.

```
#범위 구분을 위해 행 이름을 수정
>>> df
     주문번호     고객명      고유식별코드    나이    거래일자        매출ID
0a   A1        쥐         101          31    2020-08-08    1
1b   A2        소         102          45    2020-08-09    2
2c   A3        호랑이      103          23    2020-08-10    1
3d   A4        용         104          36    2020-08-11    2
4e   A5        곰         105          21    2020-08-11    3
```

```
>>> df.drop(["0a", "1b"], axis = 0)
     주문번호      고객명      고유식별코드      나이      거래일자          매출ID
2c   A3        호랑이     103           23       2020-08-10    1
3d   A4        용        104           36       2020-08-11    2
4e   A5        곰        105           21       2020-08-11    3
```

행 이름 외에 행 번호를 직접 전달할 수도 있으며, axis 파라미터를 0으로 함께 전달합니다.

```
#첫 번째 행과 두 번째 행 데이터 삭제
>>> df.drop(df.index[[0, 1]], axis = 0)
     주문번호      고객명      고유식별코드      나이      거래일자          매출ID
2c   A3        호랑이     103           23       2020-08-10    1
3d   A4        용        104           36       2020-08-11    2
4e   A5        곰        105           21       2020-08-11    3
```

삭제할 행 이름을 index 파라미터로 전달할 수도 있으며, 이때는 axis 파라미터가 필요하지 않습니다.

```
#첫 번째 행과 두 번째 행 데이터 삭제
>>> df.drop(index = ["0a", "1b"])
     주문번호      고객명      고유식별코드      나이      거래일자          매출ID
2c   A3        호랑이     103           23       2020-08-10    1
3d   A4        용        104           36       2020-08-11    2
4e   A5        곰        105           21       2020-08-11    3
```

7.4.3 특정 행 삭제

특정 행 삭제는 보통 특정 조건을 만족하는 행의 삭제를 의미합니다. 앞에서 진행한 이상값의 삭제는 특정 행의 삭제로 볼 수 있습니다.

Excel -

엑셀에서 특정 행 삭제는 두 단계가 있습니다. 첫 번째는 조건을 만족하는 행을 필터링합니다. 두 번째는 필터링한 행을 선택하여 마우스 우클릭 메뉴로 삭제 옵션을 선택합니다.

Python -

파이썬에서 행을 삭제하는 방법은 조금 특별합니다. 조건에 만족하는 데이터를 직접 삭제하지 않고, 조건에 만족하지 않는 데이터를 필터링하여 새 데이터 소스로 생성합니다. 이 방법을 통해 삭제할 행을 필터링합니다.

다음 예와 같이 나이 데이터가 40보다 크거나 같은 행은 직접 해당 행을 삭제하지 않고, 반대되는 행을 모두 선택(40보다 작은 행 필터링)하여 데이터 소스로 생성합니다.

```
>>> df
   주문번호   고객명    고유식별코드   나이   거래일자      매출ID
0  A1      쥐        101         31    2020-08-08    1
1  A2      소        102         45    2020-08-09    2
2  A3      호랑이     103         23    2020-08-10    1
3  A4      용        104         36    2020-08-11    2
4  A5      곰        105         21    2020-08-11    3
>>> df[df["나이"] < 40]
   주문번호   고객명    고유식별코드   나이   거래일자      매출ID
0  A1      쥐        101         31    2020-08-08    1
2  A3      호랑이     103         23    2020-08-10    1
3  A4      용        104         36    2020-08-11    2
4  A5      곰        105         21    2020-08-11    3
```

7.5 숫자 카운트하기

숫자 카운트는 연속되는 데이터에서 특정 데이터가 나타나는 횟수를 계산합니다.

Excel

엑셀은 숫자 카운트를 위해 COUNTIF() 함수를 사용합니다. COUNTIF() 함수는 특정 범위에서 주어진 조건을 만족하는 셀의 수를 계산합니다.

```
= COUNTIF(range, criteria)
```

range는 연속되는 값의 범위를 나타내고, criteria는 특정 값 또는 특정 조건을 나타냅니다. 매출ID 데이터를 카운트한 결과는 다음 그림과 같습니다.

G2	▼ : × ✓ fx	=COUNTIF($F$2:$F$6,F2)					
	A	B	C	D	E	F	G
1	주문번호	고객명	고유식별코드	나이	거래일자	매출ID	카운트
2	A1	쥐	101	31	2020-08-08	1	2
3	A2	소	102	45	2020-08-09	2	2
4	A3	호랑이	103	23	2020-08-10	1	2
5	A4	용	104	36	2020-08-11	2	2
6	A5	곰	105	21	2020-08-11	3	1

매출ID 1은 F2:F6 범위에서 2회 나타납니다. 매출ID 2도 해당 범위에서 2회 나타나며, 매출ID 3은 1회 나타납니다.

Python

파이썬은 value_counts() 메소드를 사용해 특정 데이터가 나타나는 횟수를 계산합니다.

```
>>> df
    주문번호    고객명    고유식별코드    나이    거래일자        매출ID
0    A1      쥐      101        31    2020-08-08    1
1    A2      소      102        45    2020-08-09    2
2    A3      호랑이    103        23    2020-08-10    1
3    A4      용      104        36    2020-08-11    2
4    A5      곰      105        21    2020-08-11    3
>>> df["매출ID"].value_counts()
2    2
1    2
3    1
Name: 매출ID, dtype: int64
```

코드의 실행 결과 매출ID 2의 데이터가 두 번, 매출ID 1의 데이터가 두 번, 매출ID 3의 데이터가 한 번 나타납니다. 이는 데이터가 나타나는 절대 횟수를 의미합니다. value_counts() 메소드에 normalize = True 파라미터를 전달하면 데이터가 차지하는 비율을 확인할 수 있습니다.

```
>>> df["매출ID"].value_counts(normalize = True)
2    0.4
1    0.4
3    0.2
Name: 매출ID, dtype: float64
```

코드의 실행 결과 매출ID 2의 데이터가 0.4, 매출ID 1의 데이터가 0.4, 매출ID 3의 데이터가 0.2를 나타냅니다. 매출ID의 순서는 2, 1, 3으로, 카운트 값과 같은 내림차순(0.4, 0.4, 0.2)으로 정렬되어 있습니다. sort = False를 전달하면 카운트 값에 따른 내림차순을 적용하지 않습니다.

```
>>> df["매출ID"].value_counts(normalize = True, sort = False)
1    0.4
2    0.4
3    0.2
Name: 매출ID, dtype: float64
```

**유일한 데이터 가져오기
(중복값을 하나로 표현하기)**

유일한 데이터를 가져오는 방법은 중복 데이터를 삭제한 후의 결과를 가져오는 것입니다.

Excel --

엑셀의 특정 열에서 중복값 없이 유일한 데이터만을 확인하려면, 열을 복사하여 붙여 넣은 다음 중복항을 삭제하면 유일한 데이터를 확인할 수 있습니다.

Python ---

파이썬도 중복값 없는 유일한 데이터의 확인은 엑셀과 유사한 방식으로 진행합니다. 먼저 열을 복사하여 붙여 넣고, 중복항을 삭제합니다. 중복항의 삭제는 앞서 소개하였으므로 이번에는 또 다른 방법인 unique() 메소드를 소개하겠습니다.

df 테이블에서 매출ID의 유일한 데이터 확인을 위해 unique() 메소드를 통한 데이터 확인 방법은 다음 코드와 같습니다.

```
>>> df
    주문번호    고객명    고유식별코드    나이    거래일자      매출ID
0   A1       쥐       101         31    2020-08-08   1
1   A2       소       102         45    2020-08-09   2
2   A3       호랑이    103         23    2020-08-10   1
3   A4       용       104         36    2020-08-11   2
4   A5       곰       105         21    2020-08-11   3
>>> df["매출ID"].unique()
array([1, 2, 3], dtype = int64)
```

7.7 **데이터 찾기**

데이터 검색은 데이터 테이블에 특정 데이터의 포함 여부를 확인하는 것입니다.

Excel --

엑셀에서 데이터의 포함 여부를 확인하려면 직접 검색 기능을 사용합니다. 먼저 검색할 범위의 열을 하나 이상 선택하며, 아무것도 선택하지 않으면 전체 범위에서 검색을 진행합니다. 다음 그림과 같이 메뉴의 홈 ▶ 찾기 및 선택 ▶ 찾기를 선택합니다.

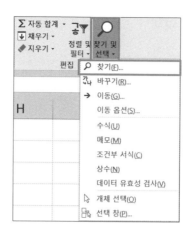

다음은 찾기 및 바꾸기 인터페이스입니다(단축키 Ctrl + F). 검색 상자에 내용을 입력하고, '모두 찾기'를 클릭하면 검색된 모든 내용이 표시됩니다. '다음 찾기'를 클릭하면 검색결과가 하나씩 표시됩니다.

찾기 및 바꾸기	? ×
찾기(D) 바꾸기(P)	
찾을 내용(N):	[ ] ∨
	옵션(T) >>
모두 찾기(I) 다음 찾기(F) 닫기	

Python

파이썬은 isin() 메소드를 사용하여 테이블의 데이터를 검색합니다. 파라미터를 전달하여 여러 데이터를 동시에 검색할 수도 있습니다. 특정 열의 데이터를 가져와 isin() 메소드로 특정 데이터의 포함 여부를 확인하며, 해당 데이터가 포함되어 있으면 True, 그렇지 않으면 False를 반환합니다.

```
#나이 31, 21을 포함하는 열 확인
>>> df
    주문번호    고객명    고유식별코드    나이    거래일자        매출ID
0   A1      쥐       101        31    2020 08-08    1
1   A2      소       102        45    2020-08-09    2
2   A3      호랑이     103        23    2020-08-10    1
3   A4      용       104        36    2020-08-11    2
4   A5      곰       105        21    2020-08-11    3
```

```
>>> df["나이"].isin([31, 21])
0    True
1    False
2    False
3    False
4    True
Name: 나이, dtype: bool
```

전체 테이블을 대상으로 데이터를 확인할 수도 있습니다.

```
#전체 테이블에서 A2, 31 포함 여부 확인
>>> df.isin(["A2", 31])
     주문번호      고객명      고유식별코드       나이      거래일자      매출ID
0    False     False     False       True     False     False
1    True      False     False       False    False     False
2    False     False     False       False    False     False
3    False     False     False       False    False     False
4    False     False     False       False    False     False
```

7.8 구간 분할하기

구간 분할은 연속되는 데이터를 여러 부분으로 나누는 것입니다. 예를 들어, 10명을 나이에 따라 세 그룹으로 나눌 때, 이 과정을 구간 분할이라고 합니다.

Excel ---

엑셀은 if 함수를 사용해 구간을 분할하며, 구체적인 공식은 다음과 같습니다.

```
=IF(D2<4,"<4",IF(D2<7,"4-6",">=7"))
```

if 함수의 실행 과정은 다음 그림과 같습니다.

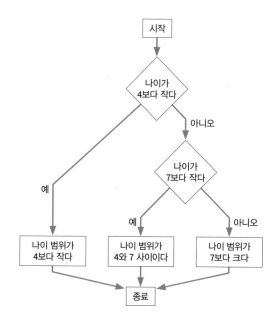

다음은 if 중첩 함수를 사용한 결과입니다.

=IF(D2<4,"<4",IF(D2<7,"4-6",">=7"))			
D	E	F	G
나이	나이 구간		
1	<4		
2	<4		
3	<4		
4	4-6		
5	4-6		
6	4-6		
7	>=7		
8	>=7		
9	>=7		
10	>=7		

Python

파이썬은 cut() 메소드를 사용해 분할을 진행하며, bins 파라미터를 사용해 구간을 지정합니다.

```
>>> df
    나이
0   1
1   2
2   3
```

```
3     4
4     5
5     6
6     7
7     8
8     9
9    10
>>> pd.cut(df["나이"], bins = [0, 3, 6, 10])
0     (0, 3]
1     (0, 3]
2     (0, 3]
3     (3, 6]
4     (3, 6]
5     (3, 6]
6     (6, 10]
7     (6, 10]
8     (6, 10]
9     (6, 10]
Name: 0, dtype: category
Categories (3, interval[int64]): [(0, 3] < (3, 6] < (6, 10]]
```

cut() 메소드의 분할 결과 왼쪽은 열려 있고, 오른쪽은 닫혀 있는 상태입니다. (0, 3]은 0보다 크면서 3보다 작거나 같고, (3.6]은 3보다 크면서 6보다 작거나 같고, (6, 10]은 6보다 크면서 10보다 작거나 같음을 나타냅니다.

cut() 메소드와 유사한 qcut() 메소드도 있습니다. qcut() 메소드는 구간을 미리 지정할 필요가 없으며, 구간의 수만 지정하면 됩니다. 이 구간의 수에 따라 데이터를 분할하므로 원칙적으로 각 그룹의 데이터 개수는 최대한 동일하게 분할됩니다.

```
#데이터를 세 구간으로 구분
>>> pd.qcut(df["나이"], 3)
0     (0.999, 4.0]
1     (0.999, 4.0]
2     (0.999, 4.0]
3     (0.999, 4.0]
4      (4.0, 7.0]
5      (4.0, 7.0]
6      (4.0, 7.0]
7      (7.0, 10.0]
8      (7.0, 10.0]
9      (7.0, 10.0]
Name: 나이, dtype: category
Categories (3, interval[float64]): [(0.999, 4.0] < (4.0, 7.0] < (7.0, 10.0]]
```

데이터 분포가 균일하면 cut() 메소드와 qcut() 메소드의 결과는 기본적으로 동일하지만, 데이터 분포가 고르지 못하면 분산이 커지므로 두 구간의 편차는 커집니다.

7.9 새로운 행 또는 열 삽입하기

특정 위치에 행 또는 열을 삽입하는 것은 기본적인 작업입니다. 작업에는 두 가지 핵심 요소가 있으며, 하나는 위치, 다른 하나는 항목입니다.

Excel --

엑셀에서 행 또는 열을 삽입하려면 삽입할 행 또는 열의 위치를 결정하고, 선택한 행 또는 열에서 마우스 우클릭 후 삽입을 클릭합니다.

'고유식별코드' 열 앞에 열을 삽입하려면 다음 그림과 같이 '고유식별코드' 열을 선택하고, 마우스 우클릭 후 삽입을 선택합니다.

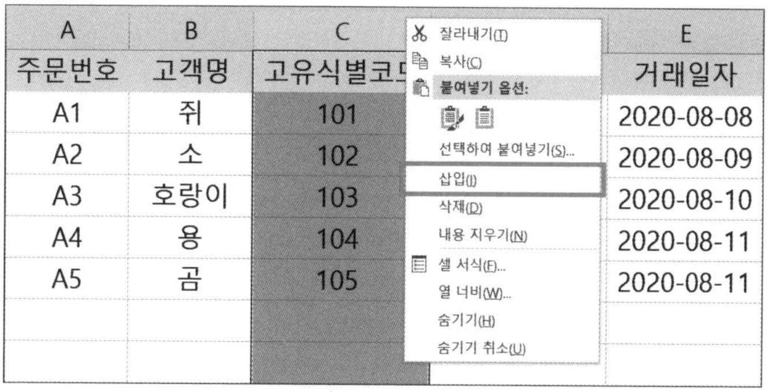

	A	B	C		E
	주문번호	고객명	고유식별코드	✂ 잘라내기(T)	거래일자
	A1	쥐	101	📋 복사(C)	2020-08-08
	A2	소	102	📋 붙여넣기 옵션:	2020-08-09
	A3	호랑이	103	🗐 📋	2020-08-10
	A4	용	104	선택하여 붙여넣기(S)...	2020-08-11
	A5	곰	105	삽입(I)	2020-08-11
				삭제(D)	
				내용 지우기(N)	
				셀 서식(F)...	
				열 너비(W)...	
				숨기기(H)	
				숨기기 취소(U)	

작업이 완료되면 새로운 행 또는 열이 생성되며, 새로운 열 또는 행에 데이터를 입력합니다.

Python

파이썬은 행을 삽입하는 특별한 방법은 없습니다. 삽입할 행을 새로운 테이블로 생성하고, 두 테이블을 세로 방향으로 결합합니다. 테이블의 세로 결합은 뒤에서 자세히 설명하겠습니다.

파이썬에서 열 삽입은 insert() 메소드를 사용합니다. insert() 메소드에 삽입할 위치와 새로운 열 이름, 데이터를 파라미터로 전달합니다.

```
#두 번째 열 뒤 '상품유형' 열을 추가
>>> df
     주문번호    고객명     고유식별코드    나이    거래일자      매출ID
0    A1       쥐        101        31    2020-08-08   1
1    A2       소        102        45    2020-08-09   2
2    A3       호랑이     103        23    2020-08-10   1
3    A4       용        104        36    2020-08-11   2
4    A5       곰        105        21    2020-08-11   3
>>> df.insert(2, "상품유형", ["cat01", "cat02", "cat03", "cat04", "cat05"])
>>> df
     주문번호    고객명     상품유형    고유식별코드     나이    거래일자      매출ID
0    A1       쥐        cat01    101         31    2020-08-08   1
1    A2       소        cat02    102         45    2020-08-09   2
2    A3       호랑이     cat03    103         23    2020-08-10   1
3    A4       용        cat04    104         36    2020-08-11   2
4    A5       곰        cat05    105         21    2020-08-11   3
```

인덱스 방식으로 열을 직접 삽입할 수도 있으며, 새로운 열의 데이터 구조를 다른 열의
데이터와 동일하게 삽입합니다.

```
>>> df["상품유형"] = ["cat01", "cat02", "cat03", "cat04", "cat05"]
```

해당 코드는 새로 삽입하는 열 이름을 '상품유형'으로 지정하고, 리스트로 데이터를 전달
합니다.

7.10 행과 열 바꾸기

행과 열의 바꾸기(교환)는 행 데이터를 열 방향으로 변환하고, 열 데이터를 행 방향으로
변환하는 것입니다.

Excel

엑셀에서 행과 열을 바꾸려면 먼저 내용을 복사
하고, 오른쪽 그림과 같이 '바꾸기' 항목을 선택하
여 새 영역에 붙여 넣습니다.

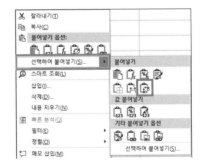

바꾸기 전과 후의 결과는 다음 그림과 같습니다.

전					
주문번호	고객명	고유식별코드	나이	거래일자	매출ID
A1	쥐	101	31	2020-08-08	1
A2	소	102	45	2020-08-09	2
A3	호랑이	103	23	2020-08-10	1
A4	용	104	36	2020-08-11	2
A5	곰	105	21	2020-08-11	3

후					
주문번호	A1	A2	A3	A4	A5
고객명	쥐	소	호랑이	용	곰
고유식별코드	101	102	103	104	105
나이	31	45	23	36	21
거래일자	2020-08-08	2020-08-09	2020-08-10	2020-08-11	2020-08-11
매출ID	1	2	1	2	3

Python

파이썬은 소스 데이터 테이블을 기반으로 .T 메소드를 사용해 바꾸기 결과를 확인할 수 있습니다. 바꾸기 작업 결과에서 한번 더 바꾸기를 실행하면 원래의 상태로 돌아갑니다.

df 테이블을 전환하는 코드는 다음과 같습니다.

```
>>> df
    주문번호    고객명    고유식별코드    나이    거래일자      매출ID
0   A1      쥐      101         31     2020-08-08   1
1   A2      소      102         45     2020-08-09   2
2   A3      호랑이   103         23     2020-08-10   1
3   A4      용      104         36     2020-08-11   2
4   A5      곰      105         21     2020-08-11   3
>>> df.T
              0            1            2            3            4
주문번호        A1           A2           A3           A4           A5
고객명         쥐            소            호랑이         용            곰
고유식별코드    101          102          103          104          105
나이          31           45           23           36           21
거래일자       2020-08-08   2020-08-09   2020-08-10   2020-08-11   2020-08-11
매출ID        1            2            1            2            3
```

바꾸기 작업 결과에서 다시 바꾸기를 실행하는 코드는 다음과 같습니다.

```
>>> df.T.T
    주문번호    고객명    고유식별코드    나이    거래일자      매출ID
0   A1      쥐      101         31     2020-08-08   1
1   A2      소      102         45     2020-08-09   2
2   A3      호랑이   103         23     2020-08-10   1
3   A4      용      104         36     2020-08-11   2
4   A5      곰      105         21     2020-08-11   3
```

7.11 인덱스 재구성하기

인덱스 재구성은 원래의 인덱스 구조를 재구성하는 것입니다. 전형적인 DataFrame의 구조는 오른쪽 표와 같습니다.

	C1	C2	C3
S1	1	2	3
S2	4	5	6

이 표에서는 하나의 행 인덱스와 하나의 열 인덱스를 사용해 고유한 데이터를 결정합니다. 예를 들어, S1~C1의 고유한 데이터는 1, S2~C3의 고유한 데이터는 6입니다. 두 위치를 사용해 고유한 데이터를 결정하는 방법은 앞서 나온 표 형식과 같은 구조 외에도 다음 그림과 같이 트리 구조로 표현할 수도 있습니다.

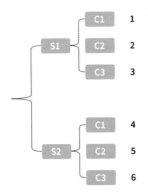

트리 구조는 테이블의 행 인덱스를 유지하는 것을 전제로 하여 열 인덱스를 행 인덱스로 변환하는 것으로, 실제 테이블 형식의 데이터에 인덱스 계층화를 생성합니다.

테이블 형식의 데이터에서 트리 데이터로 전환하는 것을 재구성이라고 하며, 엑셀에는 해당 기능이 없습니다. 파이썬은 stack() 메소드를 사용하며, 코드는 다음과 같습니다.

```
>>> df
    C1  C2  C3
S1   1   2   3
S2   4   5   6
>>> df.stack()
S1  C1    1
    C2    2
    C3    3
S2  C1    4
    C2    5
    C3    6
dtype: int64
```

stack() 메소드와 상반되는 메소드는 unstack() 메소드입니다. stack() 메소드는 테이블 형식의 데이터를 트리 데이터로 전환하며, unstack() 메소드는 트리 데이터를 테이블 형식의 데이터로 전환합니다. 예제 코드는 다음과 같습니다.

```
>>> df.stack().unstack()
    C1  C2  C3
S1   1   2   3
S2   4   5   6
```

7.12 테이블의 길이와 너비 전환하기

길이와 너비 테이블의 전환은 긴(여러 행) 테이블을 넓은(여러 열) 테이블로 전환하거나, 넓은 테이블을 긴 테이블로 전환하는 것입니다.

다음은 넓은 테이블입니다(여러 열).

Company	Name	Sale2013	Sale2014	Sale2015	Sale2016
Apple	애플	5000	5050	5050	5050
Google	구글	3500	3800	3800	3800
Facebook	페이스북	2300	2900	2900	2900

넓은 테이블을 다음과 같이 긴 테이블로 전환하고자 합니다.

Company	Name	year	sale
Apple	애플	Sale2013	5000
Google	구글	Sale2013	3500
Facebook	페이스북	Sale2013	2300
Apple	애플	Sale2014	5050
Google	구글	Sale2014	3800
Facebook	페이스북	Sale2014	2900

Company	Name	year	sale
Apple	애플	Sale2015	5050
Google	구글	Sale2015	3800
Facebook	페이스북	Sale2015	2900
Apple	애플	Sale2016	5050
Google	구글	Sale2016	3800
Facebook	페이스북	Sale2016	2900

여러 열을 여러 행으로 전환하는 과정은 넓은 테이블을 긴 테이블로 변환하는 과정입니다. 이 전환 과정은 공통된 열이 필요하다는 전제 조건이 있습니다.

7.12.1 넓은 테이블을 긴 테이블로 전환

엑셀에서 넓은 테이블을 긴 테이블로 전환하는 작업은 복사하여 붙여넣기 방법을 사용합니다. 파이썬은 주로 stack() 메소드를 사용하거나 melt() 메소드를 사용하는 두 가지 방법이 있습니다.

■ stack() 메소드 사용

stack() 메소드가 테이블 형식 데이터를 트리 데이터로 전환할 때, 행 인덱스를 변경하지 않고 열 인덱스를 행 인덱스로 변경합니다. 여기서 넓은 테이블을 긴 테이블로 전환하려면 Company와 Name은 변경하지 않고, Sale2013, Sale2014, Sale2015, Sale2016을 행 인덱스로 전환합니다. 여기서 Company와 Name을 인덱스로 설정하고, stack() 메소드를 호출하여 열 인덱스를 행 인덱스로 전환합니다. 마지막으로 reset_index() 메소드로 행 인덱스를 재설정합니다. 코드는 다음과 같습니다.

```
>>> df
     Company      Name        Sale2013      Sale2014      Sale2015      Sale2016
0    Apple        애플         5000          5050          5050          5050
1    Google       구글         3500          3800          3800          3800
2    Facebook     페이스북     2300          2900          2900          2900
>>> df.set_index(["Company", "Name"])
                         Sale2013      Sale2014      Sale2015      Sale2016
Company      Name
Apple        애플         5000          5050          5050          5050
Google       구글         3500          3800          3800          3800
Facebook     페이스북     2300          2900          2900          2900
>>> df.set_index(["Company", "Name"]).stack()
Company      Name
Apple        애플         Sale2013      5000
                         Sale2014      5050
                         Sale2015      5050
                         Sale2016      5050
Google       구글         Sale2013      3500
                         Sale2014      3800
                         Sale2015      3800
                         Sale2016      3800
Facebook     페이스북     Sale2013      2300
                         Sale2014      2900
                         Sale2015      2900
                         Sale2016      2900
>>> df.set_index(["Company", "Name"]).stack().reset_index()
     Company      Name        level_2        0
0    Apple        애플         Sale2013      5000
```

```
 1      Apple       애플        Sale2014    5050
 2      Apple       애플        Sale2015    5050
 3      Apple       애플        Sale2016    5050
 4      Google      구글        Sale2013    3500
 5      Google      구글        Sale2014    3800
 6      Google      구글        Sale2015    3800
 7      Google      구글        Sale2016    3800
 8      Facebook    페이스북     Sale2013    2300
 9      Facebook    페이스북     Sale2014    2900
10      Facebook    페이스북     Sale2015    2900
11      Facebook    페이스북     Sale2016    2900
```

■ melt() 메소드 사용

melt() 메소드를 사용해 앞과 같은 기능을 구현하는 코드는 다음과 같습니다.

```
>>> df.melt(id_vars = ["Company", "Name"], var_name = "Year", value_name = "Sale")
    Company     Name        Year        Sale
0   Apple       애플        Sale2013    5000
1   Apple       애플        Sale2014    5050
2   Apple       애플        Sale2015    5050
3   Apple       애플        Sale2016    5050
4   Google      구글        Sale2013    3500
5   Google      구글        Sale2014    3800
6   Google      구글        Sale2015    3800
7   Google      구글        Sale2016    3800
8   Facebook    페이스북     Sale2013    2300
9   Facebook    페이스북     Sale2014    2900
10  Facebook    페이스북     Sale2015    2900
11  Facebook    페이스북     Sale2016    2900
```

melt의 id_vars 파라미터는 넓은 테이블을 긴 테이블로 전환 시 변경되지 않는 열을 지정합니다. var_name 파라미터는 원래 열 인덱스가 행 인덱스로 전환될 때의 이름이고, value_name은 새로운 인덱스에 대응하는 데이터 열의 이름입니다.

여기서 행 인덱스는 큰따옴표로 묶여 있으며, 실제 행 인덱스는 아니지만 실제와 유사합니다.

7.12.2 긴 테이블을 넓은 테이블로 전환

긴 테이블을 넓은 테이블로 전환하는 것은 넓은 테이블에서 긴 테이블로 전환하는 것의 반대 과정입니다. 보통 피벗 테이블pivot table을 사용하며, 피벗 테이블의 사용 방법은 10.2절에서 자세히 설명하겠습니다. 여기서는 간략한 이해를 위해 실행 방법만 확인합니다.

```
>>> df
     Company    Name      Year      Sale
0    Apple      애플       Sale2013   5000
1    Apple      애플       Sale2014   5050
2    Apple      애플       Sale2015   5050
3    Apple      애플       Sale2016   5050
4    Google     구글       Sale2013   3500
5    Google     구글       Sale2014   3800
6    Google     구글       Sale2015   3800
7    Google     구글       Sale2016   3800
8    Facebook   페이스북   Sale2013   2300
9    Facebook   페이스북   Sale2014   2900
10   Facebook   페이스북   Sale2015   2900
11   Facebook   페이스북   Sale2016   2900
>>> df.pivot_table(index = ["Company", "Name"], columns = "Year", values = "Sale")
Year                    Sale2013    Sale2014    Sale2015    Sale2016
Company    Name
Amozon     아마존       2100        2500        2500        2500
Apple      애플         5000        5050        5050        5050
Facebook   페이스북     2300        2900        2900        2900
Google     구글         3500        3800        3800        3800
Tencent    텐센트       3100        3300        3300        3300
```

해당 과정은 Company와 Name을 행 인덱스, Year를 열 인덱스, Sale을 데이터로 설정합니다.

7.13 apply()와 applymap() 함수

파이썬의 기초 지식 부분에서는 파이썬의 고급 기능인 map() 함수에 대해 알아보았습니다. map() 함수는 시퀀스의 모든 요소에 대해 동일한 함수 작업을 수행합니다.

DataFrame은 map()과 유사한 두 가지 함수가 있으며, 하나는 apply() 함수, 다른 하나는 applymap() 함수입니다. apply()와 applymap() 모두 람다lambda라고 하는 익명 함수와 함께 사용합니다. apply() 함수는 주로 DataFrame의 column 또는 row 요소에 대해 동일한 함수 작업을 수행합니다.

```
>>> df
    C1  C2  C3
0    1   2   3
1    4   5   6
2    7   8   9
#C1열의 각 요소에 1 더하기
>>> df["C1"].apply(lambda x: x+1)
0    2
1    5
2    8
Name: C1, dtype: int64
```

applymap() 함수는 DataFrame의 각 요소에 대해 동일한 함수 작업을 수행합니다.

```
#df 테이블의 각 요소에 1 더하기
>>> df.applymap(lambda x: x+1)
    C1  C2  C3
0    2   3   4
1    5   6   7
2    8   9  10
```

08 요리 시작하기
― 데이터 연산

이번 단계에서는 요리를 시작합니다. 1장에서는 다양한 차원의 분석 지표를 제시하였으며, 이번 장에서는 이 분석 지표가 어떻게 계산되는지 확인해 보겠습니다.

8.1 산술 연산

산술 연산은 더하기, 빼기, 곱하기, 나누기입니다. 엑셀과 파이썬은 숫자 유형의 두 열을 직접 더하고, 빼고, 곱하고, 나눌 수 있으며, 요소에 대해서도 더하고, 빼고, 곱하고, 나눌 수 있습니다. 엑셀의 산술 연산은 간단하므로 파이썬의 산술 연산을 확인하겠습니다.

두 열을 더하는 코드는 다음과 같습니다.

```
>>> df
     C1   C2   C3
S1   1    2    3
S2   4    5    6
>>> df["C1"] + df["C2"]
S1   3
S2   9
type: int64
```

두 열을 빼는 코드는 다음과 같습니다.

```
>>> df["C1"] - df["C2"]
S1    -1
S2    -1
dtype: int64
```

두 열을 곱하는 코드는 다음과 같습니다.

```
>>> df["C1"] * df["C2"]
S1    2
S2    20
dtype: int64
```

두 열을 나누는 코드는 다음과 같습니다.

```
>>> df["C1"] / df["C2"]
S1    0.5
S2    0.8
dtype: float64
```

임의의 열에 상수를 더하거나 빼면, 열의 모든 데이터에서 이 상수를 더하거나 뺍니다.
코드는 다음과 같습니다.

```
>>> df["C1"] + 2
S1    3
S2    6
Name: C1, dtype: int64

>>> df["C1"] - 2
S1    -1
S2    2
Name: C1, dtype: int64
```

임의의 열에 하나의 상수를 곱하거나 나누면, 열의 모든 데이터에서 이 상수를 곱하거나
나눕니다. 코드는 다음과 같습니다.

```
>>> df["C1"] * 2
S1    2
S2    8
Name: C1, dtype: int64

>>> df["C1"] / 2
S1    0.5
S2    2.0
Name: C1, dtype: float64
```

8.2 비교 연산

비교 연산은 파이썬의 기초 지식에서 설명한 것과 같이 크다, 작다, 같다 등을 사용합니다. 여기서는 비교 대상이 열과 열이며, 일반적으로 사용되는 비교 연산은 2.9.2절을 참고하면 됩니다.

엑셀의 열 비교 연산은 파이썬과 동일하며, 다음 그림과 같습니다.

E2 =B2>C2

	A	B	C	D	E
1		C1	C2	C3	비교연산
2	S1	1	2	3	FALSE
3	S2	4	5	6	FALSE

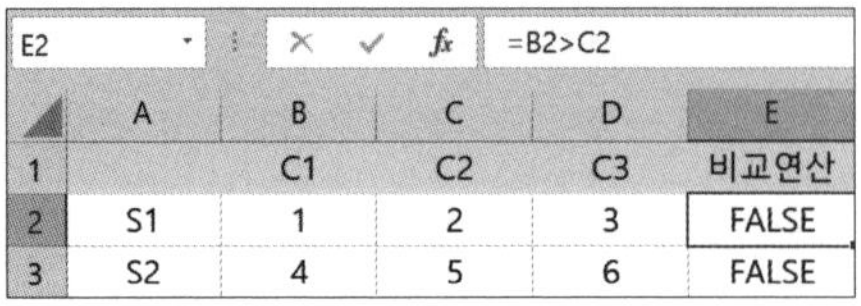

다음은 파이썬에서 열을 비교하는 코드입니다.

```
>>> df
    C1  C2  C3
S1  1   2   3
S2  4   5   6

>>> df["C1"] > df["C2"]
S1    False
S2    False
dtype: bool

>>> df["C1"] != df["C2"]
S1    True
S2    True
dtype: bool

>>> df["C1"] < df["C2"]
S1    True
S2    True
dtype: bool
```

8.3 일괄 연산

산술 연산과 비교 연산은 열과 열의 연산을 진행하며, 연산 결과 행의 데이터가 많으면 반환하는 데이터도 많습니다. 하지만 일괄 연산은 데이터를 일괄적으로 처리하여 하나의 결과 데이터만 반환합니다.

8.3.1 count로 null이 아닌 데이터 계산

null이 아닌 데이터를 count하면 특정 영역에서 비어 있지 않은 (셀) 데이터의 개수를 셉니다.

엑셀은 counta() 함수를 사용하여 특정 영역에서 비어 있지 않은 셀의 수를 셉니다. counta()와 유사한 함수인 count()는 특정 영역에서 숫자를 포함하는 셀의 수를 셉니다.

파이썬은 전체 데이터 테이블에서 count() 함수를 사용하며, 반환 결과는 데이터 테이블의 각 열에서 비어 있지 않은 데이터의 개수입니다. 다음에서 결과를 확인하겠습니다.

```
>>> df
    C1  C2  C3
S1  1   2   3
S2  4   5   6
>>> df.count()
C1    2
C2    2
C3    2
dtype: int64
```

기본적으로 count() 함수는 각 열에서 비어 있지 않은 데이터의 개수를 셉니다. axis 파라미터를 1로 변경하면 각 행에서 비어 있지 않은 데이터의 개수를 구합니다.

```
>>> df.count(axis = 1)
S1    3
S2    3
dtype: int64
```

특정 열 또는 특정 행의 인덱스를 확인하여 열 또는 행별로 확인할 수도 있습니다.

```
>>> df["C1"].count()
2
```

8.3.2 sum으로 합계 구하기

합계를 구하는 것은 특정 영역의 모든 데이터를 더하는 작업입니다.

엑셀은 sum() 함수를 사용합니다. 파라미터로 합계를 구할 영역을 전달하여 다음과 같이 사용합니다.

```
sum(D2:D6)  #D2:D6 범위의 데이터 합계 구하기
```

파이썬은 전체 데이터 테이블에서 sum() 함수를 사용합니다. 해당 데이터 테이블 각 열의 합계를 반환하며, 실행 결과는 다음과 같습니다.

```
>>> df
     C1   C2   C3
S1   1    2    3
S2   4    5    6
>>> df.sum()
C1    5
C2    7
C3    9
dtype: int64
```

기본적으로 sum() 함수는 각 열을 합산하며, axis 파라미터를 1로 변경하면 각 행을 합산합니다.

```
>>> df.sum(axis = 1)
S1    6
S2    15
dtype: int64
```

특정 열 또는 특정 행의 인덱스를 확인하여 열 또는 행을 개별적으로 합산할 수도 있습니다.

```
>>> df["C1"].sum()
5
```

8.3.3 mean으로 평균 구하기

평균은 특정 영역의 모든 데이터에 대한 산술 평균의 계산입니다. 평균값은 데이터의 일반적인 상황을 측정하는 지표로, 최댓값과 최솟값의 영향을 쉽게 받습니다.

엑셀은 average() 함수를 사용하며, 파라미터로 계산할 영역을 전달합니다. 식은 다음과 같습니다.

```
average(D2:D6)  #D2:D6 범위의 데이터 평균 구하기
```

파이썬은 mean() 함수를 사용합니다. 전체 테이블에 대해 mean() 함수를 사용하면 해당 테이블 각 열의 평균값을 반환합니다.

```
>>> df
    C1  C2  C3
S1  1   2   3
S2  4   5   6
>>> df.mean()
C1    2.5
C2    3.5
C3    4.5
dtype: float64
```

기본적으로 means() 함수는 데이터 테이블의 각 열의 평균을 계산하며, axis 파라미터를 1로 변경하면 각 행의 평균을 계산합니다.

```
>>> df.mean(axis = 1)
S1    2.0
S2    5.0
dtype: float64
```

특정 열 또는 특정 행의 인덱스를 확인하고, mean() 함수를 실행하여 평균을 개별적으로 계산할 수도 있습니다.

```
>>> df["C1"].mean()  #C1열 평균 구하기
2.5
```

8.3.4 max로 최댓값 구하기

최댓값은 데이터 집합에서 모든 데이터의 크기를 비교하여 가장 큰 값을 반환하는 것입니다.

엑셀과 파이썬은 max() 함수를 사용해 최댓값을 구합니다. 엑셀은 계산할 영역을 max() 함수의 파라미터로 전달합니다. 파이썬은 다른 함수와 마찬가지로 전체 테이블에서 max() 함수를 사용하며, 해당 테이블 각 열의 최댓값을 반환합니다. max() 함수는 각 행의 최댓값도 구할 수 있으며, 열 또는 행의 개별적인 최댓값도 구할 수 있습니다.

```
>>> df
    C1  C2  C3
S1  1   2   3
S2  4   5   6
>>> df.max()
C1    4
C2    5
C3    6
dtype: int64
#각 행의 최댓값 구하기
>>> df.max(axis = 1)
S1    3
S2    6
dtype: int64
>>> df["C1"].max()  #C1열의 최댓값 구하기
4
```

8.3.5 min으로 최솟값 구하기

최솟값 구하기는 최댓값 구하기와 반대로 데이터 집합에서 모든 데이터의 크기를 비교하여 가장 작은 값을 반환합니다.

엑셀과 파이썬은 모두 min() 함수를 사용하여 최솟값을 구합니다. 최댓값을 구하는 방법과 비슷하므로 반복 설명은 생략하며, 코드는 다음과 같습니다.

```
#모든 테이블에서 min() 함수 사용
>>> df
    C1  C2  C3
S1  1   2   3
S2  4   5   6
>>> df.min()
C1    1
C2    2
C3    3
dtype: int64
#각 행의 최솟값 구하기
>>> df.min(axis = 1)
S1    1
S2    4
dtype: int64
#C1열의 최솟값 구하기
>>> df["C1"].min()
1
```

8.3.6 median으로 중앙값 구하기

중앙값은 오름차순으로 정렬된 n 개의 데이터 시퀀스 X의 중간에 위치하는 값입니다.

중앙값은 데이터의 중앙값을 의미하며, 데이터의 일반적인 상황을 반영합니다. 최댓값과 최솟값의 영향을 적게 받으므로 데이터 분포의 대표성을 갖습니다.

시퀀스 X: $\{X_1, X, X_1 \cdots, X_n\}$

n이 홀수일 때 중앙값: $m = X_{\frac{n+1}{2}}$

n이 짝수일 때 중앙값: $m = \dfrac{X_{\frac{n}{2}} + X_{\frac{n}{2}+1}}{2}$

예를 들어 1, 3, 5, 7, 9의 중앙값은 5이며, 1, 3, 5, 7의 중앙값은 (3 + 5) / 2 = 4가 됩니다. 엑셀과 파이썬은 모두 median() 함수를 사용해 중앙값을 구합니다.

또한 엑셀은 다음과 같이 중앙값을 구할 수 있습니다.

```
median(D2:D6)  #D2:D6 범위의 중앙값 구하기
```

파이썬에서 median() 함수의 사용 방법은 다른 함수와 같습니다.

```
#모든 테이블에서 median() 함수 사용
>>> df
    C1  C2  C3
S1  1   2   3
S2  4   5   6
S3  7   8   9
>>> df.median()
C1    4.0
C2    5.0
C3    6.0
dtype: float64
#각 행의 중앙값 구하기
>>> df.median(axis = 1)
S1    2.0
S2    5.0
S3    8.0
dtype: float64
#C1열의 중앙값 구하기
>>> df["C1"].median()
4.0
```

8.3.7 mode로 최빈값 구하기

최빈값은 데이터 집합에서 출현 빈도가 가장 많은 수로, 최빈값을 구하는 것은 데이터 집합에서 가장 출현 빈도가 높은 수를 반환하는 것입니다.

엑셀과 파이썬은 mode() 함수를 사용해 최빈값을 구하며, 사용 방법은 다른 함수와 같습니다.

또한 엑셀은 다음과 같이 최빈값을 구할 수 있습니다.

```
mode(D2:D6)  #D2:D6 범위의 최빈값 반환하기
```

파이썬은 다음과 같이 최빈값을 구할 수 있습니다.

```
#모든 테이블에서 mode() 사용
>>> df
     C1   C2   C3
S1    1    1    3
S2    4    4    6
S3    1    1    3
>>> df.mode()
     C1  C2  C3
0     1   1   3
#각 행의 최빈값 구하기
>>> df.mode(axis = 1)
      0
S1    1
S2    4
S3    1
#C1열의 최빈값 구하기
>>> df["C1"].mode()
0    1
dtype: int64
```

8.3.8 var로 분산 구하기

분산은 데이터 집합에서 산포도(데이터의 변동폭) 측정에 사용됩니다. 엑셀과 파이썬은 var() 함수를 사용해 데이터 집합의 분산을 구합니다.

엑셀은 다음과 같이 분산을 구합니다.

```
var(D2:D6)  #D2:D6 범위의 분산 구하기
```

파이썬에서 var() 함수의 사용 방법은 다른 함수와 같습니다.

```
#모든 테이블에서 var() 함수 사용
>>> df
    C1  C2  C3
S1  1   2   3
S2  4   5   6
S3  7   8   9
>>> df.var()
C1    9.0
C2    9.0
C3    9.0
dtype: float64
#각 행의 분산 구하기
>>> df.var(axis = 1)
S1    1.0
S2    1.0
S3    1.0
dtype: float64
#C1열의 분산 구하기
>>> df["C1"].var()
9.0
```

8.3.9 std로 표준 편차 구하기

표준 편차는 분산의 제곱근으로, 둘 다 데이터의 산포도를 나타냅니다. 엑셀에서 stdevp() 함수를 사용해 표준 편차를 구하는 방법은 다음과 같습니다.

```
stdevp(D2:D6)  #D2:D6 범위의 표준 편차 구하기
```

파이썬은 std() 함수를 사용해 표준 편차를 구합니다. 함수의 사용 방법은 다른 함수와 같으며, 다음과 같이 사용합니다.

```
#모든 테이블에서 std() 함수 사용
>>> df
    C1  C2  C3
S1  1   2   3
S2  4   5   6
S3  7   8   9
```

```
>>> df.std()
C1    3.0
C2    3.0
C3    3.0
dtype: float64
#각 행의 표준 편차 구하기
>>> df.std(axis = 1)
S1    1.0
S2    1.0
S3    1.0
dtype: float64
#C1열의 표준 편차 구하기
>>> df["C1"].std()
3.0
```

8.3.10 quantile로 분위수 구하기

분위수는 중앙값보다 더 상세한 위치 기반 인덱스입니다. 분위수는 주로 1/4, 2/4, 3/4 분위수가 있으며, 2/4 분위수는 중앙값이 됩니다.

엑셀에서 percentile() 함수를 사용해 분위수를 구하는 식은 다음과 같습니다.

```
percentile(D2:D6,0.5)   #D2:D6 범위의 1/2 분위수 구하기
percentile(D2:D6,0.25)  #D2:D6 범위의 1/4 분위수 구하기
percentile(D2:D6,0.75)  #D2:D6 범위의 3/4 분위수 구하기
```

파이썬은 quantile() 함수를 사용해 분위수를 구하며, 파라미터로 구하고자 하는 분위수를 지정합니다. quantile() 함수는 다른 함수와 사용 방법이 같습니다.

```
#모든 테이블에서 quantile() 함수 사용
>>> df
    C1  C2  C3
S1  1   2   3
S2  4   5   6
S3  7   8   9
S4  10  11  12
S5  13  14  15
>>> df.quantile(0.25)  #1/4 분위수 구하기
C1    4.0
C2    5.0
C3    6.0
Name: 0.5, dtype: float64
>>> df.quantile(0.75)  #3/4 분위수 구하기
```

```
C1    10.0
C2    11.0
C3    12.0
Name: 0.75, dtype: float64
#각 행의 1/4 분위수 구하기
>>> df.quantile(0.25, axis = 1)
S1     1.5
S2     4.5
S3     7.5
S4    10.5
S5    13.5
Name: 0.25, dtype: float64
#C1열의 1/4 분위수 구하기
>>> df["C1"].quantile(0.25)
4.0
```

8.4 상관성 계산하기

상관성은 앞서 살펴본 기저귀와 맥주 판매 예시와 같이 두 사물 간의 상관관계 측정에 자주 사용됩니다. 보통 상관계수를 사용해 두 사물의 상관관계를 측정하므로 상관성 계산은 상관계수의 계산이며, 일반적으로 피어슨Pearson 상관계수를 사용합니다.

엑셀에서 correl() 함수를 사용해 상관계수를 구하는 식은 다음과 같습니다.

```
correl(A1:A10,B1:B10)  #A열 인덱스와 B열 인덱스의 상관계수 구하기
```

파이썬은 corr() 함수를 사용하며, 사용 방법은 다음과 같습니다.

```
>>> df
    col1    col2
0    1       2
1    3       4
2    5       6
3    7       8
4    9       10
>>> df["col1"].corr(df["col2"])  #col1열과 col2열의 상관계수 구하기
0.9999999999999999
```

corr() 함수를 사용해 전체 DataFrame 테이블에서 각 필드 간의 상관성을 구할 수 있으며, 다음과 같습니다.

```
>>> df
    col1    col2    col3
0   1       2       3
1   4       5       6
2   7       8       9
3   10      11      12
4   13      14      15

#col1, col2, col3 필드 간의 상관성 구하기
>>> df.corr()
      col1    col2    col3
col1  1.0     1.0     1.0
col2  1.0     1.0     1.0
col3  1.0     1.0     1.0
```

CHAPTER 09
요리 타이머
─ 시계열

9.1 현재 시간 가져오기

현재 시간을 가져오는 것은 시간과 관련된 데이터를 가져오는 것입니다. 특정 년, 월, 일, 시, 분, 초 이외에도 년, 월, 주, 일 등 개별적인 지표로 확인할 수도 있습니다.

9.1.1 현재 날짜와 시간 반환하기

엑셀과 파이썬은 now() 함수를 사용해 현재 날짜와 시간을 반환합니다.

엑셀은 직접 셀에 now() 함수를 입력하며, 파이썬은 다음과 같은 코드를 사용합니다.

```
>>> from datetime import datetime
>>> datetime.now()
#2020년 10월 14일 9시 9분 51초
datetime.datetime(2020, 10, 14, 9, 9, 51, 539765)
```

9.1.2 현재 시간에서 년, 월, 일 구분하여 반환하기

엑셀과 파이썬에서 반환되는 시간의 연도 확인은 year() 함수를 사용합니다.

엑셀은 셀에 다음과 같이 입력합니다.

```
year(now())
```

파이썬은 다음과 같습니다.

```
>>> datetime.now().year
2020
```

엑셀과 파이썬에서 반환되는 시간의 월 확인은 month() 함수를 사용합니다.

엑셀은 셀에 다음과 같이 입력합니다.

```
= month(now())
```

파이썬은 다음과 같습니다.

```
>>> datetime.now().month
10
```

엑셀과 파이썬에서 반환되는 시간의 일자 확인은 day() 함수를 사용합니다.

엑셀은 셀에 다음과 같이 입력합니다.

```
= day(now())
```

파이썬은 다음과 같습니다.

```
>>> datetime.now().day
14
```

앞 함수들은 다른 임의의 날짜 또는 시간에도 사용할 수 있습니다.

9.1.3 현재 시간에서 주 수 반환하기

현재 시간에서 주_{week}와 관련된 데이터는 두 가지가 있습니다. 하나는 현재의 요일, 또 하나는 일 년을 기준으로 하는 해당 주의 위치(한 해 중 몇 번째 주)입니다.

■ 요일 반환

엑셀과 파이썬은 weekday() 함수를 사용해 현재 시간에서 요일을 반환합니다.

엑셀은 셀에 다음과 같이 입력합니다.

```
weekday(now()-1)
```

now()-1을 사용하는 이유는 엑셀에서 일요일을 한 주의 첫째 날로 계산하기 때문입니다.

파이썬은 다음과 같습니다.

```
>>> datetime.now().weekday()+1
7
```

파이썬은 0부터 계산하므로 일요일은 6을 반환합니다. 따라서 1을 더합니다.

■ 주의 위치 반환

엑셀은 weeknum() 함수를 사용하고, 파이썬은 isocalendar() 함수를 사용해 주의 수를 반환합니다.

엑셀은 셀에 다음과 같이 입력합니다.

```
weeknum(now()-1)
```

파이썬은 다음과 같습니다.

```
>>> datetime.now().isocalendar()
(2020, 41, 7)  #2020년 41번째 주의 7번째 날
>>> datetime.now().isocalendar()[1]  #주 수 반환
41
```

앞 함수들은 다른 임의의 날짜 또는 시간에도 사용할 수 있습니다.

9.2 날짜와 시간 형식 지정하기

Excel

엑셀에서 날짜와 시간 형식을 설정하려면 설정할 셀을 직접 선택하고, 마우스 우클릭 후 '셀 서식'을 선택합니다. 날짜와 시간은 다른 개념이므로 오른쪽 그림과 같이 별도로 설정합니다.

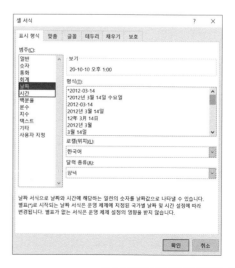

date() 함수를 사용해 날짜만 표시하도록 설정합니다.

```
#9시 9분 51초
>>> datetime.now().date()
datetime.date(2020, 10, 14)
```

이어서 time() 함수를 사용해 시간만 표시하도록 설정합니다.

```
#9시 9분 51초
>>> datetime.now().time()
datetime.time(9, 9, 51, 539765)
```

strftime() 함수를 사용하면 시간 및 날짜 형식을 사용자 지정 형식으로 정의할 수 있으며, 다음과 같은 종류의 형식이 있습니다.

코드	내용
%H	시(hour)(24시간제) [00, 23]
%I	시(hour)(12시간제) [01, 12]
%M	(두 자리) 분(minute)[00, 59]
%S	초(second) [00, 61](60과 61은 윤초(leap second)로 사용)
%w	정수를 사용한 요일 표시. 0부터 시작. 0은 일요일
%U	주(week)의 위치(몇 번째). 첫 번째 요일은 일요일
%W	주(week)의 위치(몇 번째). 첫 번째 요일은 월요일
%F	%Y-%m-%d의 간략한 형식(예: 2020-04-18)
%D	%m/%d/%y의 간략한 형식(예: 04/18/2020)

strftime() 함수를 사용한 사용자 지정 형식은 다음과 같이 사용할 수 있습니다.

```
>>> datetime.now().strftime('%Y-%m-%d')
'2020-10-14'

>>> datetime.now().strftime("%Y-%m-%d %H:%M:%S")
'2020-10-14 09:09:51'
```

9.3 문자열과 시간 형식 상호 변환하기

문자열과 시간 형식은 주로 파이썬에서 사용합니다.

9.3.1 시간 형식을 문자열 형식으로 변환하기

str() 함수를 사용하여 시간 형식을 문자열 형식으로 변환하는 방법은 다음과 같습니다.

```
#시간 형식의 시간 생성하기
>>> now = datetime.now()
>>> now
datetime.datetime(2020, 10, 14, 9, 9, 51, 539765)
>>> type(now)  #변수 now의 데이터 유형 확인
datetime.datetime
>>> type(str(now))
str
```

9.3.2 문자열 형식을 시간 형식으로 변환하기

parse() 함수를 사용해 문자열 형식을 시간 형식으로 변환합니다.

```
#문자열 형식의 시간 생성하기
>>> str_time = "2020-10-14"
>>> type(str_time)  #변수 str_time의 데이터 유형 확인
str
>>> from dateutil.parser import parse
>>> parse(str_time)  #문자열을 시간 형식으로 가져오기
datetime.datetime(2020, 10, 14, 0, 0)
>>> type(parse(str_time))
datetime.datetime
```

9.4 시간 인덱스

시간 인덱싱time indexing은 시간을 기준으로 시간 형식 필드에서 데이터를 선택하는 인덱싱
방법의 한 종류입니다.

Excel ╲--

엑셀은 시간 형식 열에 대한 날짜 필터가 있으며, 필요에 따라 해당 필터 조건을 선택할
수 있습니다. 필터 조건은 다음과 같습니다.

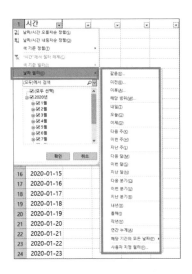

16	2020-01-15
17	2020-01-16
18	2020-01-17
19	2020-01-18
20	2020-01-19
21	2020-01-20
22	2020-01-21
23	2020-01-22
24	2020-01-23

Python

파이썬은 특정 시간이나 특정 기간의 데이터를 선택할 수 있습니다. 시간 인덱스를 생성하는 DataFrame은 다음과 같습니다.

```python
>>> import pandas as pd
>>> import numpy as np
>>> index = pd.DatetimeIndex(['2020-01-01', '2020-01-02',
                              '2020-01-03', '2020-01-04',
                              '2020-01-05', '2020-01-06',
                              '2020-01-07', '2020-01-08',
                              '2020-01-09', '2020-01-10'])
>>> data = pd.DataFrame(np.arange(1, 11), columns = ["num"], index = index)
>>> data
            num
2020-01-01    1
2020-01-02    2
2020-01-03    3
2020-01-04    4
2020-01-05    5
2020-01-06    6
2020-01-07    7
2020-01-08    8
2020-01-09    9
2020-01-10   10
```

2020년의 데이터를 가져옵니다.

```
>>> data["2020"]
            num
2020-01-01    1
2020-01-02    2
2020-01-03    3
2020-01-04    4
2020-01-05    5
2020-01-06    6
2020-01-07    7
2020-01-08    8
2020-01-09    9
2020-01-10   10
```

2020년 1월의 데이터를 가져옵니다.

```
>>> data["2020-01"]
            num
2020-01-01    1
2020-01-02    2
2020-01-03    3
2020-01-04    4
2020-01-05    5
2020-01-06    6
2020-01-07    7
2020-01-08    8
2020-01-09    9
2020-01-10   10
```

2020년 1월 1일에서 2020년 1월 5일까지의 데이터를 가져옵니다.

```
>>> data["2020-01-01":"2020-01-05"]
            num
2020-01-01    1
2020-01-02    2
2020-01-03    3
2020-01-04    4
2020-01-05    5
```

2020년 1월 1일의 데이터를 가져옵니다.

```
>>> data["2020-01-01":"2020-01-01"]
            num
2020-01-01    1
```

이상의 방법은 인덱스가 시간이긴 하지만 그렇다고 모든 상황에서도 인덱스가 시간인 것은 아닙니다. 예를 들어, 주문 리스트에서 인덱스가 고객명이고 거래일자는 일반 열인 상황을 가정해 보겠습니다. 이런 상황에서는 특정 시간의 거래 주문을 선택하려면 어떻게 해야 할까요?

시간도 크기와 관계가 있으므로 앞서 배운 불리언 인덱스를 사용하면 인덱싱되지 않은 열의 시간을 선택할 수 있습니다. 코드는 다음과 같습니다.

```
>>> df
      고객명    고유식별코드      나이      거래일자
A1    쥐       101           31      2020-08-08
A2    소       102           45      2020-08-09
A3    호랑이    103           23      2020-08-10
A4    용       104           36      2020-08-11
A5    곰       105           21      2020-08-11

#거래일자 2020년 8월 8일의 주문 선택
>>> df[df["거래일자"] == datetime(2020, 8, 8)]
      고객명    고유식별코드      나이      거래일자
A1    쥐       101           31      2020-08-08

#거래일자 2020년 8월 9일 이후의 주문 선택
>>> df[df["거래일자"] > datetime(2020, 8, 9)]
      고객명    고유식별코드      나이      거래일자
A3    호랑이    103           23      2020-08-10
A4    용       104           36      2020-08-11
A5    곰       105           21      2020-08-11

#거래일자 2020년 8월 10일 이전 주문 선택
>>> df[df["거래일자"] < datetime(2020, 8, 10)]
      고객명    고유식별코드      나이      거래일자
A1    쥐       101           31      2020-08-08
A2    소       102           45      2020-08-09

#거래일자 2020년 8월 8일 ~ 2020년 8월 11일 사이의 주문 선택
>>> df[(df["거래일자"] > datetime(2020, 8, 8)) &
       (df["거래일자"] < datetime(2020, 8, 11))]
      고객명    고유식별코드      나이      거래일자
A2    소       102           45      2020-08-09
A3    호랑이    103           23      2020-08-10
```

9.5 시간 계산하기

9.5.1 두 시간의 차이 구하기

일상 업무에서는 자주 두 시간의 차이를 구하게 됩니다. 예를 들어, 특정 플랫폼에서 사용자의 라이프 사이클을 계산하려면 마지막으로 로그인한 시간과 처음 로그인한 시간의 차이를 구해서 확인합니다.

Excel --

엑셀에서 두 날짜의 차를 계산하면 소수점까지 표시됩니다. 여기서 날짜의 차이만 확인하고 싶다면 정수 부분만 사용합니다. 또한 두 날짜의 시, 분의 차이를 확인하고 싶다면 소수 부분을 계산합니다. 소수 부분에 24를 곱한 결과에서 정수 부분을 시로 사용하고, 소수 부분에 다시 60을 곱하면 분이 됩니다.

```
date_A = 2020/5/18 20:32
date_B = 2020/5/21 19:50
date_B - date_A = 2.970833
day = 2
hour = int(0.970833*24) = int(23.299992) = 23
minute = int(0.299992*60) = int(17.99952) = 17
```

Python ───

파이썬에서 두 시간의 차이를 구하면 일, 초, 마이크로 초micro second를 포함하는 timedelta 객체를 반환합니다. 여기서 시, 분을 확인하고 싶다면 변환이 필요합니다.

```
>>> cha = datetime(2020, 5, 21, 19, 50) - datetime(2020, 5, 18, 20, 32)
>>> cha
#차이 값은 2일과 83, 880초
datetime.timedelta(2, 83880)
>>> cha.days  #일(day) 차이 반환
2
>>> cha.seconds  #초(second) 차이 반환
83880
>>> cha.seconds/3600  #시(hour) 차이 반환
23.3
```

9.5.2 시간 오프셋

시간 오프셋time offset은 일정 시간을 앞이나 뒤로 미는 것으로, 일정 시간을 더하거나 빼는 것입니다.

Excel

엑셀의 계산 단위는 일day이므로 시, 분의 특정 단위 시간을 더하거나 빼고 싶다면 해당 시 또는 분을 일day 단위로 변환해야 합니다.

```
#1일 뒤로 밀기
date1 = 2020/5/18 20:32 + 1 = 2020/5/19 20:32

#3시간 뒤로 밀기
date2 = 2020/5/18 20:32 + 0.125 = 2020/5/18 23:32

#60분 뒤로 밀기
date3 = 2020/5/18 20:32 + 0.041666667 = 2020/5/18 21:32

#1일 앞으로 당기기
date4 = 2020/5/18 20:32 - 1 = 2020/5/17 20:32

#3시간 앞으로 당기기
date5 = 2020/5/18 20:32 - 0.125 = 2020/5/18 17:32

#60분 앞으로 당기기
date6 = 2020/5/18 20:32 - 0.041666667 = 2020/5/18 19:32
```

Python

파이썬의 시간 오프셋은 두 가지 방법이 있습니다. 하나는 timedelta로, 일, 초, 마이크로 초 단위의 시간만 이동할 수 있습니다. 또 다른 방법은 Pandas의 날짜 오프셋date offset을 사용합니다.

- timedelta

  timedelta는 일, 초, 마이크로 초 단위의 계산만 지원하므로 다른 단위의 계산은 셋 중 하나의 단위로 변환해야 합니다.

```
>>> from datetime import timedelta
>>> date = datetime(2020, 5, 18, 20, 32)
#1일 뒤로 밀기
>>> date + timedelta(days = 1)
datetime.datetime(2020, 5, 19, 20, 32)
```

```
#60초 뒤로 밀기
>>> date + timedelta(seconds = 60)
datetime.datetime(2020, 5, 18, 20, 33)

#1일 앞으로 당기기
>>> date - timedelta(days = 1)
datetime.datetime(2020, 5, 17, 20, 32)

#60초 앞으로 당기기
>>> date - timedelta(seconds = 60)
datetime.datetime(2020, 5, 18, 20, 31)
```

- date offset

날짜 오프셋은 직접 일, 시, 분 단위의 시간을 계산할 수 있으므로 변환이 필요하지
않아 timedelta보다 편리합니다.

```
>>> from pandas.tseries.offsets import Day, Hour, Minute
>>> date = datetime(2020, 5, 18, 20, 32)

#1일 뒤로 밀기
>>> date + Day(1)
Timestamp('2020-05-19 20:32:00')

#1시간 뒤로 밀기
>>> date + Hour(1)
Timestamp('2020-05-18 21:32:00')

#10분 뒤로 밀기
>>> date + Minute(10)
Timestamp('2020-05-18 20:42:00')

#1일 앞으로 당기기
>>> date - Day(1)
Timestamp('2020-05-17 20:32:00')

#1시간 앞으로 당기기
>>> date - Hour(1)
Timestamp('2020-05-18 19:32:00')

#10분 앞으로 당기기
>>> date - Minute(10)
Timestamp('2020-05-18 20:22:00')
```

요리 분류
─ 데이터 그룹화/
피벗 테이블

10.1 데이터 그룹화

데이터 그룹화는 하나 이상의 키(함수, 배열 또는 테이블의 열 이름이 될 수 있음)에 따라 데이터를 여러 그룹으로 나누고, 그룹화된 데이터를 일괄 계산합니다. 일괄 계산 후 집합 함수를 사용해 계산한 결과를 결합합니다. 데이터 그룹화의 구체적인 과정은 다음과 같습니다.

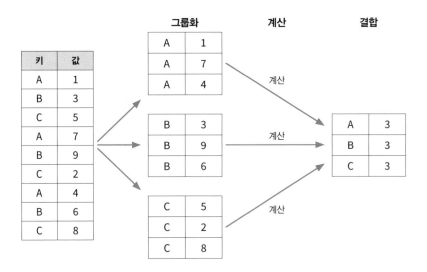

먼저 엑셀의 데이터 그룹화를 간략히 소개한 뒤 파이썬의 데이터 그룹화를 자세히 소개하겠습니다.

Excel --

엑셀은 데이터 그룹화 기능이 있지만, 이 기능을 사용하기 전에 먼저 키[그룹화를 위한 기준 열(키)]를 오름차순 또는 내림차순으로 정렬해야 합니다. 정렬 전과 후의 결과는 다음과 같습니다.

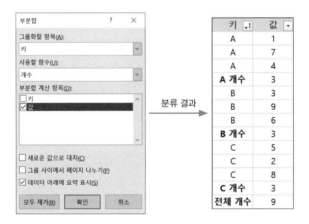

키-값 정렬 완료 후 그룹화할 영역을 선택하고, 데이터 ▶ 부분합을 클릭합니다. 필요에 따라 필드 분류와 일괄 처리 방법을 선택할 수 있습니다. 일괄 처리 방법은 그룹화된 데이터에 대해 개수 연산을 진행하므로 사용할 함수 항목에서 '개수'를 선택합니다. 인터페이스 및 분류 결과는 다음과 같습니다.

엑셀에서 자주 보는 일괄 처리 방법은 다음과 같습니다.

방법	의미
합계	그룹화 후 데이터 합계
개수	그룹화 후 데이터 카운트
평균	그룹화 후 데이터 평균 구하기
최대	그룹화 후 데이터 최댓값 반환
최소	그룹화 후 데이터 최솟값 반환
곱	그룹화 후 데이터 곱하기
편차	그룹화 후 데이터 편차 구하기
분산	그룹화 후 데이터 분산 구하기

파이썬에서 데이터 그룹화는 groupby() 메소드를 사용하며, 이것은 sql의 groupby와 유사합니다. 다음 섹션은 파이썬의 groupby() 메소드에 중점을 두고 설명을 진행하겠습니다.

10.1.1 그룹화 키: 열 이름

그룹화 키가 열 이름일 때, 하나 또는 하나 이상의 열 이름을 groupby() 메소드에 전달합니다. groupby() 메소드는 전달된 열을 기준으로 그룹화를 진행합니다.

■ 하나의 열로 그룹화

```
>>> df
     유저ID    고객분류    지역    대도시여부    7월매출    8월매출    9월매출
0    59224     A        AAA    Y          6        20        0
1    55295     B        CCC    N          37       27        35
2    46035     A        BBB    Y          8        1         8
3    2459      C        AAA    Y          7        8         14
4    22179     B        CCC    N          9        12        4
5    22557     A        BBB    Y          42       20        55
>>> df.groupby("고객분류")
<pandas.core.groupby.DataFrameGroupBy object at 0x000001FBB43F4908>
```

이 결과를 통해 groupby() 메소드에 열 이름만 전달하면 실행 후에는 DataFrame 객체가 아니라 DataFrameGroupBy 객체를 반환하는 것을 알 수 있습니다. 이 객체 내부에는 그룹화된 데이터가 포함되지만, 직접 표시되지는 않으므로 일괄 계산 후 데이터를 표시할 수 있습니다.

```
>>> df.groupby("고객분류").count()

          유저ID    지역    대도시여부    7월매출    8월매출    9월매출
고객분류
A         3        3      3           3        3        3
B         2        2      2           2        2        2
C         1        1      1           1        1        1
```

이 코드는 고객분류에 따라 모든 데이터를 그룹화하고, 그룹화 후의 데이터를 계산한 뒤 병합합니다.

그룹화된 데이터의 개수를 계산하므로 각 열에 모두 하나의 결과가 있습니다. 그룹화된 결과에 대해 일부 숫자 연산을 수행하면 데이터 유형이 숫자(int, float)인 열만 연산을 진행하게 됩니다. 예를 들면 다음과 같은 합계 계산이 있습니다.

```
>>> df.groupby("고객분류").sum()
        유저ID   7월매출   8월매출   9월매출
고객분류
A       127816  56      41      63
B       77474   46      39      39
C       2459    7       8       14
```

그룹화된 데이터의 일괄 처리 작업을 집계라고 하며, 사용하는 함수를 집계 함수라고 합니다. 8.3절에서 설명한 일괄 연산 함수를 모두 집계 함수로 사용하여 그룹화된 데이터를 집계할 수 있습니다.

■ 여러 열로 그룹화

앞의 그룹화 키는 하나의 특정 열로 그룹화를 진행합니다. 그러나 상황에 따라서는 여러 열을 사용해 그룹화를 진행할 수도 있으며, 열 이름을 리스트 형식으로 groupby()에 전달하면 됩니다. 일괄 연산 방식은 하나의 열에 따라 그룹화한 후 데이터를 연산하는 방식과 같습니다.

```
#그룹화 후의 데이터 개수 연산
>>> df.groupby(["고객분류", "지역"]).count()
                유저ID   대도시여부  7월매출   8월매출   9월매출
고객분류   지역
A        AAA    1       1       1       1       1
         BBB    2       2       2       2       2
B        CCC    2       2       2       2       2
C        AAA    1       1       1       1       1
#그룹화 후의 데이터 합계 연산
>>> df.groupby(["고객분류", "지역"]).sum()
                유저ID   7월매출   8월매출   9월매출
고객분류   지역
A        AAA    59224   6       20      0
         BBB    68592   50      21      63
B        CCC    77474   46      39      39
C        AAA    2459    7       8       14
```

그룹화 키가 되는 열의 수에 상관없이, 그룹화한 데이터의 일괄 연산은 가능한 모든 열을 계산합니다. 모든 열에 대해 연산할 필요가 없을 때는 계산하려는 열(하나 또는 하나 이상)만

인덱싱한 뒤 일괄 연산을 진행합니다.

예를 들어 A, B, C에 속한 고객 수를 확인하려면 먼저 고객분류에 따라 그룹화하고, 유저ID열을 가져온 뒤, 해당 열을 기반으로 개수 및 일괄 연산을 진행합니다.

```
>>> df.groupby("고객분류")["유저ID"].count()
고객분류
A      3
B      2
C      1
Name: 유저ID, dtype: int64
```

10.1.2 그룹화 키: Series

DataFrame에서 하나의 열을 가져오면 하나의 Series입니다. 다음의 df["고객분류"]도 하나의 Series입니다.

```
>>> df["고객분류"]
0    A
1    B
2    A
3    C
4    B
5    A
Name: 고객분류, dtype: object
```

그룹화 키가 열 이름인 것과 Series인 것의 유일한 차이점은 groupby() 메소드에 전달하는 파라미터이며, 이외에는 모두 같습니다. 하나 이상의 Series로 그룹화가 가능하며, 그룹화 후의 일괄 연산 역시 완전히 같습니다. 또한, 그룹화 후 특정 열의 일괄 연산도 지원합니다.

■ 하나의 Series로 그룹화

```
#그룹화 후 데이터의 개수
>>> df.groupby(df["고객분류"]).count()
            유저ID    지역    대도시여부    7월매출    8월매출    9월매출
고객분류
A            3       3       3          3        3        3
B            2       2       2          2        2        2
C            1       1       1          1        1        1
```

■ 여러 Series로 그룹화

```
#그룹화 후 데이터 합계 구하기
>>> df.groupby([df["고객분류"], df["지역"]]).sum()
                유저ID      7월매출      8월매출      9월매출
고객분류    지역
A       AAA     59224     6         20        0
        BBB     68592     50        21        63
B       CCC     77474     46        39        39
C       AAA     2459      7         8         14
#그룹화 후 일부 열에 대한 일괄 연산
>>> df.groupby(df["고객분류"])["유저ID"].count()
고객분류
A       3
B       2
C       1
Name: 유저ID, dtype: int64
```

10.1.3 특별한 aggregate() 메소드

앞에서 사용한 집계 함수는 모두 DataFrameGroupBy에서 사용되므로 그룹화 후 모든 열
에 대해서는 동일한 일괄 연산을 사용합니다. 또한, 한 번에 하나의 방식만 사용할 수 있
습니다.

aggregate 메소드의 특별한 부분 중 하나는 한 번에 여러 가지 일괄 처리 방식을 사용
할 수 있다는 점입니다. 예를 들어, 다음에서는 먼저 그룹화하여 모든 열의 개수를 일괄
연산 후 합계를 구합니다.

```
>>> df
    유저ID      고객분류     7월매출      8월매출
0   59224     A         6         20
1   55295     B         37        27
2   46035     A         8         1
3   2459      C         7         8
4   22179     B         9         12
>>> df.groupby("고객분류").aggregate(["count", "sum"])
        유저ID                7월매출            8월매출
        count   sum         count   sum     count   sum
고객분류
A       3       127816      3       56      3       41
B       2       77474       2       46      2       39
C       1       2459        1       7       1       8
```

aggregate의 또 다른 특별한 부분은 다른 열에 대해 서로 다른 일괄 작업을 할 수 있다는 점입니다. 다음에서 서로 다른 유형의 사용자 수를 확인하여 유저ID의 개수를 계산하고, 다른 유형 유저의 7, 8월 판매량을 합산하는 코드를 확인하겠습니다.

```
>>> df.groupby("고객분류").aggregate({"유저ID":"count",
                                "7월매출":"sum", "8월매출":"sum"})

        유저ID   7월매출   8월매출
고객분류
A        3        56        41
B        2        46        39
C        1        7         8
```

10.1.4 그룹화 후 결과 인덱스 재설정하기

DataFrameGroupBy 객체는 앞 코드의 결과를 통해 일괄 연산 후의 형식이 표준 DataFrame 형식이 아님을 알 수 있습니다. 그룹화 결과를 추가로 처리하고 분석하기 위해서는 비표준 형식을 표준 형식의 DataFrame으로 변환해야 합니다. 사용 방법은 reset_index() 메소드를 사용해 인덱스를 재설정합니다. 구체적인 방법은 다음과 같습니다.

```
>>> df.groupby("고객분류").sum()
        유저ID   7월매출   8월매출
고객분류
A        127816   56        41
B        77474    46        39
C        2459     7         8
>>> df.groupby("고객분류").sum().reset_index()
   고객분류    유저ID   7월매출   8월매출
0   A        127816   56        41
1   B        77474    46        39
2   C        2459     7         8
```

10.2 데이터 피벗 테이블

데이터 피벗 테이블 기능은 데이터 그룹화와 유사하면서도 다릅니다. 데이터 그룹화는 1차원(행) 방향으로 연속 분할되지만, 피벗 테이블은 행과 열 방향으로 동시에 분할됩니다.

다음은 데이터 그룹화와 피벗 테이블의 비교를 나타냅니다.

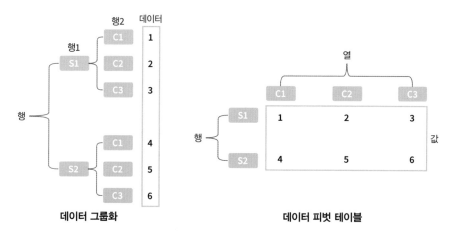

데이터 그룹화   **데이터 피벗 테이블**

피벗 테이블은 엑셀과 파이썬에 상관없이 매우 중요한 기능이므로 잘 익혀 두어야 합니다.

Excel --

엑셀의 피벗 테이블은 삽입 메뉴에 있으며, **삽입 ▶ 피벗 테이블**을 클릭하면 다음과 같은
인터페이스가 나타납니다. 다음 그림에서 위쪽은 피벗 테이블의 모든 필드를 보여 주고,
아래쪽은 피벗 테이블의 옵션을 보여 줍니다. 위쪽 필드를 아래쪽의 박스로 드래그하여
피벗 테이블의 생성을 완료합니다.

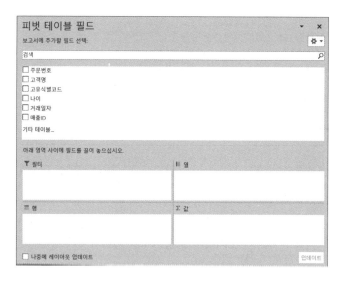

다음 그림은 주문번호를 행 레이블, 고객명을 열 레이블, 거래일자를 데이터, 필드의 계산
유형을 개수로 사용한 결과를 나타냅니다.

개수 : 거래일자 열 레이블

행 레이블	곰	소	용	쥐	호랑이	총합계
A1				1		1
A2		1				1
A3					1	1
A4			1			1
A5	1					1
총합계	1	1	1	1	1	5

피벗 테이블에서 여러 필드를 행 박스로 드래그하여 행 레이블을 만들거나, 열 박스로 드래그하여 열 레이블을 만들 수 있습니다. 또한 여러 필드를 데이터 박스로 드래그하여 데이터를 만들거나, 다른 데이터 필드를 선택하여 다른 계산 유형을 선택할 수도 있습니다. 해당 기능들을 다루기 위해서는 연습이 필요합니다.

Python

파이썬에서 피벗 테이블을 만드는 원리는 엑셀과 같으며, 파이썬은 pivot_table() 메소드를 사용합니다. pivot_table() 메소드의 모든 파라미터는 다음과 같습니다.

```
pd.pivot_table(data, values = None, index = None, columns = None,
               aggfunc = 'mean', fill_value = None, margins = False,
               dropna = True, margins_name = 'All')

#data는 피벗 테이블을 생성할 전체 테이블을 나타냅니다.
#values는 엑셀의 데이터 상자에 해당합니다.
#index는 엑셀의 행 상자에 해당합니다.
#columns는 엑셀의 열 상자에 해당합니다.
#aggfunc는 values의 계산 유형을 나타냅니다.
#fill_value는 빈 값의 채우기 값을 나타냅니다.
#margins는 합계 열의 표시 여부를 나타냅니다.
#dropna는 결측값의 삭제 여부를 표시합니다.
 True인 경우 결측값이 있는 행은 모두 삭제합니다.
#margins_name은 합계열의 열 이름을 표시합니다.
```

다음에서 고객 분류를 index, 지역을 columns, 유저ID를 values로 지정하고, values에 대한 count 연산 결과를 확인하겠습니다.

```
>>> pd.pivot_table(df, values = "유저ID", columns = "지역",
            index = "고객분류", aggfunc = 'count')
지역      AAA    CCC    BBB
고객분류
A       1.0    NaN    2.0
B       NaN    2.0    NaN
C       1.0    NaN    NaN
```

이상의 결과와 엑셀의 차이점은 합계 열이 없는 것입니다. 파이썬은 피벗 테이블의 합계 열을 기본적으로 표시하지 않으며, margins 항목을 True로 설정하면 설정하면 해당 열을 표시합니다. 사용은 다음과 같습니다.

```
>>> pd.pivot_table(df, values = "유저ID", columns = "지역",
             index = "고객분류", aggfunc = 'count', margins = True)
지역       AAA     CCC     BBB     All
고객분류
A        1.0     NaN     2.0     3
B        NaN     2.0     NaN     2
C        1.0     NaN     NaN     1
All      2.0     2.0     2.0     6
```

합계 열 이름의 기본값은 All이며, margins_name 파라미터를 통해 수정할 수 있습니다. 사용은 다음과 같습니다.

```
>>> pd.pivot_table(df, values = "유저ID", columns = "지역",
             index = "고객분류", aggfunc = 'count',
             margins = True, margins_name = "총합계")
지역       AAA     CCC     BBB     총합계
고객분류
A        1.0     NaN     2.0     3
B        NaN     2.0     NaN     2
C        1.0     NaN     NaN     1
총합계     2.0     2.0     2.0     6
```

NaN은 결측값을 나타내며, fill_value 파라미터를 통해 결측값을 채워 넣을 수 있습니다. 사용은 다음과 같습니다.

```
#결측값을 0으로 채워 넣기
>>> pd.pivot_table(df, values = "유저ID", columns = "지역",
             index = "고객분류", aggfunc ='count',
             margins = True, fill_value = 0)
지역       AAA     CCC     BBB     총합계
고객분류
A        1.0     0       2.0     3
B        0       2.0     0       2
C        1.0     0       0       1
총합계     2.0     2.0     2.0     6
```

aggfunc는 계산 유형을 나타냅니다. 하나의 유형만 전달하면 모든 데이터 필드에서 같은 계산을 수행합니다. 데이터별로 각각의 계산 유형이 필요할 때는 '키:열 이름, 데이터:계산 방식'과 같은 딕셔너리를 전달합니다. 다음에서 유저ID의 개수를 계산하고, 7월 매출의 합계를 구하는 코드를 확인하겠습니다.

```
>>> pd.pivot_table(df, values = ["유저ID", "7월매출"],
            columns = "지역", index = "고객분류",
            aggfunc = {"유저ID":"count", "7월매출":"sum"})
        7월매출                    유저ID
지역      AAA     CCC     BBB     AAA     CCC     BBB
고객분류
A       6.0     NaN     50.0    1.0     NaN     2.0
B       NaN     46.0    NaN     NaN     2.0     NaN
C       7.0     NaN     NaN     1.0     NaN     NaN
```

분석과 처리를 쉽게 하기 위해 피벗 테이블 결과 인덱스를 재설정하고 이용하는 메소드는 reset_index()입니다.

```
>>> pd.pivot_table(df, values = "유저ID", columns = "지역",
            index = "고객분류", aggfunc = 'count')
지역      AAA     CCC     BBB
고객분류
A       1.0     NaN     2.0
B       NaN     2.0     NaN
C       1.0     NaN     NaN
>>> pd.pivot_table(df, values = "유저ID", columns = "지역",
            index = "고객분류", aggfunc = 'count').reset_index()
지역      고객분류      AAA     CCC     BBB
0       A           1.0     NaN     2.0
1       B           NaN     2.0     NaN
2       C           1.0     NaN     NaN
```

11

디저트 과일 접시 준비
— 다중 테이블 결합

11.1 테이블의 가로 결합

테이블의 가로 결합은 수평 방향의 공통 열을 가지는 테이블의 결합입니다.

엑셀은 vlookup() 함수를 사용해 가로 결합을 진행하며, 함수의 설명은 생략하겠습니다. 파이썬은 merge() 메소드를 사용해 가로 결합을 진행하며, 11.1절 전체에 걸쳐 merge() 메소드를 사용하겠습니다.

11.1.1 연결 테이블의 유형

연결 테이블의 유형은 연결할 두 테이블의 유형과 관련이 있으며, 주로 일대일, 다대일, 다대다 세 종류가 있습니다.

■ 일대일

일대일은 연결(조인)할 두 테이블의 공통 열이 일대일로 대응하며 다음과 같습니다.

```
>>> df1
     순위      이름      학번      성적
0    1        쥐        100     650
1    2        소        101     600
2    3        호랑이     102     578
3    4        용        103     550
>>> df2
     학번      클래스
0    100      1반
1    101      1반
2    102      2반
3    103      3빈
```

df1과 df2 테이블을 연결하려면 pd.merge() 메소드를 직접 사용합니다. 이 메소드는 두 테이블에서 자동으로 공통 열을 찾고, 찾은 공통 열을 연결 열로 사용합니다. 앞 샘플에서 df1과 df2의 공통 열은 학번이며, 학번은 일대일 대응합니다. 두 테이블에 대해 pd.merge() 메소드를 사용한 결과는 다음과 같습니다.

```
>>> pd.merge(df1, df2)

     순위      이름      학번      성적      클래스
0    1        쥐        100      650      1반
1    2        소        101      600      1반
2    3        호랑이    102      578      2반
3    4        용        103      550      3반
```

■ 다대일

다대일은 연결(조인)할 두 테이블의 공통 열이 일대일 대응이 아님을 의미합니다. 한 테이블의 공통 열에는 중복값이 존재하지만, 다른 테이블의 공통 열은 유일한 값을 가집니다.

고등학교 3학년의 첫 번째 모의 시험 점수를 기록한 df1 테이블과 이 후의 모의 시험 점수를 기록한 df2 테이블이 있습니다. 두 테이블을 학번으로 연결해야 하지만, 다대일의 관계에 있습니다. df1의 학번 값은 유일하지만, df2의 테이블은 중복값이 존재합니다. 따라서 결합 결과는 df2의 중복값을 유지하고 df1에 중복값을 추가합니다. 코드는 다음과 같습니다.

```
>>> df1
     이름      학번      f_성적
0    쥐        100      650
1    소        101      600
2    호랑이    102      578
>>> df2
     학번      e_성적
0    100      586
1    100      602
2    101      691
3    101      702
4    102      645
5    102      676
>>> pd.merge(df1, df2, on = "학번")
     이름      학번      f_성적      e_성적
0    쥐        100      650        586
1    쥐        100      650        602
2    소        101      600        691
3    소        101      600        702
4    호랑이    102      578        645
5    호랑이    102      578        676
```

■ 다대다

다대다는 연결할 두 테이블의 공통 열이 일대일 대응이 아니며, 두 테이블의 공통 열에 모두 중복값이 존재함을 의미합니다. 다대다 연결은 여러 개를 하나와 연결하는 것과 같습니다. 사용은 다음과 같습니다.

```
>>> df1
     이름      학번      f_성적
0    쥐        100      650
1    쥐        100      610
2    소        101      600
3    호랑이     102      578
4    호랑이     102      542
>>> df2
     학번      e_성적
0    100      650
1    100      610
2    101      600
3    102      578
4    102      542
>>> pd.merge(df1, df2)
     이름      학번      f_성적      e_성적
0    쥐        100      650        650
1    쥐        100      650        610
2    쥐        100      610        650
3    쥐        100      610        610
4    소        101      600        600
5    호랑이     102      578        578
6    호랑이     102      578        542
7    호랑이     102      542        578
8    호랑이     102      542        542
```

11.1.2 연결 키의 유형

■ 공통 열은 기본적으로 연결 키로 사용

pd.merge() 메소드는 결합에 사용할 열을 미리 지정하지 않으면 기본적으로 두 테이블에서 공통 열을 찾고, 이 공통 열을 연결 키로 사용합니다. 기본적으로 공통 열인 학번을 연결 키로 사용하는 방법은 다음과 같습니다.

```
>>> df1
     번호      이름      학번      성적
0    1        쥐        100      650
1    2        소        101      600
2    3        호랑이     102      578
3    4        용        103      550
```

```
>>> df2
      학번   클래스
0     100   1반
1     101   1반
2     102   2반
3     103   3반
>>> pd.merge(df1, df2)
      번호   이름      학번    성적    클래스
0     1    쥐       100   650   1반
1     2    소       101   600   1반
2     3    호랑이    102   578   2반
3     4    용       103   550   3반
```

■ on을 사용해 연결 키 지정

on 파라미터를 사용해 연결 키를 지정할 수 있습니다. on 파라미터는 두 테이블의 공통 열을 지정하며, 기본적으로 사용하는 공통 열과 같은 효과를 갖습니다.

```
>>> pd.merge(df1, df2, on = "학번")

      번호   이름      학번    성적    클래스
0     1    쥐       100   650   1반
1     2    소       101   600   1반
2     3    호랑이    102   578   2반
3     4    용       103   550   3반
```

공통 열은 여러 개가 존재할 수 있으므로 연결 키도 여러 개가 존재할 수 있습니다. 다음에서는 학번과 이름 두 열을 연결 키로 사용합니다.

```
>>> df1

      번호   이름      학번    성적
0     1    쥐       100   650
1     2    소       101   600
2     3    호랑이    102   578
3     4    용       103   550
>>> df2

      이름      학번    클래스
0     쥐       100   1반
1     소       101   1반
2     호랑이    102   2반
3     용       103   3반
>>> pd.merge(df1, df2, on = ["이름", "학번"])
```

```
      번호      이름      학번      성적      클래스
0      1      쥐       100      650      1반
1      2      소       101      600      1반
2      3      호랑이    102      578      2반
3      4      용       103      550      3반
```

■ 좌우 연결 키를 구분해서 지정

두 테이블에 공통되는 열 이름이 없으면 실제로 같은 내용의 데이터라고 해도 연결할 수 없습니다. 이때는 좌우 테이블의 연결 키를 각각 지정해야 하며, 사용하는 파라미터는 left_on, right_on입니다. left_on과 right_on은 각각 왼쪽 테이블과 오른쪽 테이블에서 연결 키로 사용할 열 이름을 지정하며, 다음과 같습니다.

```
>>> df1
      번호      이름      코드      성적
0      1      쥐       100      650
1      2      소       101      600
2      3      호랑이    102      578
3      4      용       103      550
>>> df2
      학번      클래스
0      100      1반
1      101      1반
2      102      2반
3      103      3반
>>> pd.merge(df1, df2, left_on = "코드", right_on = "학번")

      번호      성명      성적      코드      학번      클래스
0      1      쥐       650      100      100      1반
1      2      소       600      101      101      1반
2      3      호랑이    578      102      102      2반
3      4      용       550      103      103      3반
```

■ 인덱스 열을 연결 키로 지정

인덱스 열은 실제 열이 아니며, 공통 열이 인덱스 열일 때 이 인덱스 열을 연결 키로서 사용합니다. 사용하는 매개변수는 left_index와 right_index입니다. left_index는 왼쪽 테이블의 인덱스를 제어하며, right_index는 오른쪽 테이블을 제어합니다. 다음은 왼쪽 테이블과 오른쪽 테이블의 연결 키를 모두 각각이 인덱스로 사용하는 방법입니다.

```
>>> df1
      번호     이름     성적
코드
100   1      쥐       650
101   2      소       600
102   3      호랑이   578
103   4      용       550
>>> df2

        클래스
학번
100   1반
101   1반
102   2반
103   3반
>>> pd.merge(df1, df2, left_index = True, right_index = True)
      번호     성명     성적     클래스
코드
100   1      쥐       650      1반
101   2      소       600      1반
102   3      호랑이   578      2반
103   4      용       550      3반
```

앞 샘플에서 왼쪽 테이블과 오른쪽 테이블의 연결 키는 모두 인덱스이며, 인덱스 열과 일반 열을 함께 사용할 수도 있습니다. 다음은 왼쪽 테이블의 연결 키가 인덱스, 오른쪽 테이블의 연결 키가 일반 열입니다.

```
>>> df1
      번호     이름     성적
코드
100   1      쥐       650
101   2      소       600
102   3      호랑이   578
103   4      용       550
>>> df2
        학번     클래스
0     100      1반
1     101      1반
2     102      2반
3     103      3반
>>> pd.merge(df1, df2, left_index = True, right_on = "학번")
      번호     이름     성적     학번     클래스
0     1      쥐       650      100      1반
1     2      소       600      101      1반
2     3      호랑이   578      102      2반
3     4      용       550      103      3반
```

11.1.3 연결 방식

앞의 두 절에서 제시한 샘플을 확인해 보면 왼쪽 테이블에 존재하는 열 데이터가 오른쪽 테이블에도 존재합니다. 하지만 실제로는 서로 일치하는 데이터를 찾을 수 없을 때가 많습니다. 이런 상황에서는 어떻게 해야 할까요? 공통 열을 찾을 수 없는 상황에서는 몇 가지 파생 방법을 사용하며, how 파라미터를 사용해 구체적인 방법을 지정합니다.

■ 이너 조인

이너 조인inner join은 두 테이블의 공통 부분을 사용하는 것입니다. 다음 샘플에서 학번 100, 101, 102는 두 테이블의 공통 부분으로, 이너 조인 후에는 앞의 세 학번에 해당하는 내용만 확인할 수 있습니다.

```
>>> df1
    번호    이름    학번    성적
0   1      쥐      100     650
1   2      소      101     600
2   3      호랑이   102     578
3   4      용      103     550
>>> df2
    이름    학번    클래스
0   쥐      100     1반
1   소      101     1반
2   호랑이   102     2반
3   곰      104     3반
>>> pd.merge(df1, df2, on = "학번", how = "inner")
    번호    이름_x   학번    성적    이름_y   클래스
0   1      쥐      100     650     쥐      1반
1   2      소      101     600     소      1반
2   3      호랑이   102     578     호랑이   2반
```

연결 방법을 지정하지 않으면 기본값은 이너 조인으로 지정됩니다.

■ 레프트 조인

레프트 조인left join은 왼쪽 테이블을 기반으로 오른쪽 테이블을 결합합니다. 다음은 오른쪽 테이블에 학번 103의 정보가 없어 결합 후의 데이터는 NaN으로 채워지는 샘플입니다.

```
>>> pd.merge(df1, df2, on = "학번", how = "left")
    번호    이름_x   학번    성적    이름_y   클래스
0   1      쥐      100     650     쥐      1반
1   2      소      101     600     소      1반
2   3      호랑이   102     578     호랑이   2반
3   4      용      103     550     NaN     NaN
```

■ 라이트 조인

라이트 조인right join은 오른쪽 테이블을 기반으로 왼쪽 테이블을 결합합니다. 다음은 왼쪽 테이블에 학번 104의 정보가 없어 결합 후 데이터는 NaN으로 채워지는 샘플입니다.

```
>>> pd.merge(df1, df2, on = "학번", how = "right")
    번호    이름_x    학번    성적    이름_y    클래스
0    1     쥐       100    650    쥐       1반
1    2     소       101    600    소       1반
2    3     호랑이    102    578    호랑이    2반
3    NaN   NaN     104    NaN    곰       3반
```

■ 아우터 조인

아우터 조인outer join은 두 테이블을 결합합니다. 다음의 샘플에서 df1 테이블의 학번은 100, 101, 102, 103이며, df2 테이블의 학번은 100, 101, 102, 104입니다. 따라서 아우터 조인의 결과는 학번 100, 101, 102, 103, 104의 데이터를 포함합니다.

```
>>> pd.merge(df1, df2, on = "학번", how = "outer")
    번호    이름_x    학번    성적     이름_y    클래스
0    1.0   쥐       100    650.0   쥐       1반
1    2.0   소       101    600.0   소       1반
2    3.0   호랑이    102    578.0   호랑이    2반
3    4.0   용       103    550.0   NaN     NaN
4    NaN   NaN     104    NaN     곰       3반
```

11.1.4 중복 열 이름 처리

두 테이블을 결합하면 중복된 열 이름이 자주 발생합니다. 중복 열 이름이 발생하면 pd.merge() 메소드는 중복 열 이름 뒤에 접미사 _x, _y 또는 _z를 자동으로 추가하여 테이블의 열 이름을 설정합니다. 샘플은 다음과 같습니다.

```
>>> df1
    번호    이름    학번    성적
0    1     쥐      100    650
1    2     소      101    600
2    3     호랑이   102    578
3    4     용      103    550
>>> df2
    이름    학번    클래스
0    쥐      100    1반
1    소      101    1반
2    호랑이   102    2반
3    곰      104    3반
```

```
>>> pd.merge(df1, df2, on = "학번", how = "inner")
   번호   이름_x   학번   성적   이름_y   클래스
0   1     쥐      100   650   쥐      1반
1   2     소      101   600   소      1반
2   3     호랑이   102   578   호랑이   2반
```

중복되는 열 이름은 사용자 정의로 지정할 수도 있으며, suffixes 파라미터를 사용하면
됩니다. 기본값은 ["_x", "_y"]입니다.

```
#중복 열 이름에 접미사_L, _R 붙이기
>>> pd.merge(df1, df2, on = "학번", how = "inner", suffixes = ["_L", "_R"])
   번호   이름_L   학번   성적   이름_R   클래스
0   1     쥐      100   650   쥐      1반
1   2     소      101   600   소      1반
2   3     호랑이   102   578   호랑이   2반
```

11.2 테이블의 수직 결합

테이블의 수직 결합은 수평 결합과 상반됩니다. 가로 방향 결합은 두 테이블이 공통 열
에 따라 수평 방향으로 결합을 진행하며, 세로 방향 결합은 수직 방향으로 결합을 진행
합니다.

보통은 분리된 몇 개의 데이터 테이블에서 구조가 같은 테이블 결합에 사용합니다. 다음
은 두 학급의 출석부로, 두 테이블의 구조가 같아 결합할 수 있습니다.

번호	이름	클래스	번호	이름	클래스
1	사자	1반	1	코뿔소	2반
2	여우	1반	2	하마	2반
3	늑대	1반	3	코끼리	2반
4	치타	1반	4	기린	2반

엑셀에서 구조가 같은 테이블을 결합하려면 두 번째 표를 복사하여 첫 번째 표 아래에
붙여 넣기만 하면 됩니다.

파이썬은 누 테이블을 세로로 결합하기 위해 concat() 메소드를 사용합니다.

11.2.1 일반 결합

일반 결합은 결합할 테이블명을 pd.concat() 메소드에 리스트 형식으로 직접 전달합니다. 해당 코드를 사용해 테이블을 결합하는 방법은 다음과 같습니다.

```
>>> df1
      이름     클래스
번호
1     사자      1반
2     늑대      1반
3     여우      1반
4     치타      1반
>>> df2
      이름     클래스
번호
1     코뿔소    2반
2     하마      2반
3     코끼리    2반
4     기린      2반
>>> pd.concat([df1, df2])
      이름     클래스
번호
1     사자      1반
2     늑대      1반
3     여우      1반
4     치타      1반
1     코뿔소    2반
2     하마      2반
3     코끼리    2반
4     기린      2반
```

이와 같이 1반과 2반의 출석부가 결합됩니다.

11.2.2 인덱스 설정

pd.concat() 메소드는 기본적으로 원래 테이블의 인덱스를 유지합니다. 11.2.1절의 샘플에서는 df1 테이블과 df2 테이블의 인덱스 번호가 동일하므로 결합된 번호는 1, 2, 3, 4, 1, 2, 3, 4로 표시됩니다. 그러나 이 방법을 사용하면 테이블이 쉽게 눈에 들어오지 않습니다.

ignore_index 파라미터를 True로 설정하면, 다음과 같이 기존의 인덱스를 유지하지 않고 새로운 인덱스를 생성하게 됩니다.

```
>>> pd.concat([df1, df2], ignore_index = True)
     이름    클래스
0    사자    1반
1    늑대    1반
2    여우    1반
3    치타    1반
4    코뿔소  2반
5    하마    2반
6    코끼리  2반
7    기린    2반
```

11.2.3 중복 데이터 결합

앞의 데이터는 잘 정돈된 데이터이지만, 실제로는 잘못된 일부 데이터가 존재할 가능성이 큽니다. 예를 들어, 1반 출석부에 2반 인원이 들어가 있고, 이 인원이 2반에도 존재할 때가 있습니다. 이럴 때 직접 두 테이블을 결합하면 분명히 중복값이 발생합니다. 이럴 때는 어떻게 해야 할까요?

먼저 concat() 함수를 사용해 결과를 확인하겠습니다.

```
>>> df1
     이름    클래스
번호
1    사자    1반
2    여우    1반
3    늑대    1반
4    치타    1반
5    기린    2반
>>> df2
     이름    클래스
번호
1    코뿔소  2반
2    하마    2반
3    코끼리  2반
4    기린    2반
>>> pd.concat([df1, df2], ignore_index = True)
     이름    클래스
0    사자    1반
1    여우    1반
2    늑대    1반
3    치타    1반
4    기린    2반
5    코뿔소  2반
6    하마    2반
7    코끼리  2반
8    기린    2반
```

이 결과에서는 '기린'이 두 번 나타납니다. 앞에서 언급한 중복값 처리는 다음과 같습니다.

```
>>> pd.concat([df1, df2], ignore_index = True).drop_duplicates()
    이름    클래스
0   사자    1반
1   여우    1반
2   늑대    1반
3   치타    1반
4   기린    2반
5   코뿔소  2반
6   하마    2반
7   코끼리  2반
```

중복값을 삭제하면 '기린'이 한 번만 표시됩니다.

12

상 차리기
— 결과 도출

12.1 .xlsx 파일 내보내기

엑셀에서 .xlsx 형식으로 파일을 저장하려면 '다른 이름으로 저장'을 사용하며, 다음과 같이 Excel 통합 문서 파일 형식을 선택합니다.

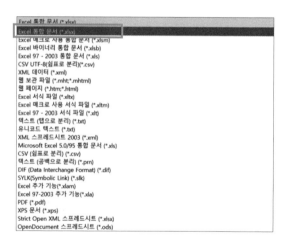

파일 내보내기는 다음과 같이 PDF/XPS 두 가지 형식만 사용할 수 있습니다.

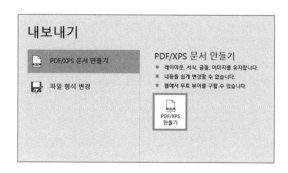

파이썬에서 .xlsx 형식의 파일을 내보내려면 df.to_excel() 메소드를 사용합니다. 다음 몇 개의 절에 걸쳐 to_excel() 메소드에 대해 자세히 설명하겠습니다.

12.1.1 파일 내보내기 경로 설정하기

내보내기 경로 설정은 파이썬에게 해당 파일을 저장하는 폴더의 위치와 폴더명을 전달하는 것입니다. excel_writer 파라미터를 통해 실행합니다.

```
>>> df.to_excel(excel_writer = r"C:\Users\ramon\Desktop\테스트.xlsx")
```

이 코드는 df 테이블을 컴퓨터로 내보내고, 파일명을 '테스트'로 지정합니다.

	유저ID	고객분류	지역	대도시여부	7월매출	8월매출	9월매출
0	59224	A	AAA	Y	6	20	0
1	55295	B	CCC	N	37	27	35
2	46035	A	BBB	Y	8	1	8
3	2459	C	AAA	Y	7	8	14
4	22179	B	CCC	N	9	12	4
5	22557	A	BBB	Y	42	20	55

주의할 점으로는 내보내기를 진행한 파일이 열려 있는 상태에서 다시 내보내기를 진행하면 오류가 발생하므로 파일을 닫고 다시 실행해야 한다는 것입니다. 파일명을 수정할 때와 같이 파일이 사용 중일 때는 파일 수정 작업을 할 수 없습니다.

12.1.2 시트 이름 설정하기

.xlsx 형식의 파일에는 여러 개의 시트sheet가 존재합니다. 시트의 기본 이름 지정 방식은 시트 뒤에 숫자를 추가하는 것이며, 보통 Sheet1부터 숫자가 증가합니다. sheet_name 파라미터를 사용해 이름을 수정할 수 있으며, 구체적인 방법은 다음과 같습니다.

```
>>> df.to_excel(excel_writer = r"C:\Users\ramon\Desktop\테스트.xlsx",
            sheet_name = "테스트")
```

코드를 실행하면 내보내기한 파일의 시트 이름이 'Sheet1'에서 '테스트'로 변경됩니다.

12.1.3 인덱스 설정하기

앞의 파일 내보내기에서 인덱스 관련 파라미터는 기본값으로 설정되며, 인덱스 관련 제한은 없습니다. 앞에서는 0부터 시작하는 기본 자연수가 인덱스로 사용되는 것을 확인할 수 있지만, 이런 종류의 인덱스는 의미가 없습니다. 따라서 index = False 파라미터를 설정하면 인덱스를 제거할 수 있으며, 실행은 다음과 같습니다.

```
>>> df.to_excel(excel_writer = r"C:\Users\ramon\Desktop\테스트.xlsx",
                sheet_name = "테스트", index = False)
```

이 코드를 실행한 결과는 다음과 같으며, 0부터 시작하는 자연수 인덱스는 표시되지 않습니다.

A	B	C	D	E	F	G
유저ID	고객분류	지역	대도시여부	7월매출	8월매출	9월매출
59224	A	AAA	Y	6	20	0
55295	B	CCC	N	37	27	35
46035	A	BBB	Y	8	1	8
2459	C	AAA	Y	7	8	14
22179	B	CCC	N	9	12	4
22557	A	BBB	Y	42	20	55

12.1.4 내보낼 열 설정하기

때로는 하나의 테이블에 존재하는 많은 열을 모두 내보낼 필요가 없을 때도 있습니다. 이때는 columns 파라미터를 설정하여 내보낼 열을 지정할 수 있습니다. 이는 가져오기에서 가져올 일부 열을 설정하는 원리와 비슷하며, 코드는 다음과 같습니다.

```
>>> df.to_excel(excel_writer = r"C:\Users\ramon\Desktop\테스트.xlsx",
                sheet_name = "테스트",
                index = False,
                columns = ["유저ID", "7월매출", "8월매출", "9월매출"])
```

다음은 유저ID, 7월매출, 8월매출, 9월매출만을 내보낸 결과 파일입니다.

유저ID	7월매출	8월매출	9월매출
59224	6	20	0
55295	37	27	35
46035	8	1	8
2459	7	8	14
22179	9	12	4
22557	42	20	55

12.1.5 인코딩 형식 설정

파일을 가져올 때와 마찬가지로 내보낼 때도 인코딩 형식을 설정해야 합니다. 인코딩 형식을 수정하는 파라미터는 파일을 가져올 때와 같은 encoding을 사용하며, 보통 "utf-8"을 사용합니다.

```
>>> df.to_excel(excel_writer = r"C:\Users\ramon\Desktop\테스트.xlsx",
            sheet_name = "테스트",
            index = False,
            encoding = "utf-8")
```

12.1.6 결측값 처리하기

앞의 데이터 전처리 과정에서 결측값을 처리했지만, 데이터 분석 과정에서도 결측값이 발생할 수 있습니다. 내보내기를 진행할 때 데이터 테이블에 결측값이 존재하면 na_rep 파라미터를 사용해 데이터를 채워 넣을 수 있으며, 실행은 다음과 같습니다.

```
>>> df.to_excel(excel_writer = r"C:\Users\ramon\Desktop\테스트.xlsx",
            sheet_name = "테스트",
            index = False,
            encoding = "utf-8",
            na_rep = 0  #결측값을 0으로 채우기)
```

12.1.7 무한값 처리하기

무한값(inf)과 결측값(NaN)은 비정상 데이터입니다. 실수를 0으로 나누면 무한값이 되며, 이렇듯 무한값이 존재하면 계산 오류가 발생하므로 무한값을 반드시 처리해야 합니다.

다음과 같은 방법을 사용해 양의 무한값과 음의 무한값을 생성할 수 있습니다.

```
>>> float("inf")
inf
>>> float("-inf")
-inf
```

다음의 데이터 테이블은 inf 값을 포함하고 있으며, inf 값을 대체하려면 inf_rep 파라미터를 설정합니다.

	유저ID	고객분류	지역	대도시여부	7월매출	8월매출	9월매출
0	59224	A	AAA	Y	6.0	20	0
1	55295	B	CCC	N	inf	27	35
2	46035	A	BBB	Y	8.0	1	8
3	2459	C	AAA	Y	7.0	8	14
4	22179	B	CCC	N	9.0	12	4
5	22557	A	BBB	Y	42.0	20	55

inf_rep의 값을 0으로 채우는 방법은 다음과 같습니다.

```
>>> df.to_excel(excel_writer = r"C:\Users\ramon\Desktop\테스트.xlsx",
        sheet_name = "테스트",
        index = False,
        encoding = "utf-8",
        na_rep = 0, #결측값을 0으로 채우기
        inf_rep = 0 #무한값을 0으로 채우기
        )
```

다음은 내보내기를 실행한 문서로, inf 값이 0으로 대체된 것을 확인할 수 있습니다.

A	B	C	D	E	F	G
유저ID	고객분류	지역	대도시여부	7월매출	8월매출	9월매출
59224	A	AAA	Y	6	20	0
55295	B	CCC	N	0	27	35
46035	A	BBB	Y	8	1	8
2459	C	AAA	Y	7	8	14
22179	B	CCC	N	9	12	4
22557	A	BBB	Y	42	20	55

12.2 .csv 파일 내보내기

엑셀에서 .csv 형식으로 파일을 저장하려면 '다른 이름으로 저장'을 사용합니다. .csv는 두 가지 형식이 존재하며, 인코딩 방법이 서로 다릅니다. CSV UTF-8(쉼표로 분리)(*.csv)는 UTF-8을 사용하며, CSV(쉼표로 분리)(*.csv)는 euc-kr 인코딩을 사용합니다. 다음 그림에서 확인할 수 있습니다.

파이썬은 to_csv() 메소드를 사용해 .csv 파일을 내보냅니다. 다음 몇 개의 절에서 to_csv() 메소드의 일부 파라미터를 자세히 설명하겠습니다.

12.2.1 파일 내보내기 경로 설정하기

.csv 파일의 경로 설정은 .xlsx 파일의 경로 설정과 같지만 파라미터가 다릅니다. .csv 파일은 path_or_buf 파라미터를 사용합니다.

```
>>> df.to_csv(path_or_buf = r"C:\Users\ramon\Desktop\문서내보내기.csv")
```

.csv 파일을 내보낼 때 주의 사항은 .xlsx 파일과 같습니다. 해당 파일이 열려 있는 상태에서 다시 내보내기를 진행하면, 오류가 발생하여 코드를 실행할 수 없습니다. 따라서 파일을 닫고 다시 실행해야 합니다.

12.2.2 인덱스 설정하기

.csv 파일을 내보낼 때 인덱스의 설정은 .xlsx 파일과 같으며, index 파라미터를 사용해 0부터 시작하는 기본 자연수 인덱스를 표시하지 않도록 설정할 수 있습니다.

```
>>> df.to_csv(path_or_buf = r"C:\Users\ramon\Desktop\문서내보내기.csv",
              index = False)
```

12.2.3 내보낼 열 설정하기

.csv 파일도 내보낼 열을 설정할 수 있으며, columns 파라미터를 사용합니다.

```
>>> df.to_csv(path_or_buf = r"C:\Users\ramon\Desktop\문서내보내기.csv",
        index = False,
        columns = ["유저ID", "7월매출", "8월매출", "9월매출"])
```

12.2.4 구분 기호 설정하기

구분 기호는 내보낸 파일에서 문자 구분에 사용하며, 기본값은 쉼표입니다. 일반적인 구분 기호는 공백, 탭, 세미콜론 등이 있으며, sep 파라미터를 사용해 구분 기호를 지정합니다.

```
>>> df.to_csv(path_or_buf = r"C:\Users\ramon\Desktop\문서내보내기.csv",
        index = False,
        columns = ["유저ID", "7월매출", "8월매출", "9월매출"],
        sep = ",")
```

12.2.5 결측값 처리하기

.csv 파일을 내보낼 때 사용하는 결측값 처리 방법은 .xlsx 파일에서 사용하는 방법과 같습니다. na_rep 파라미터를 사용해 채울 값을 지정합니다.

```
>>> df.to_csv(path_or_buf = r"C:\Users\ramon\Desktop\문서내보내기.csv",
        index = False,
        columns = ["유저ID", "7월매출", "8월매출", "9월매출"],
        sep = ",",
        na_rep = 0)
```

12.2.6 인코딩 형식 설정하기

파이썬 3에서 .csv 파일을 내보내는 기본 인코딩 값은 UTF-8입니다. 하지만 기본값 UTF-8을 사용해 내보낸 파일을 열면 글자가 깨지는 상황이 발생할 수 있으므로 보통 utf-8-sig 또는 euc-kr 인코딩을 사용합니다.

```
>>> df.to_csv(path_or_buf = r"C:\Users\ramon\Desktop\문서내보내기.csv",
        index = False,
        columns = ["유저ID", "7월매출", "8월매출", "9월매출"],
        sep = ",",
        na_rep = 0,
        encoding = "utf-8-sig")
```

12.3 파일을 여러 시트로 내보내기

때로 스크립트는 한 번에 여러 파일을 생성합니다. 여러 파일을 구분하여 다시 여러 개의
파일로 내보내거나, 여러 파일을 하나의 파일 시트에 넣을 수도 있습니다. ExcelWriter()
함수를 사용하며, 실행은 다음과 같습니다.

```
#읽기/쓰기 객체
#excelpath는 파일 저장 경로
>>> writer = pd.ExcelWriter(excelpath, engine = "xlsxwriter")

#df1, df2, df3 테이블을 엑셀 Sheet1, Sheet2, Sheet3에 쓰기
#표1, 표2, 표3으로 이름 지정
>>> df1.to_excel(writer, sheet_name = "표1")
>>> df2.to_excel(writer, sheet_name = "표2")
>>> df3.to_excel(writer, sheet_name = "표3")

#읽기, 쓰기 내용 저장
>>> writer.save()
```

CHAPTER 13

요리 가지런히 놓기 — 데이터 시각화

13.1 데이터 시각화란?

1~9월의 기간 동안 회사에 등록된 전체 직원 수를 상사에게 보고한다고 할 때, 다음 세 가지 중 어떤 것을 선택하는 것이 좋을까요? 상사의 입장이라면 어떤 유형의 보고를 선호할까요?

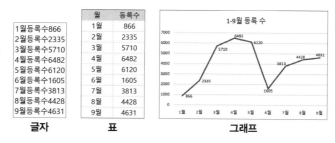

| 글자 | 표 | 그래프 |

아마 대부분이 그래프(그림), 표, 글자 순으로 선택할 것입니다. 글자보다 표, 표보다 그림을 더 쉽게 이해할 수 있습니다. 그래프 형태를 더 선호하는 이유는 매월의 구체적인 데이터와 함께 데이터의 추세와 최고점도 한눈에 확인할 수 있기 때문입니다.

그래프의 도움을 통해 정보를 더 명확하게 전달하는 것을 시각화visualization라고 하며, 이를 통해 정보를 더 나은 방식으로 전달할 수 있습니다.

13.2 데이터 시각화의 기본 과정

13.2.1 데이터 정리하기

데이터 시각화의 기본은 데이터입니다. 데이터를 그래프로 표시하려면 먼저 데이터를 정리하고, 표시할 데이터를 명확히 해야 합니다. 예를 들면 최근 몇 개월 동안의 판매량 데이터를 그래프로 나타낼 수 있습니다.

13.2.2 목표 명확히 하기

그래프로 표시할 데이터가 정해지면 목표를 명확히 해야 합니다. 설명한 대로 시각화는 정보를 표현하는 하나의 방법이므로 표시할 정보를 명확히 전달해야 합니다. 예를 들어, '최근 몇 개월 간 매출이 상승하고 있으며, 구매자의 50% 이상이 90대 이상'이라는 구체적인 데이터를 나타낼 수 있습니다.

13.2.3 적절한 표현 방식 찾기

표현할 정보를 명확히 한 뒤 적절한 표현 방식을 선택할 수 있으며, 목적에 따라 다양한 표현 방식을 사용합니다.

앞의 예에서 제시한 최근 몇 달 간의 판매량 추이를 나타내기 위해 꺾은선 그래프를 사용하면 판매량의 증가/감소를 명확하게 나타낼 수 있습니다. 사용자의 나이층 분포는 원그래프를 사용하면 비율이 가장 큰 나이대와 가장 작은 나이대를 명확하게 나타낼 수 있습니다.

13.3 그래프의 기본 구성 요소

일반적인 시각화 그래프는 다음과 같으며, 그래프의 기본 구성 요소를 포함합니다.

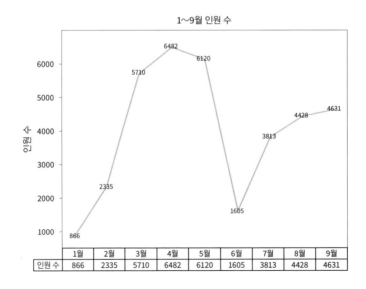

	1월	2월	3월	4월	5월	6월	7월	8월	9월
인원 수	866	2335	5710	6482	6120	1605	3813	4428	4631

■ 캔버스

캔버스는 그림을 그릴 공간을 의미하며, 이 공간에 그래프를 생성합니다.

■ 좌표계

캔버스는 그래프의 가장 큰 개념으로, 캔버스에 여러 좌표계를 설정할 수 있습니다. 좌표계는 직각 좌표계, 구형 좌표계, 극 좌표계의 세 가지 유형이 있으며, 일반적으로 직각 좌표계가 사용됩니다.

■ 좌표축

좌표축은 좌표계의 개념으로, 주로 x축과 y축이 있으며(보통 단순한 시각화는 2차원), x/y값 세트는 좌표계에서 하나의 점을 지정합니다.

x축은 가로축으로 앞서 나온 그래프에서는 월을 나타냅니다. y축은 세로축으로 앞 그래프에서는 인원 수를 표시합니다. 앞 그래프의 좌표계는 월과 인원 수에 따라 하나의 유일한 점을 지정할 수 있습니다.

■ 좌표축 이름

좌표축 이름은 x축과 y축의 이름으로, 앞서 나온 그림에서 x축은 '월', y축은 '인원 수'입니다.

■ 그래프 이름

그래프 이름은 전체 그래프의 핵심 주제를 설명합니다. 앞 그래프의 핵심 주제는 1~9월까지의 인원 수입니다.

■ 데이터 레이블

데이터 레이블은 그래프 데이터 표시에 사용합니다. 앞의 그림은 꺾은선 그래프로, 각 월별 인원 수에 따라 각각의 점을 표시하고 해당 점들을 연결하여 꺾은선 그래프를 형성합니다. 꺾은선 그래프는 하나의 선이며, 각 점에 해당하는 데이터가 데이터 레이블입니다.

■ 데이터 테이블

데이터 테이블은 그래프의 아래에 있으며, 좌표축의 데이터를 테이블 형식으로 표현합니다.

■ 격자

격자 선은 좌표축의 연장선으로, 격자 선을 통해 각 점의 대략적인 위치와 데이터를 명확하게 확인할 수 있습니다.

■ 범례

범례는 그래프의 아래 또는 오른쪽에 있습니다. 기호 또는 색상에 따른 각각의 내용과
지표를 설명하여 그래프를 쉽게 인식하도록 도와줍니다.

앞 그래프는 꺾은선이 하나이므로 범례의 역할이 크지 않습니다. 그러나 하나의 그래프
에 꺾은선이 여러 개 존재하거나 다른 형태가 혼합되어 있으면 범례의 역할이 중요합니
다. 또한, 꺾은선의 색상에 따라 의미하는 지표를 빠르게 구분할 수 있습니다.

■ 오차선

오차선은 주로 좌표축에서 각 점의 불확실성을 나타냅니다. 보통 표준 편차를 표시하며,
한 점의 오차는 해당 점의 실제 데이터에서 표준 편차를 더하거나 뺀 값입니다.

13.4 엑셀과 파이썬의 시각화

엑셀과 파이썬 모두 데이터 시각화의 기본 프로세스와 그래프의 기본 구성 요소는 같습
니다. 엑셀의 데이터 시각화는 비교적 간단합니다. 그래프로 작성할 데이터를 직접 선택
하여 다음과 같이 삽입 탭에서 적절한 차트 유형을 선택합니다.

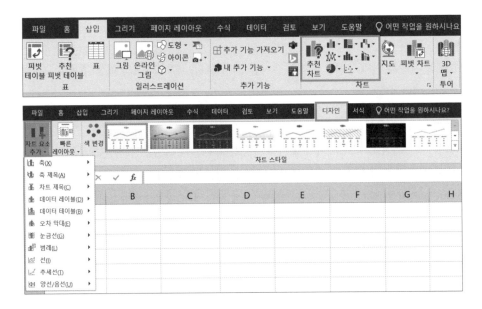

엑셀의 차트 그리기는 간단하므로 설명은 생략하고, 파이썬의 기본적인 차트 그리기를
위주로 설명하겠습니다.

13.5 캔버스와 좌표계 생성하기

13.5.1 캔버스 생성하기

캔버스를 생성하기 전에 먼저 사용해야 할 라이브러리를 가져옵니다. 파이썬에서 시각화에 사용하는 라이브러리는 matplotlib입니다. 라이브러리를 가져오는 것 이외에도 그래프가 정상적으로 표시될 수 있도록 세 줄의 코드를 추가해야 하며, 코드는 다음과 같습니다.

```
#matplotlib 라이브러리의 pyplot을 가져와 plt로 별칭 지정
>>> import matplotlib.pyplot as plt

#Jupyter Notebook에 직접 표시되도록 설정
>>> %matplotlib inline

#한글 깨짐 문제 해결
>>> plt.rcParams['font.family'] = 'Malgun Gothic'

#마이너스 부호 표시 문제 해결
>>> plt.rcParams['axes.unicode_minus'] = False
```

matplotlib의 기본 설정을 사용하면 그래프가 명확하게 표시되지 않는 부분이 있습니다. 이때는 그래프를 벡터 형식으로 표시하여 명확하게 나타낼 수 있으며, 해당 코드에 한 줄을 추가합니다.

```
%config InlineBackend.figure_format = 'svg'
```

필요한 라이브러리를 가져온 뒤 캔버스 생성을 시작합니다.

```
>>> fig = plt.figure()
<Figure size 432x288 with 0 Axes>
```

plt.figure는 파라미터 figsize를 사용해 너비와 높이를 설정할 수 있습니다.

```
#너비 8, 높이 6 캔버스 생성
>>> plt.figure(figsize = (8, 6))
<Figure size 576x432 with 0 Axes>
```

주의할 점은 캔버스 생성 후에는 캔버스가 직접 표시되지 않고, 캔버스와 관련된 코드 문자열만 출력된다는 것입니다.

캔버스 생성 후 캔버스에 좌표계를 그릴 수 있습니다. 엑셀에서 직접 그래프를 선택하여 삽입하는 것은 좌표계를 설정하는 것과 같습니다. 파이썬의 좌표계 설정은 여러 가지 방법이 있으며, 다음에서 몇 가지 방법을 확인하겠습니다.

13.5.2 add_subplot 함수를 사용해 좌표계 생성하기

add_subplot 함수를 사용해 좌표계를 설정하려면 먼저 캔버스를 생성한 뒤 캔버스에 좌표계를 그립니다. 캔버스 fig에 1 × 1개의 좌표계를 그리고, 좌표계를 변수 ax1에 할당하는 코드는 다음과 같습니다.

```
>>> fig = plt.figure()
>>> ax1 = fig.add_subplot(1, 1, 1)
```

코드를 실행하면 다음 그림과 같은 좌표계를 확인할 수 있습니다.

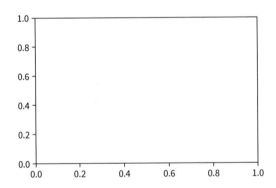

fig 캔버스에 2 × 2개의 좌표(4개의 좌표)를 그리고, 첫 번째 좌표는 변수 ax1에 할당합니다. 두 번째 좌표계는 ax2, 세 번째 좌표계는 ax3, 네 번째 좌표계를 ax4에 대입하는 코드는 다음과 같습니다.

```
>>> fig = plt.figure()
>>> ax1 = fig.add_subplot(2, 2, 1)
>>> ax2 = fig.add_subplot(2, 2, 2)
>>> ax3 = fig.add_subplot(2, 2, 3)
>>> ax4 = fig.add_subplot(2, 2, 4)
```

코드를 사용하면 다음 그림과 같이 네 개의 좌표계를 확인할 수 있습니다.

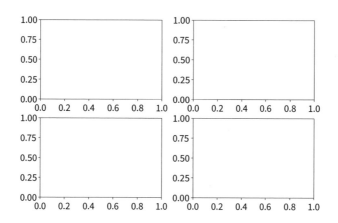

13.5.3 plt.subplot2grid 함수를 사용해 좌표계 생성하기

plt.subplot2grid 함수를 사용하면 캔버스를 생성할 필요 없이 plt 라이브러리만 가져오면 됩니다. plt 라이브러리를 가져온 뒤 직접 plt의 subplot2grid 메소드로 좌표계를 생성하는 코드는 다음과 같습니다.

```
>>> plt.subplot2grid((2, 2), (0, 0))
```

이 코드는 그래프 전체 영역을 2행 2열로 나누고, (0, 0) 위치에 그리는 것을 의미하며, 좌표계는 다음 그림과 같습니다.

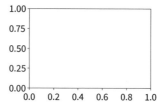

이러한 방식으로 좌표계를 설정하면 특정 그래프를 생성하는 코드는 좌표계를 생성하는 코드 뒤에 위치해야 합니다. 그래프의 전체 영역을 2행 2열로 나누고, (0, 0) 위치에 꺾은선 그래프, (0, 1) 위치에 세로 막대그래프를 생성하는 코드는 다음과 같습니다.

```
>>> import numpy as np
>>> x = np.arange(6)
>>> y = np.arange(6)
```

```
#그래프 전체 영역을 2행 2열로 나누고 (0, 0) 위치에 꺾은선 그래프 생성
>>> plt.subplot2grid((2, 2), (0, 0))
>>> plt.plot(x, y)

#그래프 전체 영역을 2행 2열로 나누고, (0, 1) 위치에 세로 막대그래프 생성
>>> plt.subplot2grid((2, 2), (0, 1))
>>> plt.bar(x, y)
```

실행 결과는 다음 그림과 같습니다.

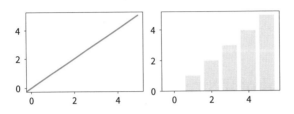

13.5.4 plt.subplot 함수를 사용해 좌표계 생성하기

plt.subplot2grid 함수와 같이 plt.subplot도 plt 라이브러리의 함수이며, 영역을 몇 부분으로 나누고 그래프를 그릴 영역을 지정합니다. 둘은 표현 형식에만 차이가 있습니다.

```
>>> plt.subplot(2, 2, 1)
```

이 코드는 그래프 전체 영역을 2행 2열로 나누고, 첫 번째 좌표계에 그래프를 생성합니다. 실행 결과는 다음 그림과 같습니다.

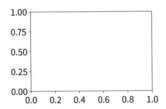

이러한 방식으로 좌표계를 설정하면, 특정 그래프를 생성하는 특정 코드는 좌표계를 생성하는 코드 뒤에 위치해야 합니다. 그래프 전체 영역을 2행 2열로 나누고, 첫 번째 좌표계에는 꺾은선 그래프, 네 번째 좌표계에는 세로 막대그래프를 생성하는 코드는 다음과 같습니다.

```
>>> import numpy as np
>>> x = np.arange(6)
>>> y = np.arange(6)

#그래프 전체 영역을 2행 2열로 나누고, 첫 번째 좌표계에 꺾은선 그래프를 생성
>>> plt.subplot(2, 2, 1)
>>> plt.plot(x, y)

#그래프 전체 영역을 2행 2열로 나누고, 네 번째 좌표계에 세로 막대그래프를 생성
>>> plt.subplot(2, 2, 4)
>>> plt.bar(x, y)
```

실행 결과는 다음 그림과 같습니다.

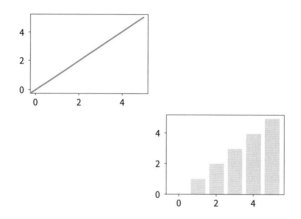

13.5.5 plt.subplots 함수를 사용해 좌표계 생성하기

plt.subplots도 plt의 라이브러리 함수입니다. subplot2grid 함수와 subplot 함수는 한 번에 하나의 좌표계만 반환하지만, subplot는 한 번에 여러 좌표계를 반환할 수 있다는 차이점이 있습니다.

```
>>> fig, axes = plt.subplots(2, 2)
```

이 코드는 그래프 전체 영역을 2행 2열로 나누고, 4개의 좌표계 모두를 반환합니다. 실행 결과는 다음 그림과 같습니다.

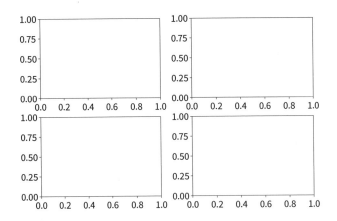

axes[x, y]를 사용해 그래프를 생성하려는 좌표계를 지정합니다. 앞서 생성한 그래프에서 [0, 0] 좌표계에는 꺾은선 그래프를, [1, 1] 좌표계에는 막대그래프를 생성하는 코드는 다음과 같습니다.

```
>>> import numpy as np
>>> x = np.arange(6)
>>> y = np.arange(6)

#[0, 0] 좌표계에 꺾은선 그래프 생성
>>> axes[0, 0].plot(x, y)

#[1, 1] 좌표계에 막대그래프 생성
>>> axes[1, 1].bar(x, y)
```

실행 결과는 다음과 같습니다.

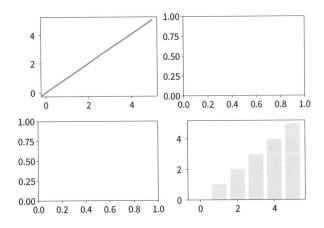

13.5.6 좌표계를 생성하는 몇 가지 방법 구별하기

좌표계를 생성하는 한 가지 방법인 add_subplot은 객체형 프로그래밍에 속하며, 모든 작업은 객체에서 수행됩니다. 예를 들어 먼저 캔버스를 생성한 뒤 캔버스에 좌표계를 설정하고, 해당 좌표계에 그래프를 생성합니다. 뒤의 세 가지 좌표계 생성 방법은 함수형 프로그래밍에 속하며, 모두 plt 라이브러리의 특정 함수 또는 메소드를 직접 사용해 좌표계를 생성합니다.

객체형 프로그래밍 코드는 번거롭지만 이해하기가 쉽고, 함수형 프로그래밍 코드는 간결하지만 초보자가 전체의 원리를 이해하기 어렵습니다. 따라서 처음에는 객체형 프로그래밍을 사용하고, 원리에 익숙해지면 함수형 프로그래밍을 사용해 보는 것이 좋습니다.

두 가지 프로그래밍 방식은 좌표계 생성만이 아니라 이어지는 작업에도 사용됩니다. 때로는 상호 교차가 이루어지기도 하며, 하나의 코드 내 함수형과 객체형이 함께 존재하기도 합니다.

13.6 좌표축 설정하기

13.6.1 좌표축의 이름 설정하기

다음 그림에서 가로축 이름은 월, 세로축 이름은 인원 수입니다.

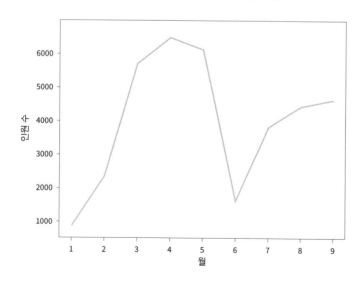

설정 방법은 다음과 같습니다.

```
>>> plt.xlabel("월")
>>> plt.ylabel("인원 수")
```

xlabel과 ylabel을 사용해 *x*축과 *y*축의 거리를 설정할 수 있으며, labelpad 파라미터에
구체적인 거리를 전달합니다. 실행 방법은 다음과 같습니다.

```
>>> plt.xlabel("월", labelpad = 10)
>>> plt.ylabel("인원 수", labelpad = 10)
```

실행 결과는 다음 그래프와 같습니다.

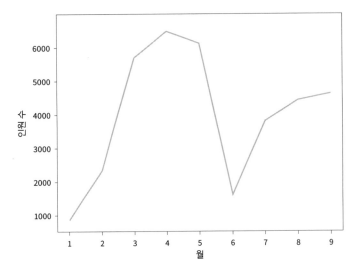

글자 크기, 글자 색상, 굵기 등 xlabel, ylabel의 텍스트 관련 속성도 설정할 수 있습니다.
차이를 확인하기 위해 xlabel 텍스트의 관련 속성만 변경하는 코드는 다음과 같습니다.

```
>>> plt.xlabel("월", fontsize = 'xx-large', color = "#70AD47",
                fontweight = 'bold')
>>> plt.ylabel("인원 수")
```

실행 결과는 다음 그래프와 같습니다.

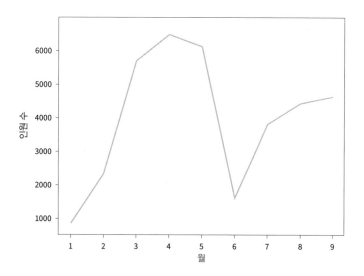

13.6.2 좌표축의 눈금 설정하기

좌표축 눈금 설정의 첫 번째 포인트는 x축, y축의 각 눈금에 표시하는 내용입니다. 기본 적으로 x/y의 값을 표시하며, 사용자 정의를 통해 다른 내용을 지정할 수 있습니다. plt 라이브러리의 xticks, yticks 함수를 사용합니다.

```
#ticks 눈금 내용 표시. labels는 해당 눈금에 대응하는 레이블 표시
plt.xticks(ticks, labels)
plt.yticks(ticks, labels)
```

xticks, yticks의 labels도 텍스트와 관련된 속성 설정을 지원하며, xlabel, ylabel의 텍스트 관련 속성 설정과 같은 방법을 사용합니다.

그래프 x축의 눈금값은 모두 월로 정의하고, y축의 눈금값은 모두 인원 수로 정의하는 코드는 다음과 같습니다.

```
#x축 눈금 설정
>>> plt.xticks(np.arange(9), ["1월", "2월", "3월", "4월", "5월", "6월", "7월",
        "8월", "9월"])
#y축 눈금 설정
>>> plt.yticks(np.arange(1000, 7000, 1000),
["1000명", "2000명", "3000명", "4000명", "5000명", "6000명"])
```

실행 결과는 다음 그래프와 같습니다.

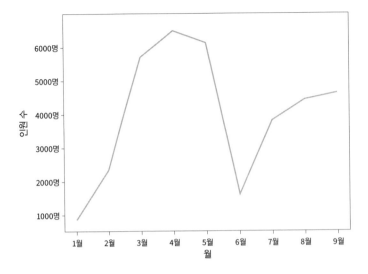

때로는 데이터의 보안을 위해 *x*/*y*축의 데이터를 구체적으로 표시하지 않을 때도 있습니다. *x*/*y*축의 데이터를 숨기려면 xticks, xticks에 빈 리스트를 전달하며, 코드는 다음과 같습니다.

```
>>> plt.xticks([])
>>> plt.yticks([])
```

실행 결과는 다음 그래프와 같습니다.

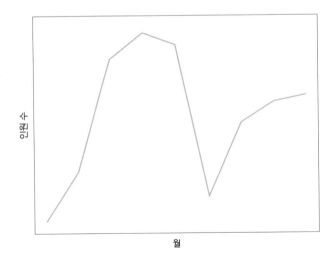

xticks, yticks 메소드 이외에도 plt 라이브러리의 tick_params 함수를 사용하여 눈
금 표시를 설정할 수 있습니다.

```
plt.tick_params(axis, reset, which, direction, length, width, color, pad,
                labelsize, labelcolor, bottom, top, left, right, labelbottom,
                labeltop, labelleft, labelright, )
```

tick_params 함수의 파라미터 설명은 다음과 같습니다.

파라미터	설명
axis	설정할 축의 눈금. x, y, both 세 가지 중 선택 가능
reset	모든 설정 초기화 여부. True/False
which	설정할 눈금 종류 지정. major(주 눈금), minor(작은 눈금), both 세 가지 중 선택 가능
direction	눈금의 방향. in(안쪽), out(바깥쪽), inout(모두) 세 가지 중 선택 가능
length	눈금의 길이
width	눈금의 너비
color	눈금의 색상
pad	눈금과 눈금 레이블 간의 거리
labelsize	눈금 레이블의 크기
labelcolor	눈금 레이블의 색상
top, bottom, left, right	True/False. 상, 하, 좌, 우 눈금 표시 여부 제어
Labeltop, Labelbottom, Labelleft, labelright	True/False. 상, 하, 좌, 우 눈금 레이블 표시 여부 제어

2 × 1개의 좌표계에서 첫 번째 좌표계에 그래프를 생성하면 축 눈금은 양방향으로 설
정되고, 아래축 눈금은 표시되지 않습니다. 동시에 두 번째 좌표계에 그래프를 생성하면
축 눈금은 양방향으로 설정되며, 아래 축의 눈금 레이블은 표시되지 않습니다. 코드는
다음과 같습니다.

```
>>> x = np.array([1, 2, 3, 4, 5, 6, 7, 8, 9])
>>> y = np.array([866, 2335, 5710, 6482, 6120, 1605, 3813, 4428, 4631])

#2 × 1 좌표계에서 첫 번째 좌표계에 그래프 생성
>>> plt.subplot(2, 1, 1)
>>> plt.plot(x, y)
>>> plt.xlabel("월")
>>> plt.ylabel("인원 수")
```

```
#축 눈금을 양방향으로 설정. 아래축 눈금은 표시하지 않음
>>> plt.tick_params(axis = "both", which = "both", direction = "inout",
                     bottom = False)

#2 × 1 좌표계에서 두 번째 좌표계에 그래프 생성
>>> plt.subplot(2, 1, 2)
>>> plt.plot(x, y)
>>> plt.xlabel("월")
>>> plt.ylabel("인원 수")

#축 눈금을 양방향으로 설정. 아래 축 눈금 레이블 표시하지 않음
>>> plt.tick_params(axis = "both", which = "both", direction = "inout",
                     labelbottom = False)
```

실행 결과는 다음 그래프와 같습니다.

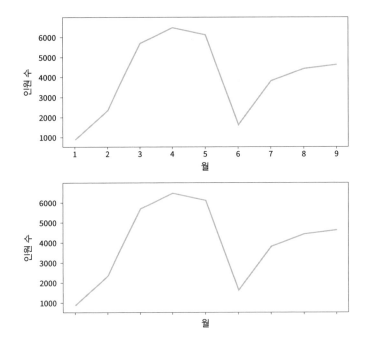

13.6.3 좌표축의 범위 설정하기

좌표축의 눈금 범위를 좌표축의 최댓값과 최솟값으로 설정합니다. 그래프 x축의 눈금 범위를 0~10, y축의 눈금 범위를 0~8000으로 설정합니다.

```
>>> plt.xlim(0, 10)
>>> plt.ylim(0, 8000)
```

실행 결과는 다음 그래프와 같습니다.

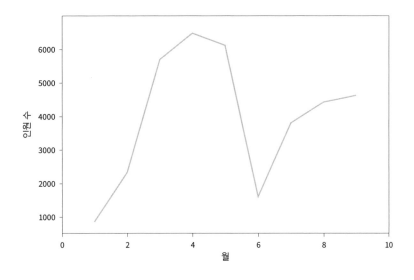

13.6.4 좌표축의 축 표시 설정하기

때로는 외관을 위해 표시할 필요가 없는 축을 닫아 놓을 때가 있으며, 이때는 좌표축의 축 표시 설정을 사용합니다. 좌표축의 기본 설정은 표시 상태로 되어 있으며, 다음과 같은 방법으로 닫을 수 있습니다.

```
>>> plt.axis("off")
```

좌표축의 표시를 닫는 코드의 실행은 다음 그림과 같습니다.

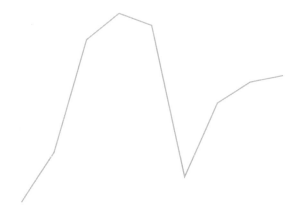

다른 그래프 형식 설정하기

13.7.1 그리드 설정하기

그리드는 좌표축보다 작은 단위이며, 기본값은 오프 상태입니다. 파라미터 b의 값을
True로 수정하면 그리드를 활성화할 수 있습니다.

```
>>> plt.grid(b = "True")
```

파라미터 b = True로 설정하면 기
본값으로 x축과 y축의 그리드를 모
두 표시합니다. 실행 결과는 오른쪽
그래프와 같습니다.

axis 파라미터를 수정하여 그리드
를 설정하는 축의 표시를 설정할
수 있습니다.

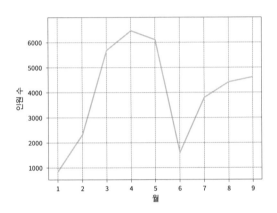

x축의 그리드만 설정하는 코드는 다음과 같습니다.

```
>>> plt.grid(b = "True", axis = "x")  #x축의 그리드만 설정
```

실행 결과는 오른쪽 그래프와 같습
니다.

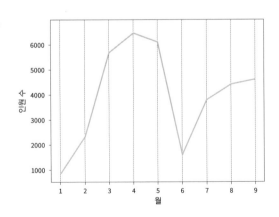

y축의 그리드만 설정하는 코드는 다음과 같습니다.

```
>>> plt.grid(b = "True", axis = "y")  #y축의 그리드만 설정
```

실행 결과는 오른쪽 그래프와 같습
니다.

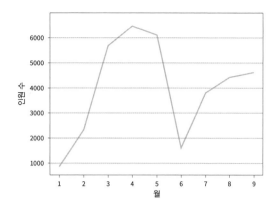

그리드도 선이므로 *x*축, *y*축의 표시 설정 이외에도 선의 너비, 스타일, 색상 등과 같은 부분도 설정할 수 있습니다. 선 관련 설정은 꺾은선 그래프 생성 부분에서 상세히 설명합니다. 선의 스타일linestyle을 점선dashed, 너비linewidth를 1로 설정하는 코드는 다음과 같습니다.

```
#선의 스타일은 점선, 너비는 1로 설정
>>> plt.grid(b = "True", linestyle = 'dashed', linewidth = 1)
```

실행 결과는 오른쪽 그래프와 같습
니다.

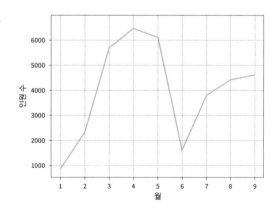

13.7.2 범례 설정하기

범례는 그래프의 주석 역할을 합니다. 그래프 생성 시 label 파라미터에 값을 전달하여 표시할 범례 이름을 전달하고, plt.legend() 메소드를 사용하여 표시합니다. 사용 방법은 다음과 같습니다.

```
>>> plt.plot(x, y, label = "꺾은선 그래프")
>>> plt.bar(x, y, label = "세로 막대그래프")
>>> plt.legend()
```

꺾은선 그래프와 세로 막대그래프의 범례는 다음 그래프와 같습니다.

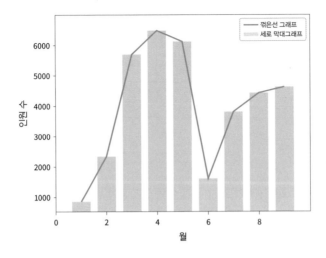

loc 파라미터를 수정해 범례의 표시 위치를 조정할 수 있습니다. loc 파라미터의 설명은
다음 표와 같습니다.

문자열	위치 코드	설명
best	0	그래프에 따라 가장 적절한 위치에 표시
upper right	1	오른쪽 위 모서리에 표시
upper left	2	왼쪽 위 모서리에 표시
lower left	3	왼쪽 아래 모서리에 표시
lower right	4	오른쪽 아래 모서리에 표시
right	5	오른쪽에 표시
center left	6	왼쪽 가운데 표시
center right	7	오른쪽의 가운데 표시
lower center	8	아랫부분 가운데 표시
upper center	9	위쪽 가운데 표시
center	10	정중앙에 표시

범례의 위치를 설정할 때, loc 파라미터에 문자열을 전달하거나 위치 코드를 전달할 수
있습니다. 다음 두 줄의 의미는 같으며, 왼쪽 위 모서리에 범례를 표시하는 코드입니다.

```
>>> plt.legend(loc = "upper left")
>>> plt.legend(loc = 2)
```

실행 결과는 다음 그래프와 같습니다.

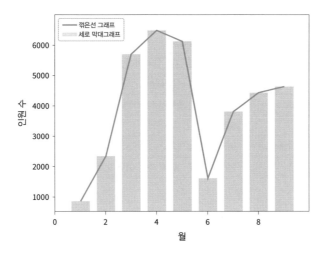

범례의 기본값은 1열이며, ncol 파라미터를 사용해 표시할 열의 수를 설정할 수 있습니다.

```
>>> plt.plot(x, y, label = "꺾은선 그래프")
>>> plt.bar(x, y, label = "세로 막대그래프")
>>> plt.legend(ncol = 2)
```

실행 결과는 다음과 같습니다.

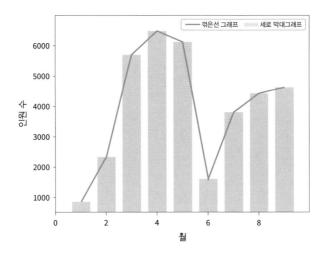

기본적으로 사용되는 파라미터 이외에도 설정할 수 있는 값은 다음 표와 같습니다.

파라미터	설명
fontsize	범례의 글자 크기
prop	텍스트 관련 설정. 딕셔너리 형식으로 prop 파라미터에 전달
facecolor	범례 박스의 배경 색상
edgecolor	범례 박스의 테두리 색상
title	범례 이름
title_fontsize	범례 이름의 크기
shadow	범례 상자에 그림자 추가 여부. 기본값 False

13.7.3 그래프 타이틀 설정하기

그래프 이름은 전체 그래프의 핵심 아이디어를 설명하며, 다음과 같은 방법으로 설정합니다.

```
>>> plt.title(label = "1~9월 인원 수")
```

실행 결과는 다음과 같습니다.

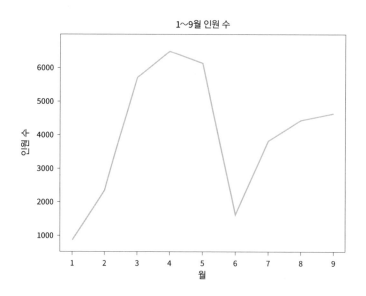

loc 파라미터를 수정하여 이름의 표시 위치를 변경할 수 있습니다. 기본값은 중앙 표시이며, loc 파라미터는 다음 표와 같이 세 가지 값을 전달할 수 있습니다.

문자열	설명
center	가운데 표시
left	왼쪽 표시
right	오른쪽 표시

그래프의 왼쪽에 표시하는 코드는 다음과 같습니다.

```
#그래프 이름 왼쪽에 표시
>>> plt.title(label = "1~9월 인원 수", loc = "left")
```

실행 결과는 다음과 같습니다.

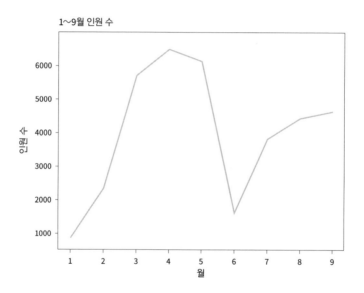

fontdict 파라미터를 사용해 이름 텍스트 관련 속성을 설정할 수 있습니다.

13.7.4 데이터 레이블 설정하기

데이터 레이블은 좌푯값에 따라 해당 위치에 데이터를 표시하는 것으로, text 함수를 사용합니다. 코드는 다음과 같습니다.

```
plt.text(x, y, str, ha, va, fontsize)
```

text 함수의 파라미터는 다음 표에서 확인할 수 있습니다.

파라미터	설명
(x, y)	데이터 표시할 위치를 각각 표시
str	표시할 구체적인 데이터 표시
horizontalalignment	약칭 ha. str 가로 방향의 위치. center, left, right 지정 가능
verticalalignment	약칭 va. str 세로 방향의 위치. center, top, bottom 지정 가능
fontsize	str 문자 크기 설정

데이터 레이블 설정은 다음과 같습니다.

```
#(6, 1605) 위치에 y 값을 표시
>>> plt.text(6, 1605, 1605)
```

결과는 다음과 같습니다.

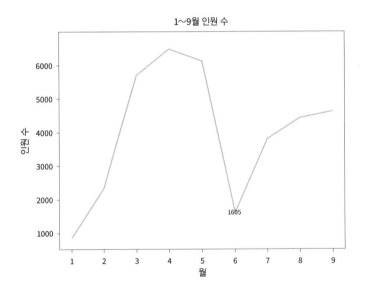

plt.text 함수는 좌표축의 특정 지점(x, y)에 str 값만 표시합니다. 전체 그래프에 데이터 레이블을 표시하려면 for 문을 사용해야 하며, 다음과 같습니다.

```
#(x, y)에 y 값 표시
>>> for a, b in zip(x, y):
plt.text(a, b, b, ha = 'center', va = "bottom", fontsize = 11))
```

실행 결과는 다음 그래프와 같습니다.

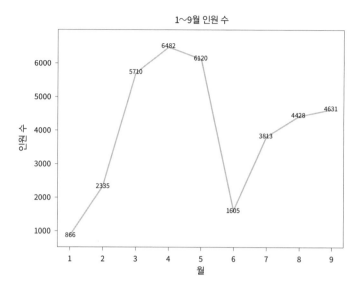

13.7.5 그래프 주석 달기

그래프 주석은 데이터 레이블과 비슷하며, 그래프에서 정보를 더 빠르게 확인할 수 있도록 합니다. 사용 방법은 다음과 같습니다.

```
plt.annotate(s, xy, xytext, arrowprops)
```

plt.annotate 함수의 파라미터는 다음 표와 같습니다.

파라미터	설명
s	주석이 필요한 텍스트 내용 표시
xy	주석의 위치 표시
xytext	주석이 필요한 텍스트 위치 표시
arrowprops	화살표 관련 파라미터, 색상, 화살표 유형 설정

그래프 주석의 사용은 다음과 같습니다.

```
>>> plt.annotate("서버가 다운됨", xy = (6, 1605), xytext = (7, 1605),
            arrowprops = dict(facecolor = 'black', arrowstyle = '->'))
```

실행 결과는 다음 그래프와 같습니다.

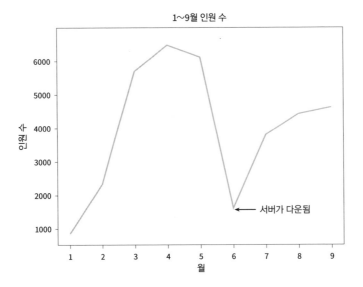

facecolor는 화살표의 색상을 나타냅니다. arrowstyle은 화살표의 유형을 나타내며, 주로 다음과 같은 종류가 있습니다.

```
#화살표 유형
'-'
'->'
'-['
'
'-
'<-'
'<->'
'<
'fancy'
'simple'
'wedge'
```

13.7.6 데이터 테이블

데이터 테이블은 그래프를 기반으로 다른 테이블을 추가하는 것으로, plt 라이브러리의 table 함수를 사용합니다.

```
table(cellText = None, cellColours = None, cellLoc = 'right', colWidths = None,
      rowLabels = None, rowColours = None, rowLoc = 'left', colLabels = None,
      colColours = None, colLoc = 'center', loc = 'bottom')
```

table 함수의 파라미터는 다음 표와 같습니다.

파라미터	설명
cellText	데이터 테이블의 값
cellColours	데이터 테이블의 색상
cellLoc	데이터 테이블 값의 위치. left, right, center 선택
colWidths	열 너비
rowLabels	행 레이블
rowColours	행 레이블 색상
rowLoc	행 레이블 위치
colLabels	열 레이블
colColours	열 레이블 색상
colLoc	열 레이블 위치
loc	전체 데이터 테이블의 위치. 좌표계의 상, 하, 좌, 우 선택

table 함수의 파라미터를 사용하는 코드는 다음과 같습니다.

```
#좌표계 생성
>>> plt.subplot(1, 1, 1)
#x, y 데이터 지정
x = np.array(["강동구", "강남구", "강서구", "강북구"])
>>> y1 = np.array([8566, 6482, 5335, 7310])
>>> y2 = np.array([4283, 3241, 2667, 3655])
#그래프 생성
#세로 막대그래프의 너비 0.3
>>> plt.bar(x, y1, width = 0.3, label = "업무량")
>>> plt.bar(x, y2, width = 0.3, label = "완료량")
#타이틀 설정
>>> plt.title("각 구별 업무량과 완료량", loc = "center")  #이름과 위치
#데이터 레이블 추가
>>> for a, b in zip(x, y1):
 plt.text(a, b, b, ha = 'center', va = "bottom", fontsize = 12)
>>> for a, b in zip(x, y2):
 plt.text(a, b, b, ha = 'center', va = "top", fontsize = 12)
#x축과 y축의 이름 설정
>>> plt.ylabel('업무상황')
>>> plt.grid(False)  #그리드 설정
#범례 설정
>>> plt.legend(loc = "upper center", ncol = 2)
>>> cellText = [[8566, 6482, 5335, 7310], [4283, 3241, 2667, 3655]]
>>> rows = ["업무량", "완료량"]
```

```
>>> columns = ["강동구", "강남구", "강서구", "강북구"]
>>> plt.table(cellText = cellText,
            cellLoc = 'center',
            rowLabels = rows,
            rowColours = ["red", "yellow"],
            rowLoc = "center",
            colLabels = columns,
            colColours = ["red", "yellow", "red", "yellow"],
            colLoc = 'center',
            loc = 'bottom')
```

실행 결과는 다음 그래프와 같습니다.

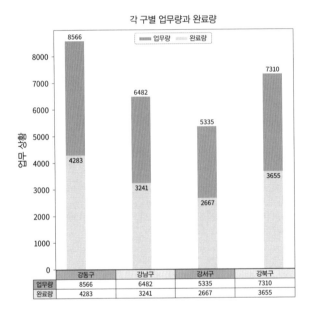

13.8 일반적인 그래프 그리기

13.8.1 꺾은선 그래프 그리기

꺾은선 그래프는 시간 경과에 따른 지표 변화의 추세를 나타내기 위해 주로 사용하며, plt 라이브러리의 plot 메소드를 사용합니다.

■ 파라미터 자세히 설명하기

plot 메소드의 구체적인 파라미터는 다음과 같습니다.

```
plt.plot(x, y, color, linestyle, linewidth, marker, markeredgecolor,
        markeredgewidth, markerfacecolor, markersize, label)
```

파라미터 x, y는 각각 x축과 y축의 데이터를 나타냅니다. color는 꺾은선 그래프의 색상으로, 주로 사용하는 파라미터는 다음 표와 같습니다.

코드	색상	코드	색상
b	파란색	m	심홍색
g	초록색	y	노란색
r	빨간색	k	검은색
c	청록색	w	흰색

앞의 색상 파라미터 값은 색상 약어 코드입니다. color 파라미터의 값은 약어 이외에도 표준 색상 이름, 16진수 색상값, RGB 튜플 등의 방식으로 표현할 수 있습니다. 예를 들어, 검은색은 다음과 같은 방식으로 표시할 수 있습니다.

표시 방식	구체적인 값
색상 약어 코드	k
표준 색상 이름	black
16진수 색상값	#000000
RGB 튜플	0, 0, 0

이와 같은 색상 파라미터 값은 그래프에서도 사용됩니다. linestyle은 선의 스타일을 나타내며, 파라미터는 다음과 같습니다.

코드	선의 형태
solid	실선(-)
dashed	단선(--)
dashdot	선과 점(-.)
dotted	점(…)

linewidth는 선의 너비를 나타내며, 너비를 나타내는 실수를 전달합니다. marker는 꺾은선 그래프에서 각 점의 마커 모양을 나타내며, 주로 사용하는 파라미터는 다음 표와 같습니다.

코드	설명	코드	설명
.	점 마크	*	오각별 마크
'o	원 마크	h	육각형 마크
v	아래를 향하는 삼각형 마크	+	+ 기호 마크
^	위를 향하는 삼각형 마크	x	× 마크
<	왼쪽을 향하는 삼각형 마크	D	큰 마름모 마크
>	오른쪽을 향하는 삼각형 마크	d	작은 마름모 마크
s	정사각형 마크	_	가로줄 마크
p	오각형 마크		

marker 관련 파라미터는 다음 표와 같습니다.

파라미터	설명
markeredgecolor	마크 외부 색상 표시
markeredgewidth	마크 외부 선 너비 표시
markerfacecolor	마크의 색상 표시
markersize	마크 크기 표시
label	해당 그래프의 범례 이름 표시

※ 참고: 앞의 코드에서 x, y를 제외한 파라미터는 선택 사항입니다.

■ 사례

××× 회사의 1~9월 인원 변동 그래프는 다음 코드를 사용해 생성할 수 있습니다.

```
#좌표계 생성
>>> plt.subplot(1, 1, 1)

#x, y 데이터 지정
>>> x = np.array([1, 2, 3, 4, 5, 6, 7, 8, 9])
>>> y = np.array([866, 2335, 5710, 6482, 6120, 1605, 3813, 4428, 4631])

#그래프 생성
>>> plt.plot(x, y, color = "k", linestyle = "dashdot",
        linewidth = 1, marker = "o", markersize = 5, label = "인원 수")

#타이틀 설정
#타이틀과 위치
>>> plt.title("××× 회사 1~9월 인원 수", loc = "center")

#데이터 레이블 추가
>>> for a, b in zip(x, y):
        plt.text(a, b, b, ha = 'center', va = "bottom", fontsize = 10)
```

```
>>> plt.grid(True)  #그리드 설정

>>> plt.legend()  #범례 설정, plot의 label 데이터 호출

>>> plt.ylabel("인원 수")
>>> plt.xlabel("월")

#그래프 로컬에 저장
>>> plt.savefig(r"C:\Users\ramon\Desktop\plot.jpg")
```

실행 결과는 다음과 같습니다.

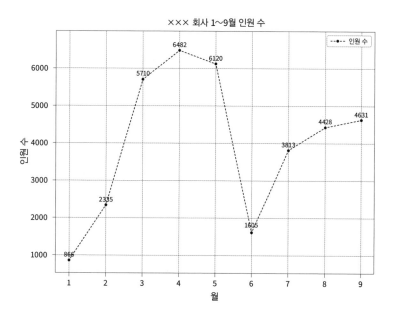

13.8.2 세로 막대그래프 생성하기

세로 막대그래프는 주로 다른 카테고리 간의 데이터 비교에 사용하며, plt 라이브러리의
bar() 메소드를 사용합니다.

■ 파라미터 상세

bar 메소드의 실행은 다음과 같습니다.

```
pll.bar(x, height, width = 0.8, bottom = None, align = 'center', color, edgecolor)
```

bar 메소드의 파라미터는 다음 표와 같습니다.

파라미터	설명
x	세로 막대그래프 표시 위치
height	각 막대의 높이
width	각 막대의 너비. 너비는 모두 같거나 각각 다를 수 있음
bottom	각 막대의 아래쪽 위치. 위치는 모두 같거나 각각 다를 수 있음
align	막대의 위치와 x 값의 관계 표시. center, edge 파라미터가 존재. center는 막대가 x 값의 중심에 위치. edge는 막대가 x 값의 가장자리에 위치
color	막대 색상
edgecolor	막대 가장자리 색상

■ 일반 세로 막대그래프 샘플

각 구별 업무량의 일반 세로 막대그래프를 생성하는 코드는 다음과 같습니다.

```python
#좌표계 생성
>>> plt.subplot(1, 1, 1)

#x, y 데이터 지정
>>> x = np.array(["강동구", "강남구", "강서구", "강북구"])
>>> y = np.array([8566, 6482, 5335, 7310])

#그래프 생성
>>> plt.bar(x, y, width = 0.5, align = "center", label = "업무량")

#타이틀 설정
>>> plt.title("구별 업무량", loc = "center")

#데이터 레이블 추가
>>> for a, b in zip(x, y):
        plt.text(a, b, b, ha = 'center', va = "bottom", fontsize = 12)

#x축과 y축의 이름 설정
>>> plt.xlabel('구')
>>> plt.ylabel('업무량')

>>> plt.legend()  #범례 표시

#그래프 로컬에 저장
>>> plt.savefig(r"C:\Users\ramon\Desktop\bar.jpg")
```

저장된 그래프는 다음과 같습니다.

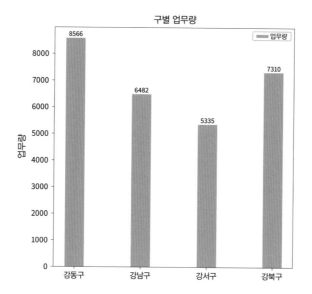

■ 클러스터 세로 막대그래프 샘플

클러스터 세로 막대그래프는 다른 카테고리 사이의 같은 변수 변화를 비교합니다. plt 라이브러리의 bar 메소드를 사용하며, 막대의 위치를 조정해야 합니다.

각 구별 업무량과 완료량의 클러스터 세로 막대그래프는 다음 코드를 사용해 생성할 수 있습니다.

```
#좌표계 생성
>>> plt.subplot(1, 1, 1)

#x, y 데이터 지정
>>> x = np.array([1, 2, 3, 4])
>>> y1 = np.array([8566, 6482, 5335, 7310])
>>> y2 = np.array([4283, 3241, 2667, 3655])

#그래프 생성
>>> plt.bar(x, y1, width = 0.3, label = "업무량")  #막대 너비 0.3
>>> plt.bar(x+0.3, y2, width = 0.3, label = "완료량")  #x + 0.3 완료량의 막대를
                                                          오른쪽으로 0.3 이동

#타이틀 설정
>>> plt.title("각 구별 업무량과 완료량", loc = "center")  #타이틀과 위치

#데이터 레이블 추가
>>> for a, b in zip(x, y1):
        plt.text(a, b, b, ha = 'center', va = "bottom", fontsize = 12)
```

```
>>> for a, b in zip(x+0.3, y2):
        plt.text(a, b, b, ha = 'center', va = "bottom", fontsize = 12)

#x축과 y축 이름 설정
>>> plt.xlabel('구')
>>> plt.ylabel('업무상황')

#x축 눈금 설정
>>> plt.xticks(x+0.15, ["강동구", "강남구", "강서구", "강북구"])

>>> plt.grid(False)  #그리드 설정

>>> plt.legend()  #범례 설정

#그래프 로컬 저장
>>> plt.savefig(r"C:\Users\ramon\Desktop\bar.jpg")
```

저장된 그래프는 다음과 같습니다.

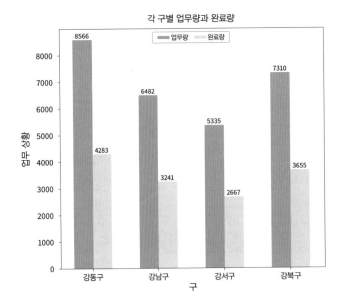

■ 누적 세로 막대그래프 샘플

누적 세로 막대그래프는 같은 카테고리의 변수와 다른 카테고리 변수의 총합 차이를 비교합니다. plt 라이브러리의 bar 메소드를 사용하며, x와 같은 위치에 y를 생성하면 y가 자동으로 중첩됩니다.

각 구별 업무량과 완료량의 누적 세로 막대그래프는 다음 코드를 사용해 생성할 수 있습니다.

```python
#좌표계 생성
>>> plt.subplot(1, 1, 1)

#x, y 데이터 지정
>>> x = np.array(["강동구", "강남구", "강서구", "강북구"])
>>> y1 = np.array([8566, 6482, 5335, 7310])
>>> y2 = np.array([4283, 3241, 2667, 3655])

#그래프 생성
#세로 막대그래프의 너비 0.3
>>> plt.bar(x, y1, width = 0.3, label = "업무량")
>>> plt.bar(x, y2, width = 0.3, label = "완료량")

#타이틀 설정
>>> plt.title("각 구별 업무량과 완료량", loc = "center")  #이름과 위치

#데이터 레이블 추가
>>> for a, b in zip(x, y1):
        plt.text(a, b, b, ha = 'center', va = "bottom", fontsize = 12)

>>> for a, b in zip(x, y2):
        plt.text(a, b, b, ha = 'center', va = "top", fontsize = 12)

#x축과 y축의 이름 설정
>>> plt.xlabel('구')
>>> plt.ylabel('업무상황')

>>> plt.grid(False)  #그리드 설정

#범례 설정
>>> plt.legend(loc = "upper center", ncol = 2)

#그래프 로컬 저장
>>> plt.savefig(r"C:\Users\ramon\Desktop\bar.jpg")
```

저장된 그래프는 다음과 같습니다.

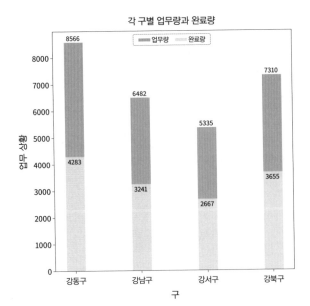

13.8.3 가로 막대그래프 생성하기

가로 막대그래프는 세로 막대그래프와 유사합니다. x축과 y축의 교환이 이루어지며, 세로 방향 그래프가 가로 방향으로 전환됩니다. plt 라이브러리의 barh 메소드를 사용합니다.

■ 파라미터 상세

barh 메소드는 다음과 같이 사용합니다.

```
plt.barh(y, width, height, align, color, edgecolor)
```

barh 메소드의 파라미터는 다음 표와 같습니다.

파라미터	설명
y	막대를 표시할 위치. 세로 좌표
width	막대의 가로 너비. 가로 좌표
height	막대의 세로 높이. 막대의 실제 너비
align	막대의 맞춤 방식
color	막대의 색상
edgecolor	막대의 가장자리 색상

■ 샘플

각 구별 업무량의 가로 막대그래프는 다음 코드를 사용해 생성할 수 있습니다.

```
#좌표계 생성
>>> plt.subplot(1, 1, 1)

#x, y 데이터 지정
>>> x = np.array(["강동구", "강남구", "강서구", "강북구"])
>>> y = np.array([8566, 6482, 5335, 7310])

#그래프 생성
#width는 막대그래프의 너비. align은 막대그래프의 위치로, edge, center 선택 가능
>>> plt.barh(x, height = 0.5, width = y, align = "center")

#타이틀 설정
>>> plt.title("각 구별 업무량", loc = "center")

#데이터 레이블 추가
>>> for a, b in zip(x, y):
        plt.text(b, a, b, ha = 'center', va = "center", fontsize = 12)

#x축과 y축의 이름 설정
>>> plt.ylabel('구')
>>> plt.xlabel('업무량')

>>> plt.grid(False)  #그리드 설정

#그래프 로컬 저장
>>> plt.savefig(r"C:\Users\ramon\Desktop\barh.jpg")
```

저장된 그래프는 다음과 같습니다.

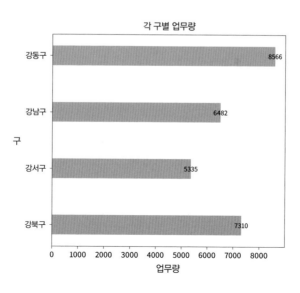

13.8.4 산점도 생성하기

산점도는 각 변수 간의 상관관계를 발견할 수 있으며, plt 라이브러리의 scatter 메소드를 사용합니다.

scatter 메소드의 사용은 다음과 같습니다.

```
>>> plt.scatter(x, y, s, c, marker, linewidths, edgecolors)
```

scatter 메소드의 파라미터는 다음 표와 같습니다.

파라미터	설명
(x, y)	흩어진 점의 위치
s	각 흩어진 점의 크기(점의 면적) 표시. 특정 값이 하나만 존재하면 모든 값이 같음. 여러 값이 나타날 수 있으며, 각 점의 크기가 다르면 버블 그래프가 됨
c	각 점의 색상 표시. 하나의 색상만 존재하면 모든 점의 색상이 같음. 여러 색상 값을 사용해 각 점의 색상을 다르게 설정 가능
marker	각 점의 마커 표시. 꺾은선 그래프의 marker와 같음
linewidths	각 흩어진 점의 선 너비
edgecolors	각 흩어진 점의 외부 윤곽 색상

■ 샘플

1~8월의 평균 기온과 맥주 판매량의 관계를 나타내는 산점도는 다음 코드를 사용해 생성할 수 있습니다.

```
#좌표계 생성
>>> plt.subplot(1, 1, 1)

#x, y 데이터 지정
>>> x = [5.5, 6.6, 8.1, 15.8, 19.5, 22.4, 28.3, 28.9]
>>> y = [2.38, 3.85, 4.41, 5.67, 5.44, 6.03, 8.15, 6.87]

#그래프 생성
>>> plt.scatter(x, y, marker = "o", s = 100)

#타이틀 설정
>>> plt.title("1~8월 평균 기온과 맥주 판매량 관계도", loc = "center")

#x축과 y축의 이름 설정
>>> plt.xlabel('평균 기온')
```

```
>>> plt.ylabel('맥주 판매량')
>>> plt.grid(False)  #그리드 설정

#그래프 로컬 저장
>>> plt.savefig(r"C:\Users\ramon\Desktop\scatter.jpg")
```

저장된 그래프는 다음과 같습니다.

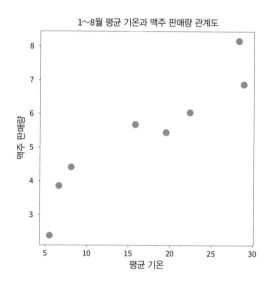

13.8.5 버블 그래프 생성하기

버블 그래프는 산점도 그래프와 유사합니다. 산점도의 점 크기는 모두 같지만, 버블 그래
프의 점 크기는 같지 않습니다. plt 라이브러리의 scatter 메소드를 사용하며, 각 점의
크기를 다르게 설정하면 됩니다.

■ 파라미터 상세

버블 그래프의 파라미터와 산점도의 파라미터는 완전히 같으므로 설명은 생략하겠습니다.

■ 샘플

1~8월 평균 기온과 맥주 판매량의 관계를 나타내는 버블 그래프를 생성하는 코드는 다
음과 같습니다.

```
#좌표계 생성
>>> plt.subplot(1, 1, 1)

#x, y 데이터 지정
>>> x = np.array([5.5, 6.6, 8.1, 15.8, 19.5, 22.4, 28.3, 28.9])
>>> y = np.array([2.38, 3.85, 4.41, 5.67, 5.44, 6.03, 8.15, 6.87])

#그래프 설정
>>> colors = y*10  #y 데이터 크기에 따라 다른 색상 생성
>>> area = y*100  #y 데이터 크기에 따라 다양한 크기의 모양 생성

>>> plt.scatter(x, y, c = colors, marker = "o", s = area)

#타이틀 설정
>>> plt.title("1~8월 평균 기온과 맥주 판매량의 관계도", loc = "center")

#데이터 레이블 추가
>>> for a, b in zip(x, y):
plt.text(a, b, b, ha = 'center', va = "center", fontsize = 10, color = "white")

#x축과 y축의 이름 설정
>>> plt.xlabel('평균 기온')
>>> plt.ylabel('맥주 판매량')

>>> plt.grid(False)  #그리드 설정

#그래프 로컬 저장
>>> plt.savefig(r"C:\Users\ramon\Desktop\scatter.jpg")
```

저장된 그래프는 다음과 같습니다.

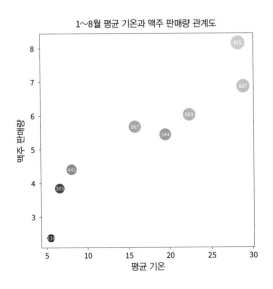

CHAPTER 13 요리 가지런히 놓기 — 데이터 시각화

13.8.6 면적 그래프 생성하기

면적 그래프는 꺾은선 그래프와 유사하며, plt 라이브러리의 stackplot 메소드를 사용합니다.

■ 파라미터 상세

stackplot 메소드는 다음과 같이 사용합니다.

```
plt.stackplot(x, y, labels, colors)
```

stackplot 메소드의 파라미터는 다음 표와 같습니다.

파라미터	설명
(x, y)	x, y 좌표 데이터
labels	각 그래프의 범례 이름
colors	각 그래프의 색상

■ 샘플

×××× 회사의 1~9월 인원 수와 실제 근무 인원의 면적 그래프를 생성하는 코드는 다음과 같습니다.

```
#좌표계 생성
>>> plt.subplot(1, 1, 1)

#x, y 데이터 지정
>>> x = np.array([1, 2, 3, 4, 5, 6, 7, 8, 9])
>>> y1 = np.array([866, 2335, 5710, 6482, 6120, 1605, 3813, 4428, 4631])
>>> y2 = np.array([433, 1167, 2855, 3241, 3060, 802, 1906, 2214, 2315])

#그래프 생성
>>> labels = ["인원 수 ", "근무 인원 수"]  #레이블 지정
>>> plt.stackplot(x, y1, y2, labels = labels)

#타이틀 설정
>>> plt.title("××× 회사의 1~9월 인원 수와 실제 근무 인원 수", loc = "center")

#x축과 y축 이름 설정
>>> plt.xlabel('월')
>>> plt.ylabel('인원 수와 근무 인원 수')

>>> plt.grid(False)  #그리드 설정

>>> plt.legend()

#그래프 로컬 저장
>>> plt.savefig(r"C:\Users\ramon\Desktop\stackplot.jpg")
```

저장된 그래프는 다음과 같습니다.

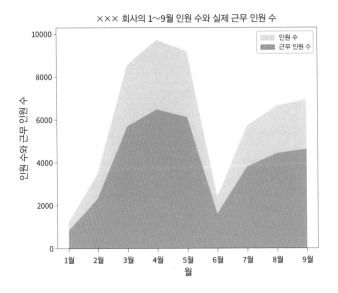

13.8.7 트리맵 생성하기

트리맵은 주로 같은 레벨에서 다른 카테고리의 비율을 나타내기 위해 사용합니다. squarify 라이브러리를 사용하며, 먼저 pip install squarify를 사용해 설치가 필요합니다.

■ 파라미터 상세

plot 메소드는 다음과 같이 사용합니다.

```
squarify.plot(sizes, label, color, value, edgecolor, linewidth)
```

plot 메소드의 파라미터는 다음 표와 같습니다.

파라미터	설명	파라미터	설명
sizes	그래프에 사용할 데이터	value	각 카테고리의 데이터 레이블
label	각 카테고리의 범례 레이블	edgecolor	각 카테고리 간의 테두리 색상
color	각 카테고리의 색상	linewidth	테두리 선 너비

별자리 분포의 트리맵을 생성하는 코드는 다음과 같습니다.

```
>>> import squarify

#각 블록의 크기 지정
>>> size = np.array([3.4, 0.693, 0.585, 0.570, 0.562, 0.531, 0.530, 0.524,
                    0.501, 0.478, 0.468, 0.436])

#각 블록의 문자 레이블
>>> zodiac = np.array(["알수없음", "산양자리", "천칭자리", "물고기자리",
                    "전갈자리", "황소자리", "처녀자리", "쌍둥이자리",
                    "사수자리", "사자자리", "물병자리", "백양자리"])

#각 블록의 데이터 레이블 지정
>>> rate = np.array(["34%", "6.93%", "5.85%", "5.70%", "5.62%", "5.31%",
                    "5.30%", "5.24%", "5.01%", "4.78%", "4.68%", "4.36%"])

#각 블록의 색상 지정
>>> colors = ['steelblue', '#9999ff', 'red', 'indianred', 'green', 'yellow',
            'orange']

#그래프 생성
>>> plot = squarify.plot(sizes = size,
                        label = zodiac,
                        color = colors,
                        value = rate,
                        edgecolor = 'white',
                        linewidth = 3
                        )

#타이틀 크기 설정
>>> plt.title('별자리 분포', fontdict = {'fontsize':12})

#좌표축 제거
>>> plt.axis('off')

#상단과 오른쪽 테두리 눈금 제거
>>> plt.tick_params(top = 'off', right = 'off')

#그래프 로컬 저장
>>> plt.savefig(r"C:\Users\ramon\Desktop\squarify.jpg")
```

트리맵의 실행은 다음과 같습니다.

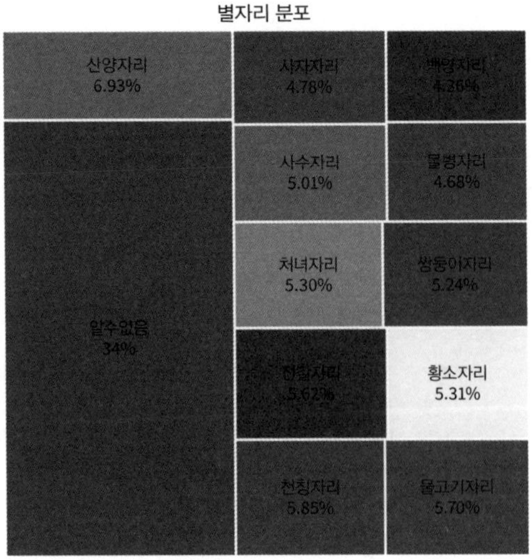

별자리 분포

13.8.8 레이더 그래프 생성하기

레이더 그래프는 주로 사물의 종합적인 평가에 사용하며, 사물의 장단점을 직관적으로 확인할 수 있습니다. 레이더 그래프는 plt 라이브러리의 polar 메소드를 사용하며, polar는 극좌표계를 생성합니다. 실제로 레이더 그래프는 먼저 각 점을 극좌표계에 표시한 뒤, 각 점을 선으로 연결합니다.

■ 파라미터 상세

polar 메소드는 다음과 같이 사용합니다.

```
plt.polar(theta, r, color, marker, linewidth)
```

polar 메소드의 파라미터는 다음 표와 같습니다.

파라미터	설명
theta	극좌표계에서 각 점의 각도
r	극좌표계에서 각 점의 반경
color	각 점을 연결하는 선의 색상
marker	각 점의 마커
linewidth	연결선의 너비

■ 샘플

직원에 대한 종합 평가를 레이더 그래프로 생성하는 코드는 다음과 같습니다.

```
#좌표계 생성
>>> plt.subplot(111, polar = True) #polar 파라미터에 True 전달 시 극좌표계 생성

>>> dataLenth = 5 #전체 원을 5등분
#np.linspace는 지정 간격 내 균등 간격의 숫자 반환
>>> angles = np.linspace(0, 2*np.pi, dataLenth, endpoint = False)
>>> labels = ['', '업무 이해 능력', '논리 사고 능력',
              '빠른 학습 능력', '도구 사용 능력', '소통 능력']
>>> data = [2, 3.5, 4, 4.5, 5]

>>> data = np.concatenate((data, [data[0]])) #닫기
>>> angles = np.concatenate((angles, [angles[0]])) #닫기

#그래프 생성
>>> plt.polar(angles, data, color = "g", marker = "o")

#x축 눈금 설정
>>> plt.xticks(angles, labels)

#타이틀 설정
>>> plt.title(label = "직원 종합 평가")

#그래프 로컬 저장
>>> plt.savefig(r"C:\Users\ramon\Desktop\polarplot.jpg")
```

생성한 레이더 그래프는 다음과 같습니다.

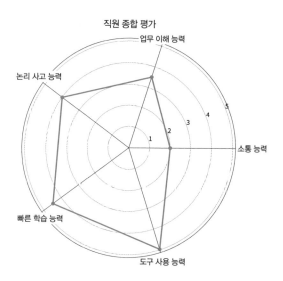

13.8.9 상자 그림 생성하기

상자 그림은 데이터 세트의 이산 상태 반영에 사용하며, plt 라이브러리의 boxplot 메소드를 사용합니다.

■ 파라미터 상세

boxplot 메소드는 다음과 같이 사용합니다.

```
plt.boxplot(x, vert, widths, labels)
```

boxplot 메소드의 파라미터는 다음 표와 같습니다.

파라미터	설명
x	그래프에 사용할 데이터
vert	상자 그림 방향. True는 세로, False는 가로이며, 기본값은 True
widths	상자 그림의 너비
labels	상자 그림의 레이블

■ 샘플

×××회사의 1~9월 인원 수와 실제 근무 인원 수의 상자 그림 생성은 다음 코드와 같습니다.

```
#좌표계 생성
>>> plt.subplot(1, 1, 1)

#x 데이터 지정
>>> y1 = np.array([866, 2335, 5710, 6482, 6120, 1605, 3813, 4428, 4631])
>>> y2 = np.array([433, 1167, 2855, 3241, 3060, 802, 1906, 2214, 2315])
>>> x = [y1, y2]

#그래프 생성
>>> labels = ["인원 수", "실제 근무 인원 수"]
>>> plt.boxplot(x, labels = labels, vert = True, widths = [0.2, 0.5])

#타이틀 설정
>>> plt.title("××× 회사 1~9월 인원 수와 실제 근무 인원 수", loc = "center")

>>> plt.grid(False)  #그리드 설정

#그래프 로컬 저장
>>> plt.savefig(r"C:\Users\ramon\Desktop\boxplot.jpg")
```

생성한 상자 그림은 다음과 같습니다.

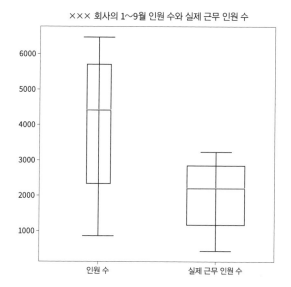

13.8.10 원 그래프 생성하기

원 그래프는 보통 같은 레벨에서 다른 카테고리의 비율을 나타내기 위해 사용합니다. plt 라이브러리의 pie 메소드를 사용합니다.

■ 파라미터 상세

pie 메소드의 사용은 다음과 같습니다.

```
plt.pie(x, explode, labels, colors, autopct, pctdistance,
        shadow, labeldistance, startangle, radius, counterclock,
        wedgeprops, textprops, center, frame)
```

pie 메소드의 파라미터는 다음 표와 같습니다.

파라미터	설명
x	그래프에 사용할 데이터
explode	원 그래프의 각 카테고리에서 원 중심끼지 거리
labels	원 그래프의 각 카테고리 레이블
colors	원 그래프의 각 카테고리 색상
autopct	원 그래프 내 데이터의 백분율 형식 제어

파라미터	설명
pctdistance	데이터 레이블에서 중심까지 거리
shadow	원 그래프에 그림자 효과 유무
labeldistance	각 인덱스에서 원 중심까지 거리
startangle	원 그래프의 초기 각도
radius	원 그래프의 반지름
counterclock	원 그래프 시계 반대 반향 표시 여부
wedgeprops	원 그래프 내부와 외부 경계 속성
textprops	원 그래프 텍스트 관련 속성
center	원 그래프 중심 위치
frame	원 그래프 뒤 프레임 표시 여부

■ 샘플

구별 업무량의 비율을 원 그래프로 표시하는 코드는 다음과 같습니다.

```
#좌표계 생성
>>> plt.subplot(1, 1, 1)

#x 데이터 지정
>>> x = np.array([8566, 6482, 5335, 7310])

>>> labels = ["강동구", "강남구", "강서구", "강북구"]
>>> explode = [0.05, 0, 0, 0]  #첫 번째 카테고리와 원 중심까지의 거리를
                                조금 더 멀게 설정
>>> labeldistance = 1.1
>>> plt.pie(x, labels = labels, autopct = '%.0f%%', shadow = True,
        explode = explode, radius = 1.0, labeldistance = labeldistance)

#타이틀 설정
>>> plt.title("각 구별 업무량 비율", loc = "center")
#그래프 로컬 저장
>>> plt.savefig(r"C:\Users\ramon\Desktop\pie.jpg")
```

원 그래프의 생성 결과는 다음과 같습니다.

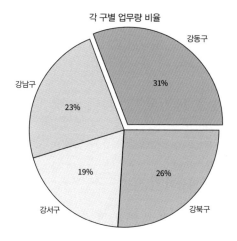

각 구별 업무량 비율

13.8.11 도넛 그래프 생성하기

도넛 그래프는 원 그래프와 유사하며, 같은 레벨에서 다른 카테고리 간의 비율을 나타내기 위해 사용합니다. plt 라이브러리의 pie 메소드를 사용합니다.

■ 파라미터 상세

도넛 그래프에서 사용하는 파라미터는 원 그래프와 같습니다.

■ 샘플

도넛 그래프는 wedgeprops 파라미터를 사용해 구현합니다.

```
#좌표계 생성
>>> plt.subplot(1, 1, 1)

#x 데이터 지정
>>> x1 = np.array([8566, 6482, 5335, 7310])
>>> x2 = np.array([4283, 3241, 2667, 3655])

#그래프 생성
>>> labels = ["강동구", "강남구", "강서구", "강북구"]
>>> plt.pie(x1, labels = labels, radius = 1.0,
            wedgeprops = dict(width = 0.3, edgecolor = 'w'))
>>> plt.pie(x2, radius = 0.7, wedgeprops = dict(width = 0.3, edgecolor = 'w'))

#주석 추가
>>> plt.annotate("완료량",
                 xy = (0.35, 0.35), xytext = (0.7, 0.45),
                 arrowprops = dict(facecolor = 'black', arrowstyle = '->'))
```

```
>>> plt.annotate("업무량",
            xy = (0.75, 0.20), xytext = (1.1, 0.2),
            arrowprops = dict(facecolor = 'black', arrowstyle = '->'))

#타이틀 설정
#타이틀과 타이틀의 위치
>>> plt.title("각 구별 업무량과 완료량 비율", loc = "center")

#그래프 로컬 저장
>>> plt.savefig(r"C:\Users\ramon\Desktop\pie.jpg")
```

도넛 그래프의 생성 결과는 다음과 같습니다.

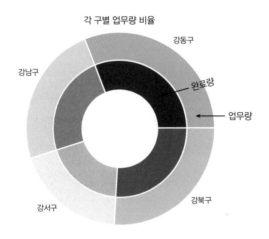

13.8.12 히트맵 생성하기

히트맵heat map은 특정 항목의 응답성을 반영하는 그래프로, 집중할 영역을 빠르게 발견할 수 있습니다. 구현은 plt 라이브러리의 imshow 메소드를 사용합니다.

■ 파라미터 상세

imshow 메소드는 다음과 같이 사용합니다.

```
plt.imshow(x, cmap)
```

imshow 메소드의 파라미터는 다음 표와 같습니다.

파라미터	설명
x	그래프에 사용할 데이터. 행렬 형식
cmap	그래프 그라데이션의 테마 색상을 지정하는 색 구성

cmap의 모든 옵션은 plt.cm 내부에 있습니다. Jupyter Notebook에서 plt.cm.을 입력하고, [Tap] 키를 사용해 다음 그림과 같이 확인할 수 있습니다.

■ 샘플

히트맵을 생성하는 코드는 다음과 같습니다.

```
>>> import itertools
#여러 관련 지표 간의 연관성
>>> cm = np.array([[1, 0.082, 0.031, -0.0086],
                   [0.082, 1, -0.063, 0.062],
                   [0.031, -0.09, 1, 0.026],
                   [-0.0086, 0.062, 0.026, 1]])

>>> cmap = plt.cm.cool  #색 구성 설정
>>> plt.imshow(cm, cmap = cmap)
>>> plt.colorbar()  #오른쪽에 색상 막대 표시

#x축과 y축 눈금 레이블 설정
>>> classes = ["부채율", "대출 가능 금액", "나이", "가족수"]
>>> tick_marks = np.arange(len(classes))
>>> plt.xticks(tick_marks, classes)
>>> plt.yticks(tick_marks, classes)

#지정 위치에 데이터 표시
>>> for i, j in itertools.product(range(cm.shape[0]), range(cm.shape[1])):
        plt.text(j, i, cm[i, j], horizontalalignment = "center")

>>> plt.grid(False)  #그리드 설정

#그래프 로컬 저장
>>> plt.savefig(r"C:\Users\ramon\Desktop\imshow.jpg")
```

히트맵의 생성 결과는 다음 그림과 같습니다.

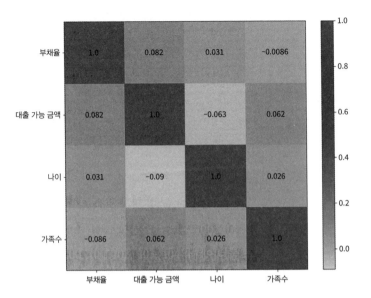

13.8.13 수평선과 수직선 생성하기

수평선과 수직선은 주로 비교 참고용으로 사용하며, plt 라이브러리의 axhline과
axvline 메소드를 사용합니다.

■ 파라미터 상세

axhline와 axvline 메소드의 사용은 다음과 같습니다.

```
plt.axhline(y, xmin, xmax)
plt.axvline(x, ymin, ymax)
```

두 메소드의 파라미터는 다음 표와 같습니다.

파라미터	설명
y/x	수평선/수직선 생성 시 가로/세로 좌표
xmin/xmax	수평선의 시작 지점과 종료 지점
ymin/ymax	수직선의 시작 지점과 종료 지점

수평선과 수직선의 생성은 다음과 같습니다.

```
#좌표계 생성
>>> plt.subplot(1, 2, 1)

#y가 2, 시작 지점이 0.2, 종료 지점이 0.6인 수평선 생성
>>> plt.axhline(y = 2, xmin = 0.2, xmax = 0.6)

>>> plt.subplot(1, 2, 2)

#x가 2, 시작 지점이 0.2, 종료 지점이 0.6인 수직선 생성
>>> plt.axvline(x = 2, ymin = 0.2, ymax = 0.6)
```

코드를 실행한 결과는 다음과 같습니다.

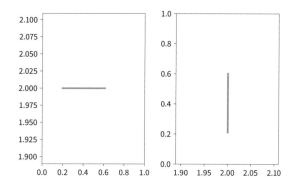

13.9 그래프 조합하기

그래프 조합은 같은 좌표계에서 여러 개의 그래프를 생성하는 것입니다. 보통 꺾은선 그래프 + 꺾은선 그래프, 꺾은선 그래프 + 세로 막대그래프, 세로 막대그래프 + 세로 막대그래프 등의 종류가 있습니다. 세로 막대그래프 + 세로 막대그래프는 클러스터 막대그래프이므로 설명은 생략하겠습니다.

13.9.1 꺾은선 그래프 + 꺾은선 그래프

꺾은선 그래프 + 꺾은선 그래프는 같은 좌표계에서 두 개 이상의 꺾은선을 생성하며, 좌표계 생성 후 직접 꺾은선 그래프를 생성하는 여러 줄의 코드를 실행합니다. 코드는 다음과 같습니다.

```
#좌표축 생성
>>> plt.subplot(1, 1, 1)

#x, y 데이터 지정
>>> x = np.array([1, 2, 3, 4, 5, 6, 7, 8, 9])
>>> y1 = np.array([866, 2335, 5710, 6482, 6120, 1605, 3813, 4428, 4631])
>>> y2 = np.array([433, 1167, 2855, 3241, 3060, 802, 1906, 2214, 2315])

#두 개의 꺾은선 직접 생성
>>> plt.plot(x, y1, color = "k", linestyle = "solid", linewidth = 1,
            marker = "o", markersize = 3, label = "인원 수")
>>> plt.plot(x, y2, color = "k", linestyle = "dashdot", linewidth = 1,
            marker = "o", markersize = 3, label = "실제 근무 인원 수")

#타이틀 설정
#타이틀과 타이틀 위치
>>> plt.title("×××회사 1~9월 인원 수와 실제 근무 인원 수", loc = "center")

#데이터 레이블 추가
>>> for a, b in zip(x, y1):
        plt.text(a, b, b, ha = 'center', va = "bottom", fontsize = 11)

>>> for a, b in zip(x, y2):
        plt.text(a, b, b, ha = 'center', va = "bottom", fontsize = 11)

#x축과 y축 이름 설정
>>> plt.xlabel('월')
>>> plt.ylabel('인원 수')

#x축과 y축의 눈금 설정
>>> plt.xticks(np.arange(1, 10, 1),["1월", "2 월", "3월", "4월",
            "5월", "6월", "7월", "8월", "9월"])
>>> plt.yticks(np.arange(1000, 7000, 1000),
            ["1000명", "2000명", "3000명", "4000명", "5000명", "6000명"])

>>> plt.legend()  #범례 설정

#파일 로컬 저장
>>> plt.savefig(r"C:\Users\ramon\Desktop\plot2.jpg")
```

꺾은선 그래프 + 꺾은선 그래프를 생성한 결과는 다음과 같습니다.

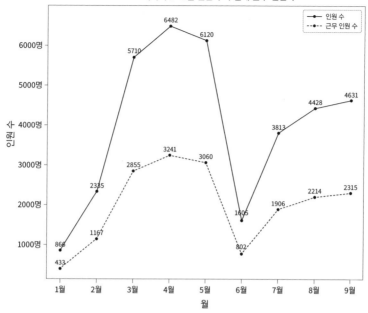

13.9.2 꺾은선 그래프 + 세로 막대그래프

꺾은선 그래프 + 세로 막대그래프는 꺾은선 그래프 + 꺾은선 그래프의 생성 원리와 같습니다. 좌표계를 만들고 꺾은선 그래프를 생성하는 코드를 실행한 뒤 세로 막대그래프를 생성하는 코드를 실행합니다. 이를 통해 두 그래프를 하나의 좌표계에 표시하며, 코드는 다음과 같습니다.

```
#좌표축 생성
>>> plt.subplot(1, 1, 1)

#x, y 데이터 지정
>>> x = np.array([1, 2, 3, 4, 5, 6, 7, 8, 9])
>>> y1 = np.array([866, 2335, 5710, 6482, 6120, 1605, 3813, 4428, 4631])
>>> y2 = np.array([433, 1167, 2855, 3241, 3060, 802, 1906, 2214, 2315])

#꺾은선 그래프와 세로 막대그래프 직접 생성
>>> plt.plot(x, y1, color = "k", linestyle = "solid", linewidth = 1,
            marker = "o", markersize = 3, label - "인원 수")
>>> plt.bar(x, y2, color = "k", label = "실제 근무 인원 수")

#타이틀 설정
#타이틀과 타이틀 위치
```

```
>>> plt.title("××× 회사 1~9월 인원 수와 실제 근무 인원 수", loc = "center")

#데이터 레이블 추가
>>> for a, b in zip(x, y1):
        plt.text(a, b, b, ha = 'center', va = "bottom", fontsize = 11)

>>> for a, b in zip(x, y2):
        plt.text(a, b, b, ha = 'center', va = "bottom", fontsize = 11)

#x축과 y 축 이름 설정
>>> plt.xlabel('월')
>>> plt.ylabel('인원 수')

#x축과 y축의 눈금 설정
>>> plt.xticks(np.arange(1, 10, 1), ["1월", "2월", "3월", "4월", "5월",
            "6월", "7월", "8월", "9월"])
>>> plt.yticks(np.arange(1000, 7000, 1000),
            ["1000명", "2000명", "3000명", "4000명", "5000명", "6000명"])

>>> plt.legend()  #범례 설정

#파일 로컬 저장
>>> plt.savefig(r"C:\Users\ramon\Desktop\bar2.jpg")
```

꺾은선 그래프 + 세로 막대그래프의 생성 결과는 다음과 같습니다.

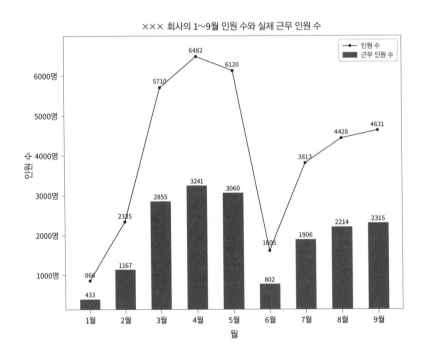

다른 그래프 조합 생성도 같은 방식을 사용합니다.

13.10 이중축 그래프 생성

이중축 그래프는 기본 축과 보조 축이 모두 존재하는 그래프입니다. 크기가 다르지만 두 지표가 같은 좌표계에 위치할 때는 이중축을 사용해야 합니다. 예를 들어, 업무량과 완료량은 크기가 다른 두 지표입니다.

13.10.1 이중 y축 그래프 생성하기

이중 y축 그래프는 하나의 좌표계에 두 개의 y축이 존재하며, plt 라이브러리의 twinx 메소드를 사용합니다. 먼저 좌표계를 생성하고, 기본 좌표축에 그래프를 생성합니다. plt. twinx 메소드를 사용해 보조 좌표축에 그래프를 생성하며, 코드는 다음과 같습니다.

```
#좌표축 생성
>>> plt.subplot(1, 1, 1)

#x, y 데이터 지정
>>> x = np.array([1, 2, 3, 4, 5, 6, 7, 8, 9])
>>> y1 = np.array([866, 2335, 5710, 6482, 6120, 1605, 3813, 4428, 4631])
>>> y2 = np.array([0.54459448, 0.32392354, 0.39002751, 0.41121879, 0.32063077,
                   0.33152276, 0.92226226, 0.02950071, 0.15716906])

#기본 좌표축에 그래프 생성
>>> plt.plot(x, y1, color = "k", linestyle = "solid", linewidth = 1,
             marker = "o", markersize = 3, label = "인원 수")

#x축과 y축 이름 설정
>>> plt.xlabel('월')
>>> plt.ylabel('인원 수')

#기본 좌표축 그래프 범례
>>> plt.legend(loc = "upper left")

#twinx 메소드 호출
>>> plt.twinx()

#보조 좌표축 그래프 생성
>>> plt.plot(x, y2, color = "k", linestyle = "dashdot", linewidth = 1,
             marker = "o", markersize = 3, label = "실제 근무율")
```

```
#x축과 y축 이름 설정
>>> plt.xlabel('월')
>>> plt.ylabel('실제 근무율')

#보조 좌표 그래프 범례 설정
>>> plt.legend()

#타이틀 설정
#타이틀과 타이틀 위치
>>> plt.title("×××회사 1~9월 인원 수와 실제 근무율", loc = "center")

#그래프 파일 로컬 저장
>>> plt.savefig(r"C:\Users\ramon\Desktop\twinx.jpg")
```

이중 y축 그래프는 다음 그림과 같습니다.

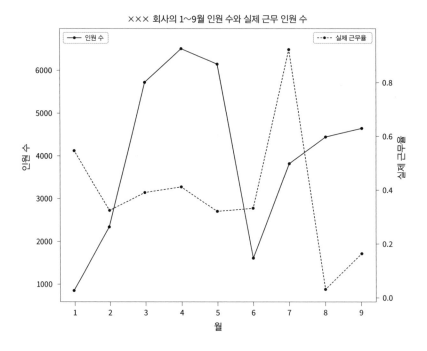

13.10.2 이중 x축 그래프 생성하기

이중 x축 그래프는 하나의 좌표계에 두 개의 x축이 존재하며, plt 라이브러리의 twiny 메소드를 사용합니다. 구체적인 생성 과정은 이중 y축 그래프와 동일하지만, 실무에서는 자주 사용되지 않으므로 설명은 생략하겠습니다.

13.11 그래프 스타일 설정

matplotlib 라이브러리는 기본 스타일 이외에도 다른 스타일을 사용할 수 있도록 지원합니다. matplotlib 라이브러리에서 지원하는 모든 스타일은 plt.stlye.available을 사용해 확인할 수 있으며, 코드는 다음과 같습니다.

```
>>> plt.style.available
['bmh',
 'classic',
 'dark_background',
 'fast',
 'fivethirtyeight',
 'ggplot',
 'grayscale',
 'seaborn-bright',
 'seaborn-colorblind',
 'seaborn-dark-palette',
 'seaborn-dark',
 'seaborn-darkgrid',
 'seaborn-deep',
 'seaborn-muted',
 'seaborn-notebook',
 'seaborn-paper',
 'seaborn-pastel',
 'seaborn-poster',
 'seaborn-talk',
 'seaborn-ticks',
 'seaborn-white',
 'seaborn-whitegrid',
 'seaborn',
 'Solarize_Light2',
 '_classic_test']
```

이 스타일 중에서 하나를 사용하려면 프로그램 시작 부분에 다음과 같은 코드를 추가합니다.

```
>>> plt.style.use(스타일명)
```

주의할 점은 프로그램 시작 부분에 스타일을 지정하면 해당 프로그램에서 사용하는 모든 그래프가 해당 스타일을 사용한다는 것입니다.

다음은 matplotlib 라이브러리가 지원하는 몇 가지 스타일 샘플입니다.

(1) 기본 스타일

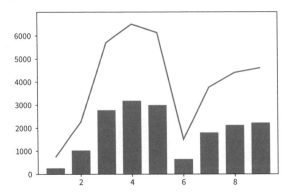

(2) bmh 스타일

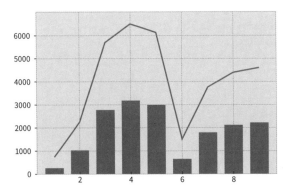

(3) classic 스타일

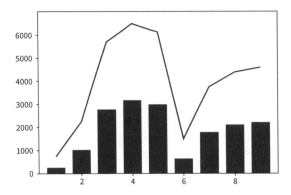

⑷ dark_background 스타일

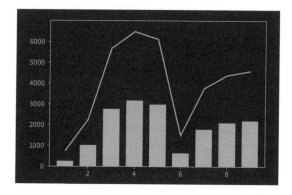

⑸ fast 스타일

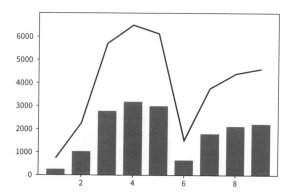

⑹ fivethirtyeight 스타일

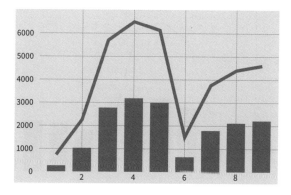

⑺ ggplot 스타일

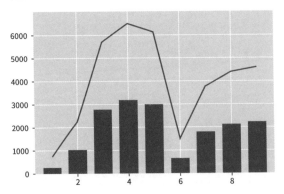

⑻ grayscale 스타일

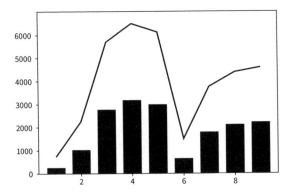

⑼ seaborn-bright 스타일

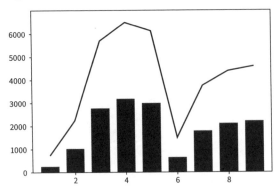

심화편

심화편에서는 실전 사례 소개를 통해 실제 업무에서 파이썬의 사용을
확인하고, 파이썬의 Numpy를 설명하겠습니다.

사례는 주로 파이썬을 사용한 보고서 자동화, 자동 이메일 전송, 다양한 산업의 비즈니스
분석 등이 있습니다. 또한, 파이썬의 Numpy에서 자주 사용되는 메소드도 소개하겠습니다.

14

대표적인 데이터 분석 사례

14.1 파이썬을 사용한 보고서 자동화

데이터 분석가는 보고서를 작성해야 하는 일이 많지만, 작성할 보고서가 너무 많으면 데이터를 분석할 시간이 없습니다. 데이터 분석가의 핵심 가치는 단순히 데이터를 나열하는 것이 아니라 보고서를 통해 데이터 너머의 숨겨진 정보를 찾아내는 것입니다. 간단한 데이터만 나열하는 것은 데이터 분석가가 아니라 데이터 수집가일 뿐입니다. 단순한 수집가에 그치지 않고 분석에 더욱 힘을 쏟기 위해서는 어떻게 해야 할까요? 스크립트를 통해 고정된 데이터의 수집 작업을 자동으로 진행하면, 분석가는 더 많은 시간을 수집 작업이 아닌 분석에 사용할 수 있습니다. 이와 같이 프로그램이 자동으로 실행되는 프로세스를 자동화라고 합니다.

14.1.1 보고서 자동화가 필요한 이유

■ 업무 효율 상승

앞서 언급한 수집 유형의 작업을 스크립트로 작성하여 프로그램이 스스로 작업할 수 있도록 만들면 시간을 많이 절약할 수 있습니다. 이로 인해 사람은 더욱 가치 있는 일에 집중할 수 있습니다.

■ 오류 감소

사람이 직접 작업하는 부분은 오류가 발생할 수 있습니다. 예를 들어, 일일 보고서에 날짜를 매번 직접 수정해서 작성하게 되면 휴일 등을 실수로 잘못 입력하게 될 가능성이 큽니다. 이런 틀린 내용을 수정하지 않게 되면 해당 데이터는 잘못된 정보가 됩니다. 그러나 프로그램을 통해 매일 해야 하는 일만 지정하면 자동화를 통해 오류 발생 확률을 줄일 수 있습니다.

14.1.2 자동화에 적합한 보고서 유형

자동화의 장점은 명확하지만 그렇다고 모든 보고서에 적합한 것은 아닙니다. 따라서 보고서 자동화의 진행은 다음과 같은 부분을 고려해야 합니다.

■ 사용 빈도

일별, 주별, 월별 보고서 등 사용 빈도가 높은 보고서는 자동화가 필요하지만, 사용 빈도가 높지 않은 보고서 유형은 필요하지 않습니다.

■ 개발 시간

보고서 자동화는 스크립트를 작성해야 합니다. 일부 자동화는 구현이 어려워서 스크립트 작성에 시간이 오래 걸릴 수도 있습니다. 그러므로 스크립트 개발에 소요되는 시간과 보고서를 직접 작성하는 시간을 비교해야 합니다.

■ 수요의 변경 빈도

수요 변경 빈도는 보고서 내 인덱스와 표현 방식의 변경 빈도를 나타냅니다. 예를 들어, 새로운 사업의 발전 상황에 대한 보고서는 새로운 방법을 지속적으로 시도해야 하기 때문에 변경 빈도가 높습니다. 따라서 이러한 경우에는 자동화에 적합하지 않습니다. 하지만 안정기에 접어든 사업은 보고서의 형식도 어느 정도 고정되어 있으므로 자동화를 고려할 수 있습니다.

■ 프로세스 표준성

자동화는 컴퓨터가 수행하므로 프로세스는 표준을 따라야 하며, 이는 컴퓨터에게 해야 할 일을 쉽게 설명할 수 있다는 장점이 있습니다.

14.1.3 보고서 자동화 구현 방법

보고서 자동화는 사람이 할 일을 컴퓨터에게 대신하게 만드는 것으로, 첫 번째 단계, 두 번째 단계 등 각 단계를 차례대로 알려주면 컴퓨터는 일을 자동으로 완료합니다.

다음의 샘플을 통해 보고서 자동화 구현 방법을 확인하겠습니다. 다음과 같은 그림의 표를 매일 생성하고, 표에는 이번 달, 지난 달, 전년 동기, 분기 대비, 동기 대비의 매출과 고객 수, 객단가를 포함합니다.

	이번 달 합계	지난 달 동기	전년 동기	분기 대비	동기 대비
매출액					
고객수					
객단가					

일일 보고서의 소스 데이터 중 작년부터 현재까지의 주문 데이터가 하나의 주문표에 저장되어 있을 때, 해당 주문표의 부분 데이터는 다음 그림과 같습니다.

	상품ID	카테고리ID	가격	판매량	거래일자	주문ID
0	30006206	915000003	25.23	0.328	2020-01-01	20170103CDLG000210052759
1	30163281	914010000	2.00	2.000	2020-01-02	20170103CDLG000210052759
2	30200518	922000000	19.62	0.230	2020-01-03	20170103CDLG000210052759
3	29989105	922000000	2.80	2.044	2020-01-04	20170103CDLG000210052759
4	30179558	915000100	47.41	0.226	2020-01-05	20170103CDLG000210052759

먼저 코드에서 사용할 인덱스는 다음 설명과 같습니다.

```
#인덱스 설명
매출액 = 가격 * 판매량
고객 수 = 주문 ID 중복을 제거한 수
객단가 = 매출액 / 고객 수
이번 달 = 2020년 2월
지난 달 = 2020년 1월
전년 동기 = 2019년 2월
```

이제 정식 보고서 작성 과정을 시작하겠습니다. 코드를 이해하기 쉽도록 전체 프로세스를 몇 가지 단계로 구분하겠습니다.

■ 소스 데이터 가져오기

pandas 모듈의 read_csv 메소드를 사용해 소스 데이터를 직접 가져오는 코드는 다음과 같습니다.

```
>>> import pandas as pd
>>> from datetime import datetime
>>> data = pd.read_csv(r"C:\Users\Desktop\order.csv", parse_dates = ["거래일자"])
>>> data.head()  #데이터 미리보기
>>> data.info()  #소스 데이터 유형 확인
<class 'pandas.core.frame.DataFrame'>
RangeIndex: 6148 entries, 0 to 6147
Data columns (total 6 columns):
```

```
상품ID            3478 non-null float64
카테고리ID        3478 non-null float64
단가              3478 non-null float64
매출량            3478 non-null float64
거래일자          3478 non-null datetime64[ns]
주문ID            3478 non-null object
dtypes: datetime64[ns](1), float64(4), object(1)
memory usage: 288.3+ KB
```

parse_dates는 파라미터의 데이터를 시간 형식으로 표시합니다.

■ 이번 달 관련 지표 계산하기

거래 시간에 따라 이번 달의 모든 데이터를 인덱싱하고, 이번 달 주문 데이터를 기준으로
계산하는 코드는 다음과 같습니다.

```
>>> This_month = data[(data["거래일자"] >= datetime(2020, 2, 1))&
                      (data["거래일자"] <= datetime(2020, 2, 28))]
>>> sales_1 = (This_month["판매량"]*This_month["단가"]).sum()  #매출액 계산
#고객 수 계산
>>> traffic_1 = This_month["주문ID"].drop_duplicates().count()
>>> s_t_1 = sales_1/traffic_1 #객단가 계산
>>> print("이번 달 매출액: {:.2f}, 고객 수: {},
        객단가: {:.2f}".format(sales_1, traffic_1, s_t_1))
이번 달 매출액: 9572.66, 고객 수: 480, 객단가: 19.94
```

■ 지난 달 관련 지표 계산하기

지난 달 관련 지표의 계산은 이번 달 관련 지표를 계산하는 논리와 같으며, 데이터의 범
위만 다릅니다. 먼저 거래일자에 따라 지난 달의 모든 데이터를 인덱싱하고, 지난 달 주
문 데이터를 기준으로 계산을 진행합니다. 코드는 다음과 같습니다.

```
>>> last_month = data[(data["거래일자"] >= datetime(2020, 1, 1))&
                      (data["거래일자"] <= datetime(2020, 1, 31))]
>>> sales_2 = (last_month["판매량"]*last_month["단가"]).sum()  #매출액 계산
#고객 수 계산
>>> traffic_2 = last_month["주문ID"].drop_duplicates().count()
>>> s_t_2 = sales_2 / traffic_2 #객단가 계산
>>> print("지난 달 매출액: {:.2f}, 고객 수: {},
        객단가: {:.2f}".format(sales_2, traffic_2, s_t_2))
지난 달 매출액: 7345.79, 고객 수: 361, 객단가: 20.35
```

■ 전년 동기 관련 지표 계산하기

전년 동기 관련 지표의 계산은 이번 달 관련 지표를 계산하는 논리와 같으며, 데이터의 범위만 전년 동기로 변경하면 됩니다. 먼저 전년 동기의 모든 데이터를 거래일자에 따라 인덱싱하고, 전년 동기 주문 데이터를 기준으로 계산을 진행합니다. 코드는 다음과 같습니다.

```
>>> same_month = data[(data["거래일자"] >= datetime(2017, 2, 1)) &
                      (data["거래일자"] <= datetime(2017, 2, 28))]
>>> sales_3 = (same_month["매출량"]*same_month["단가"]).sum()  #매출액 계산
#고객 수 계산
>>> traffic_3 = same_month["주문ID"].drop_duplicates().count()
>>> s_t_3 = sales_3/traffic_3  #객단가 계산
>>> print("전년 동기 매출액: {: .2f}, 고객 수: {},
        객단가:{:.2f}".format(sales_3, traffic_3, s_t_3))
전년 동기 매출액: 12031.62, 고객 수: 565, 객단가: 21.29
```

■ 함수를 사용한 코딩 효율 높이기

앞의 세 기간에 대해 관련 지표를 계산하는 논리는 동일하며, 유일하게 다른 점은 계산에 사용하는 부분의 데이터입니다. 함수는 프로그램 코드를 재사용할 수 있다는 특징이 있으므로 함수를 사용하면 세 가지 기간의 지표를 다음과 같이 계산할 수 있습니다.

```
>>> def get_month_data(data):
        sale = ((data["단가"]*data["판매량"]).sum()
        traffic = data["주문ID"].drop_duplicates().count()
        s_t = sale/traffic
        return (sale, traffic, price)

#이번 달 관련 지표 계산
>>> sale_1, traffic_1, s_t_1 = get_month_data(This_data)

#지난 달 관련 지표 계산
>>> sale_2, traffic_2, s_t_2 = get_month_data(last_data)

#전년 동기 관련 지표 계산
>>> sale_3, traffic_3, s_t_3 = get_month_data(same_data)
```

세 기간의 지표 결합은 다음과 같습니다.

```
>>> report = pd.DataFrame([[sale_1, sale_2, sale_3],
                           [traffic_1, traffic_2, traffic_3],
                           [s_t_1, s_t_2, s_t_3]],
                          columns = ["이번 달 누계", "지난 달", "전년 동기"]
                          index = ["매출액", "고객 수", "객단가"])
>>> report
            이번 달 누계    지난 달    전년 동기
매출액   9573.0       7346.0   12032.0
고객 수  480.0        361.0    565.0
객단가   20.0         20.0     21.0

#동기 대비, 분기 대비 필드 추가
>>> report["분기 대비"] = report["이번 달 누계"]/report["지난 달"] - 1
>>> report["동기 대비"] = report["이번 달 누계"]/report["전년 동기"] - 1
>>> report
            이번 달 누계    지난 달    작년 동기    분기 대비    동기 대비
매출액   9573.0       7346.0   12032.0   0.303158   -0.204372
고객 수  480.0        361.0    565.0     0.329640   -0.150442
객단가   20.0         20.0     21.0      0.000000   -0.047619
```

결과 파일을 로컬에 저장합니다.

```
>>> report.to_csv(r"C:\Users\Desktop\order.csv", encoding = "utf-8-sig")
```

이 모든 과정을 미리 작성해 두고 해당 테이블이 필요할 때마다 실행하면, 대상 폴더에 결과 파일이 생성됩니다. 이를 통해 수동으로 계산하는 시간을 절약할 수 있습니다.

앞의 보고서는 간단하지만, 복잡한 보고서를 사용하더라도 구현 원리는 같습니다. 따라서 각 단계에서 수행할 작업을 미리 작성해 두면, 프로그램은 간단한 클릭만으로도 원하는 결과를 생성합니다.

14.2 이메일 자동으로 보내기

보고서 작성 후 보통 작성한 보고서를 다른 사람에게 전송하는 일이 많습니다. 매일 반복적으로 전송을 해야 하는 보고서라면 파이썬을 통한 자동 발송을 고려해 볼 수 있습니다.

파이썬은 주로 smtplib와 email 모듈을 사용해 이메일을 보낼 수 있습니다. smtplib는 주로 서버 연결 설정 및 연결 해제에 사용하며, email 모듈은 수신인, 발신인, 제목 등 이메일 자체 관련 내용 설정에 사용합니다.

메일에 따라 서버 연결 주소가 다르므로 사용하는 메일에 따라 서버 연결을 설정합니다. 네이버 메일을 많이 사용하므로 네이버를 예로 들어 파이썬을 통한 메일 발송 샘플을 확인하겠습니다.

실제 코드를 작성하기 전, 네이버 메일에서 기능 사용을 설정해야 합니다. 설정 화면은 다음 그림과 같습니다.

설정에서 POP3/IMAP를 클릭하고, POP3/SMTP 사용과 IMAP/SMTP 사용에서 '사용함'을 선택하고 '확인'을 누릅니다.

메일을 자동으로 발송하는 코드는 다음과 같습니다.

```
>>> import smtplib
>>> from email import encoders
>>> from email.header import Header
>>> from email.mime.multipart import MIMEMultipart
>>> from email.mime.text import MIMEText
>>> from email.utils import parseaddr, formataddr
>>> from email.mime.application import MIMEApplication

#발신 메일함 주소
>>> asender = "jpubking@naver.com"
```

```
#수신 메일함 주소
>>> areceiver = "jpubking@naver.com"
#참조 메일 주소
>>> acc = 'jpubkingking@naver.com'
#메일 제목
>>> asubject = '테스트 메일 발송'

#발신 메일 주소
>>> from_addr = "jpubking@naver.com"
#메일 비밀번호
>>> password = "xxxxxxxxx"

#메일 설정
>>> msg = MIMEMultipart()
>>> msg['Subject'] = asubject
>>> msg['to'] = areceiver
>>> msg['Cc'] = acc
>>> msg['from'] = asender

#메일 내용
>>> body = "안녕하세요!"

#메일 텍스트 추가
>>> msg.attach(MIMEText(body, 'plain', 'utf-8'))
#첨부 파일
#파일 경로는 /를 사용함
>>> xlsxpart = MIMEApplication(open('C:/Users/ramon/Desktop/test.xlsx', 'rb').
                               read())
>>> xlsxpart.add_header('Content-Disposition', 'attachment',
                        filename = 'test.xlsx')
>>> msg.attach(xlsxpart)

#메일 서버 주소 및 포트 설정
>>> smtp_server = "smtp.naver.com"
>>> server = smtplib.SMTP_SSL(smtp_server, 465)
>>> server.set_debuglevel(1)
#로그인
>>> server.login(from_addr, password)
#메일 송신
>>> server.sendmail(from_addr, areceiver.split(', ') + acc.split(', '),
                    msg.as_string())
#서버 접속 종료
>>> server.quit()
```

파이썬으로 전송한 메일은 다음 그림과 같습니다.

동시에 여러 메일을 보내야 할 때는 위의 전송 과정을 함수로 정의하고, 수신자와 내용을 리스트로 만들어 각 수신자별로 함수를 사용해 전송합니다.

시간 지정 발송, HTML 표시, 사진 첨부 등 여러 가지 추가 기능이 많으므로 관심이 있는 독자는 관련 서적이나 인터넷을 통해 관련 내용을 더 깊이 공부해 보시기 바랍니다.

14.3 슈퍼마켓 체인점 관련 데이터 분석

슈퍼마켓 체인점의 데이터를 분석하는 분석가는 다음에서 논의하는 내용에 주의를 기울여야 합니다. 소스 데이터는 다음 그림과 같습니다.

	상품ID	카테고리ID	점포코드	가격	판매량	거래일자	주문ID
0	30006206	915000003	CDNL	25.23	0.328	2020-01-01	20190103CDLG000210052759
1	30163281	914010000	CDNL	2.00	2.000	2020-01-02	20190103CDLG000210052759
2	30200518	922000000	CDNL	19.62	0.230	2020-01-03	20190103CDLG000210052759
3	29989105	922000000	CDNL	2.80	2.044	2020-01-04	20190103CDLG000210052759
4	30179558	915000100	CDNL	47.41	0.226	2020-01-05	20190103CDLG000210052759

다음 코드를 사용해 소스 데이터를 불러옵니다.

```
#소스 데이터 가져오기
>>> data = pd.read_csv(r"C:\Users\Desktop\order.csv", parse_dates =["거래일자"])
```

14.3.1 인기 카테고리 확인하기

인기 있는 카테고리를 확인하려면 주문표의 데이터를 카테고리ID에 따라 그룹화하고, 그룹 판매량을 합산하여 일정 기간 내 각 카테고리의 판매량을 얻습니다.

```
>>> data.groupby("카테고리ID")["판매량"].sum().reset_index()
     카테고리ID   판매량
0    910000000   24.0
1    910010000   7.0
2    910010002   1.0
3    910010101   6.0
4    910010301   2.0
5    910010400   1.0
6    910010500   4.0
7    910020000   10.0
8    910020102   1.0
9    910020104   31.0
10   910020105   1.0
......
```

이 코드를 실행하여 일정 기간 모든 카테고리의 판매량을 가져옵니다. 판매량 상위 10개 카테고리를 확인하려면 판매량을 내림차순으로 정렬하고 상위 10개의 행을 가져옵니다.

```
>>> data.groupby("카테고리ID")["판매량"].sum().reset_index()
    .sort_values(by = "판매량", ascending = False).head(10)
     카테고리ID   판매량
240   922000003   425.328
239   922000002   206.424
251   923000006   190.294
216   915030104   175.059
238   922000001   121.355
367   960000000   121.000
234   920090000   111.565
249   923000002   91.847
237   922000000   86.395
247   923000000   85.845
```

14.3.2 인기 상품 확인하기

인기 있는 상품의 확인은 인기 카테고리를 확인하는 방법과 같은 방식을 사용합니다. 앞에서는 데이터 그룹화를 사용하였지만, 여기서는 피벗 테이블을 사용해 인기 있는 제품과 상위 10개 제품을 확인해 보겠습니다.

```
>>> pd.pivot_table(data, index = "상품ID", values = "판매량", aggfunc = "sum")
    .reset_index().sort_values(by = "판매량", ascending = False).head(10)
     상품ID     판매량
8    29989059  391.549
18   29989072  102.876
469  30022232  101.000
523  30031960  99.998
57   29989157  72.453
476  30023041  64.416
505  30026255  62.375
7    29989058  56.052
510  30027007  48.757
903  30171264  45.000
```

14.3.3 점포별 매출액 비율 확인하기

상품의 판매 상태는 판매량을 사용해 표시할 수 있으며, 매출액은 판매량에 단가를 곱합니다. 주문표에는 매출액 필드가 없으므로 새로운 필드를 추가합니다. 필드 추가 후 점포코드로 그룹화하고 각 그룹별 매출액을 계산합니다. 각 점포별 매출액의 비율 확인은 다음 코드와 같습니다.

```
>>> data["매출액"] = data["판매량"]*data["가격"]
>>> data.groupby("점포코드")["매출액"].sum()
      점포코드
CDLG  10908.82612
CDNL  8059.47867
CDXL  9981.76166
Name: 매출액, dtype: float64
>>> data.groupby("점포코드")["매출액"].sum()/data["매출액"].sum()
      점포코드
CDLG  0.376815
CDNL  0.278392
CDXL  0.344792
Name: 매출액, dtype: float64
#원 그래프 생성하기
>>> (data.groupby("점포코드")["매출액"].sum()/data["매출액"].sum()).plot.pie()
```

코드를 실행하면 다음 그림과 같이 점포별 매출액 비율을 원 그래프로 확인할 수 있습니다.

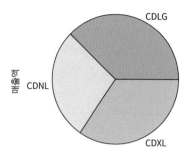

14.3.4 방문 고객이 가장 많은 시간대 확인하기

고객이 가장 많은 시간대를 확인하면 직원의 효율적인 배치와 판촉 행사 진행 시간 결정에 도움을 줄 수 있습니다.

하루 중 고객이 가장 많은 시간대를 확인하려면 각 시간별 고객 수를 확인해야 합니다. 주문표의 거래일자는 날짜와 시간이 모두 존재하므로 시간만 추출합니다. 추출 후 주문ID의 중복을 제거하면 고객 수를 확인할 수 있습니다.

```
#시간 형식 사용자 정의 함수 strftime을 사용해 시간 추출
>>> data["시"] = data["거래일자"].map(lambda x:int(x.strftime("%H")))
#시간과 주문 중복 제거
>>> traffic = data[["시", "주문ID"]].drop_duplicates()
#시간별 고객 수
>>> traffic.groupby("시")["주문ID"].count()
    시
6    10
7    37
8    106
9    156
10   143
11   63
13   30
14   36
15   17
16   50
17   73
18   71
19   71
20   39
21   16
Name: 주문ID, dtype: int64
#시간별 고객 수의 꺾은선 그래프 생성
>>> traffic.groupby("시")["주문ID"].count().plot()
```

앞의 코드에서 시간과 주문의 중복을 제거하는 이유는 사용하는 주문표가 상품ID를 기본 키로 사용하기 때문입니다. 한 시간 내 같은 주문ID가 여러 개 존재할 수 있으며, 이러한 주문 ID는 같은 사람의 것이므로 중복을 제거해야 합니다.

시간별 고객 수의 꺾은선 그래프는 다음 그림과 같습니다. 이를 통해 슈퍼마켓에서 고객이 많은 시간은 8~10시 사이이며, 17~19시에도 판매가 증가하는 것을 확인할 수 있습니다.

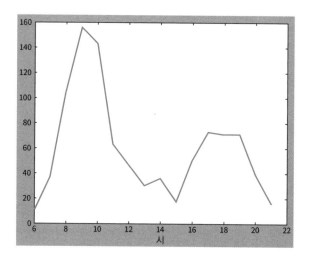

14.4 은행 관련 데이터 분석

은행 관련 데이터 분석에서 대손(외상 매출금, 대출금 따위를 돌려받지 못하여 손해를 보는 일)율은 매일 주의를 기울여야 하는 중요한 지표입니다. 그렇다면 대손율에 영향을 미치는 요인은 무엇이 있을까요? 차입자의 명세 이력을 통해 대손율이 어떤 요인에 의해 영향을 받았는지 확인할 수 있습니다. 데이터는 다음 그림과 같습니다.

	유저ID	고객평가	나이	부채율	월수입	부양가족수
0	1	1	45	0.802982	9120.0	2.0
1	2	0	40	0.121876	2600.0	1.0
2	3	0	38	0.085113	3042.0	0.0
3	4	0	30	0.036050	3300.0	0.0
4	5	0	49	0.024926	63588.0	0.0

소스 데이터는 다음과 같이 가져옵니다.

```
#소스 데이터 가져오기
>>> data = pd.read_csv(r"C:\Users\Desktop\loan.csv")
>>> data.info()
<class 'pandas.core.frame.DataFrame'>
RangeIndex: 150000 entries, 0 to 149999
Data columns (total 6 columns):
사용자ID    150000 non-null int64
고객평가    150000 non-null int64
나이      150000 non-null int64
부채율    150000 non-null float64
월수입    120269 non-null float64
부양가족수  146076 non-null float64
dtypes: float64(3), int64(3)
memory usage: 6.9 MB
```

14.4.1 고소득과 부채율의 상관관계

소득이 높은 사람은 상대적으로 돈이 부족하지 않고, 부채율도 낮을 것이라고 생각하지만 실제로는 어떨까요?

데이터를 확인해 보겠습니다. 차입자의 기본 명세 정보에는 월수입에 대한 결측값이 존재합니다. 따라서 구체적인 분석에 앞서 결측값을 처리해야 합니다. 평균값을 사용해 결측값을 채워 넣는 방법은 다음과 같습니다.

```
>>> data = data.fillna({"월수입":data["월수입"].mean()})
>>> data.info()
<class 'pandas.core.frame.DataFrame'>
RangeIndex: 150000 entries, 0 to 149999
Data columns (total 6 columns):
사용자ID    150000 non-null int64
고객평가    150000 non-null int64
나이      150000 non-null int64
부채율    150000 non-null float64
월수입    150000 non-null float64
부양가족수  146076 non-null float64
dtypes: float64(3), int64(3)
memory usage: 6.9 MB
```

월수입에 결측값을 채워 넣었으니 분석을 진행하겠습니다.

월수입은 연속되는 값이므로 연속되는 값의 분석은 보통 연속값의 이산화를 진행합니다. 연속값을 구간으로 분리하여 다시 여러 카테고리로 구분합니다.

```
>>> cut_bins = [0, 5000, 10000, 15000, 20000, 100000]
>>> income_cut = pd.cut(data["월수입"], cut_bins)
>>> income_cut
[(5000, 10000], (0, 5000], (20000, 100000], (10000, 15000], (15000, 20000]]
Categories (5, interval[int64]): [(0, 5000] < (5000, 10000] < (10000, 15000] <
                                  (15000, 20000] < (20000, 100000]]
```

구간을 분리하면 구간별 대손율을 확인할 수 있습니다. 대손율은 어떻게 계산해야 할까요? 대손율은 만기가 지나도 부채를 상환하지 않은 모든 차입자의 비율입니다. 만기가 도래했음에도 상환하지 않은 차입자는 고객평가 필드를 1, 만기가 지나지 않은 차입자는 0으로 표시합니다. 대손율은 고객평가 전체 필드 수의 합(전체 고객 수)과 미상환 고객(고객평가 데이터의 합)의 비율과 같습니다.

```
>>> all_income_user = data["고객평가"].groupby(income_cut).count()
>>> bad_income_user = data["고객평가"].groupby(income_cut).sum()
>>> bad_rate = bad_income_user/all_income_user
>>> bad_rate
월수입
(0, 5000]          0.087543
(5000, 10000]      0.058308
(10000, 15000]     0.041964
(15000, 20000]     0.041811
(20000, 100000]    0.053615
Name: 고객평가, dtype: float64
#월수입과 대손율의 관계도 생성
>>> bad_rate.plot.bar()
```

오른쪽 그래프와 같이 월수입이 1만 달러 이상이면 소득이 높을수록 대손율이 낮아지지만, 1만 5천 달러를 초과하면 대손율이 다시 상승합니다. 따라서 월수입이 높을수록 대손율이 항상 낮아지는 것은 아니지만, 일정 범위 내에서는 월수입이 높을수록 대손율이 낮아진다고 볼 수 있습니다.

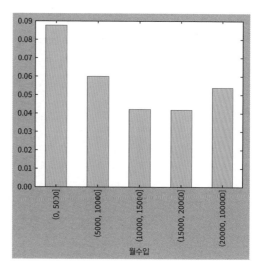

14.4.2 나이와 대손율의 관계 확인하기

나이와 대손율은 어떤 관계가 있을까요? 나이가 많을수록 합리적으로 소비하게 되고, 신용도를 중시하기 때문에 대손율이 낮아질까요?

나이도 연속값이므로 연속값의 이산화 처리는 다음 코드와 같습니다.

```
>>> age_cut = pd.qcut(data["나이"], 6)
>>> all_age_user = data["고객평가"].groupby(age_cut).count()
>>> bad_age_user = data["고객평가"].groupby(age_cut).sum()
>>> bad_rate = bad_age_user/all_age_user
나이
(-0.109, 18.167] 0.000000
(18.167, 36.333] 0.110124
(36.333, 54.5] 0.081645
(54.5, 72.667] 0.041719
(72.667, 90.833] 0.021585
(90.833, 109.0] 0.022495
Name: 고객평가, dtype: float64
#나이와 대손율 관계도 생성
>>> bad_rate.plot.bar()
```

다음 그림을 통해 18세 미만의 대손율은 0, 18~36세의 대손율은 높음, 36세 이상은 나이가 들수록 대손율이 하락하는 추세를 확인할 수 있습니다.

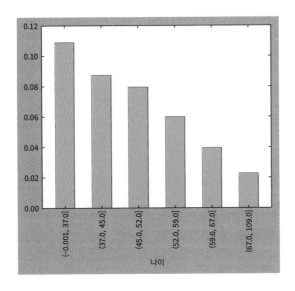

14.4.3 부양가족수와 대손율의 관계 확인하기

부양가족수와 대손율은 어떤 관계가 있을까요? 가족의 수가 많을수록 부담이 늘어나므로 대손율은 높아질까요? 혹은 가족이 많고 노동력이 많을수록 대손율은 낮아질까요? 가족수와 대손율의 관계를 확인해 보겠습니다.

부양가족수도 연속값이므로 이산화 처리를 진행해야 하지만, 값이 크지 않으므로 구간 분할은 진행하지 않겠습니다.

```
>>> all_age_user = data.groupby("부양가족수")["고객평가"].count()
>>> bad_age_user = data.groupby("부양가족수")["고객평가"].sum()
>>> bad_rate = bad_age_user/all_age_user
부양가족수
0.0      0.058629
1.0      0.073529
2.0      0.081139
3.0      0.088263
4.0      0.103774
5.0      0.091153
6.0      0.151899
7.0      0.098039
8.0      0.083333
9.0      0.000000
10.0     0.000000
13.0     0.000000
20.0     0.000000
Name: 고객평가, dtype: float64
#부양가족수와 대손율의 관계도 생성
>>> bad_rate. plot()
```

오른쪽 그래프는 부양가족수와 대손율의 관계를 나타냅니다. 가족수가 많을수록 부담이 커지고 대손율도 높아지므로, 이를 통해 첫 번째 추측이 맞다는 것을 확인할 수 있습니다. 그러나 가족수가 8명 이상이 되면 대손율은 0이 됩니다. 보통 가족수가 8명을 넘기는 어려우므로 이 부분의 데이터는 이상값으로 취급하여 삭제할 수 있습니다.

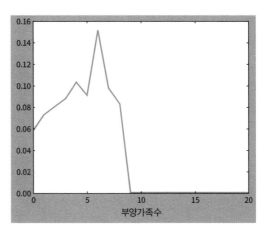

15

NumPy 배열

Pandas(판다스)와 NumPy(넘파이)는 특별한 역사를 가지고 있습니다. 파이썬이 처음 개발된 후에는 데이터 계산에 주로 행렬 관련 연산이 필요했으며, 이러한 요구를 충족하기 위해 NumPy가 탄생하였습니다. 하지만 실제 작업에서는 주로 행렬 형식으로 저장하지 않고, 데이터베이스 혹은 로컬에 엑셀 형식으로 저장합니다. 따라서 사용자들이 더 편리하게 이용할 수 있도록 NumPy를 기반으로 한 Pandas가 개발되었습니다. 사실 두 패키지가 제공하는 함수는 비슷하며, 같은 기능은 같은 함수를 사용했다는 것을 확인할 수 있습니다. 예를 들면 합계를 구하는 sum() 함수 등이 있습니다. 데이터 분석에 더 많이 사용하는 것은 Pandas이므로 앞에서는 Pandas를 사용해 설명을 진행하였습니다. 그러나 Pandas는 NumPy를 기반으로 생성되었으므로 이번 장에서는 NumPy와 관련된 부분을 소개하겠습니다.

15.1 NumPy 소개

NumPy는 다차원 배열Ndarray을 위한 과학 계산(다양한 연산) 패키지입니다. 이 패키지는 배열 간 계산에 사용할 수 있는 함수를 캡슐화하여 직접 호출할 수 있도록 합니다.

배열은 같은 유형의 데이터가 특정 순서에 따라 정렬되어 있는 요소의 조합입니다. 주의할 점은 반드시 같은 유형의 데이터여야 하므로 모두 정수이거나 모두 문자열 등이 되어야 합니다.

```
array([1, 2, 3, 4, 5, 6]) #숫자형 배열
array(['a', 'b', 'c', 'd', 'e', 'f'], dtype = '<U1') #문자형 배열
```

15.2 NumPy 배열 생성

NumPy를 사용하려면 먼저 NumPy 배열에 맞는 데이터가 있어야 합니다. Pandas에 DataFrame과 Series 데이터 구조가 존재하듯이 각 패키지에는 그에 맞는 데이터 구조가 존재합니다.

다음은 배열을 생성하는 몇 가지 방법입니다. 파이썬에서 배열의 생성은 array() 함수를 사용하며, array() 함수의 파라미터는 임의의 시퀀스형 객체(리스트, 튜플, 문자열 등)가 될 수 있습니다.

NumPy 배열의 함수 또는 메소드를 사용하기 위해서는 먼저 패키지를 가져와야 합니다.

```
import numpy as np
```

프로그램에서 가져오기는 한 번만 실행하면 됩니다. 따라서 다음부터 사용하는 NumPy 관련 코드는 이미 가져오기가 완료된 상태라고 가정하겠습니다.

15.2.1 일반 배열 생성하기

array() 함수에 리스트 형식의 파라미터를 전달할 수 있습니다.

```
>>> arr = np.array([2, 4, 6, 8])
>>> arr
array([2, 4, 6, 8])
```

array() 함수에 튜플 형식의 파라미터를 전달할 수 있습니다.

```
>>> arr = np.array((2, 4, 6, 8))
>>> arr
array([2, 4, 6, 8])
```

array() 함수에 중첩된 리스트 형식을 파라미터로 전달하면 다차원 배열이 생성됩니다.

```
>>> arr = np.array([[1, 2, 3], [4, 5, 6]])
>>> arr
array([[1, 2, 3],
       [4, 5, 6]])
```

15.2.2 특수 유형의 배열 생성하기

■ 고정 범위의 임의 배열 생성

arange() 함수는 고정 범위를 갖는 임의 배열을 생성합니다.

```
np.arange(start, stop, step)
```

이 코드에서 start는 시작값(start 값 포함), stop은 종룟값(stop 미포함), step은 폭(숫자 사이의 간격)을 나타내며, arange()는 임의 시퀀스를 생성합니다. 구체적인 샘플은 다음 과 같습니다.

```
#시작 1, 종료 15, 폭 3인 임의 시퀀스
>>> np.arange(1, 15, 3)
array([1, 4, 7, 10, 13])
```

step 파라미터를 생략하면 기본값은 1입니다.

```
#시작 1, 종료 15, 폭은 기본값인 임의 시퀀스
>>> np.arange(1, 15)
array([1, 2, 3, 4, 5, 6, 7, 8, 9, 10, 11, 12, 13, 14])
```

start 파라미터를 생략하면 기본값인 0부터 시작합니다.

```
#종료 15, 폭은 기본값인 임의 시퀀스 생성
>>> np.arange(15)
array([0, 1, 2, 3, 4, 5, 6, 7, 8, 9, 10, 11, 12, 13, 14])
```

■ 지정한 형태에서 값이 모두 0인 배열 생성하기

zeros() 함수를 사용해 지정한 형태에서 값이 모두 0인 배열을 생성합니다.

zeros() 함수에 특정값을 전달하면 이 값은 길이가 되며, 모든 값이 0인 일차원 배열이 생성됩니다. 샘플은 다음과 같습니다.

```
#길이가 3인 0 배열 생성
>>> np.zeros(3)
array([0., 0., 0.])
```

zeros() 함수에 하나의 세트값을 전달하면 행과 열이 모두 0인 다차원 배열이 생성됩니다.

```
#2행 3열의 배열 생성
>>> np.zeros((2, 3))
array([[0., 0., 0.]
       [0., 0., 0.]])
```

■ 지정한 형태에서 값이 모두 1인 배열 생성하기

ones() 함수를 사용해 지정한 형태에서 값이 모두 1인 배열을 생성합니다. 방법은 값이 모두 0인 배열을 생성하는 것과 같으며, 0을 1로만 변경하면 됩니다.

ones() 함수에 특정 값을 전달하면 이 값은 길이가 되며, 모든 값이 1인 배열이 생성됩니다. 샘플은 다음과 같습니다.

```
#길이가 3인 1배열 생성
>>> np.ones(3)
[1, 1, 1]
```

ones() 함수에 하나의 세트값을 전달하면 행과 열이 모두 1인 다차원 배열이 생성됩니다.

```
>>> np.ones((2, 3))
[[1. 1. 1.]
 [1. 1. 1.]]
```

■ 정사각형 단위 행렬 생성하기

단위 행렬은 대각선의 요소값이 모두 1, 다른 위치의 요소값은 모두 0인 행렬이며, eye() 함수를 사용합니다.

eye() 함수에 사각형의 길이를 파라미터로 전달하며, 샘플은 다음과 같습니다.

```
#3×3의 단위 행렬 생성
>>> np.eye(3)
[[1. 0. 0]
 [0. 1. 0.]
 [0. 0. 1.]]
```

15.2.3 임의 배열 생성하기

임의 배열의 생성은 주로 NumPy의 random 모듈을 사용합니다.

■ np.random.rand() 메소드

np.random.rand() 메소드는 주로 (0, 1) 사이의 임의 배열 생성에 사용합니다.

rand() 함수에 특정 값이 전달되면 이 값은 길이가 되며, (0, 1) 사이의 값을 갖는 임의 배열을 생성합니다. 샘플은 다음과 같습니다.

```
#길이 3인 (0, 1) 사이의 임의 배열 생성
>>> np.random.rand(3)
[0.85954324 0.94129099 0.33485322]
```

rand() 함수에 하나의 세트값을 전달하면 해당하는 행과 열의 수를 갖는 다차원 배열을 생성합니다. 배열의 값은 (0, 1) 사이이며, 샘플은 다음과 같습니다.

```
#2행 3열 (0, 1) 사이의 배열 생성
>>> np.random.rand(2, 3)
[[0.76607317 0.66620877 0.2951136]
 [0.96297267 0.25171215 0.99923204]]
```

■ np.random.randn() 메소드

np.random.randn() 메소드는 정규 분포를 만족하는 지정된 모양의 배열을 생성합니다.

randn() 함수에 특정 값을 전달하면 정규 분포에 만족하면서 전달한 값에 해당하는 길이를 갖는 임의 배열을 생성합니다. 샘플은 다음과 같습니다.

```
#길이가 3이며, 정규 분포를 만족하는 임의 배열
>>> np.random.randn(3)
[-0.30826271 0.38873466 -0.62074553]
```

randn() 함수에 세트값을 전달하면 배열의 값이 정규 분포를 만족하고, 전달한 값에 해당하는 행과 열의 수를 갖는 다차원 배열을 생성합니다. 샘플은 다음과 같습니다.

```
#정규 분포를 만족하는 2행 3열의 임의 배열 생성
>>> np.random.randn(2, 3)
[[2.22566558 0.97700653 0.18360011]
 [0.53133955 0.41699539 0.23905268]]
```

■ np.random.randint() 메소드

np.random.randint() 메소드는 np.arange() 메소드와 비슷하며, 특정 범위 내에서 임의 배열을 생성합니다.

```
np.random.randint(low, high = None, size = None)
```

이 코드는 왼쪽 닫힘 오른쪽 열림 구간인 [low, high)에서 배열 크기가 size인 균등 분포의 정숫값을 생성합니다. 샘플은 다음과 같습니다.

```
#구간 [1, 5)에서 길이 10의 임의 배열 생성
>>> np.random.randint(1, 5, 10)
[3 3 2 2 1 2 4 2 2 3]
```

high 파라미터가 비어 있을 때, 구간은 [0, low)로 변경됩니다. 샘플은 다음과 같습니다.

```
#구간 [0, 5)에서 길이가 10인 임의 배열 생성
>>> np.random.randint(5, size = 10)
[2 0 2 2 3 4 0 3 3 3]
```

size 파라미터에 하나의 값을 전달하면 생성되는 임의 배열은 일차원입니다. size 파라미터에 세트값을 전달하면 다차원의 임의 배열이 생성되며, 샘플은 다음과 같습니다.

```
#구간 [0, 5)에서 2행 3열의 임의 배열 생성
>>> np.random.randint(5, size = (2, 3))
[[4 4 3]
 [2 0 0]]
```

■ np.random.choice() 메소드

np.random.choice() 메소드는 주로 이미 알고 있는 배열에서 해당 크기의 배열을 임의로 선택합니다.

```
np.random.choice(a, size = None, replace = None, p = None)
```

이 코드는 배열 a에서 size 크기의 배열을 새로운 배열로 선택합니다. a는 배열이거나 정수일 수 있습니다. a가 하나의 배열일 때는 해당 배열에서 임의 샘플링을 진행하며, a가 정수일 때는 range(int)로 샘플링을 진행합니다.

```
#첫 번째 파라미터로 전달하는 값의 범위 내에서 3개의 데이터를 선택하여 배열 생성
>>> np.random.choice(5, 3)
[2 1 1]
```

size가 하나의 값이면 일차원 배열을 생성하고, size가 세트값이면 다차원 배열을 생성합니다.

```
#배열 a에서 2행 3열의 값을 선택하여 배열 생성
>>> np.random.choice(5, (2, 3))
[[2 4 2]
 [0 3 2]]
```

■ np.random.shuffle() 메소드

np.random.shuffle() 메소드는 주로 카드 게임의 셔플 작업과 유사하며, 원 배열 시퀀스의 셔플을 진행합니다.

```
>>> arr = np.arange(10)
>>> arr
[0 1 2 3 4 5 6 7 8 9]  #원 배열 시퀀스
>>> np.random.shuffle(arr)
>>> arr
[2 7 1 6 3 0 5 8 4 9]  #셔플 후 배열
```

15.3 NumPy 배열의 기본 속성

NumPy 배열의 기본 속성은 주로 배열의 형태, 크기, 유형과 차원을 포함합니다.

■ 배열의 형태

배열의 형태는 배열에 존재하는 데이터의 행과 열의 수를 의미합니다. shape 메소드를 사용해 직접 확인할 수 있으며, 샘플은 다음과 같습니다.

```
#3행 3열 배열
>>> arr = np.array([[1, 2, 3], [4, 5, 6], [7, 8, 9]])
>>> arr
array([[1, 2, 3],
       [4, 5, 6],
       [7, 8, 9]])
>>> arr.shape
(3, 3)
```

■ 배열의 크기

배열의 크기는 배열의 전체 요소 수를 의미합니다. size 메소드를 사용해 직접 확인할 수 있으며, 샘플은 다음과 같습니다.

```
#arr 배열의 원소는 모두 9개
>>> arr.size
9
```

■ 배열의 유형

배열의 유형은 배열을 구성하는 요소의 유형을 의미합니다. NumPy는 주로 다섯 가지 유형이 있으며, 다음과 같습니다.

카테고리	내용
int	정수
float	실수
object	파이썬의 객체 유형
string_	문자열. 보통 S로 나타내며, S10은 길이가 10인 문자열
unicode_	고정 길이의 유니코드. 문자열의 정의와 같으며 주로 U로 나타냄

배열의 데이터 유형 확인은 dtype 메소드를 사용합니다.

```
#arr 배열의 유형은 int
>>> arr.dtype
int32
```

■ 배열의 차원

배열의 차원은 다차원 공간을 의미합니다. 다차원 공간은 다차원 배열을 나타내며, ndim 메소드를 사용해 확인할 수 있습니다. 샘플은 다음과 같습니다.

```
#arr 배열은 2차원 배열
>>> arr.ndim
2
#arr1 배열은 1차원 배열
>>> arr1 - np.array([1, 2, 3])
>>> arr1
array([1, 2, 3])
>>> arr1.ndim
1
```

15.4 NumPy 배열의 데이터 선택

데이터 선택은 인덱싱을 통해 원하는 데이터를 전체 데이터에서 추출합니다.

15.4.1 일차원 데이터 선택하기

일차원 데이터의 선택은 하나의 행 또는 하나의 열 데이터로 볼 수 있습니다. 하나의 행 또는 하나의 열에서 특정 데이터를 선택하는 것과 같습니다.

먼저, 사용할 일차원 배열을 생성합니다.

```
>>> arr = np.arange(10)
>>> arr
array([0, 1, 2, 3, 4, 5, 6, 7, 8, 9])
```

■ 특정 위치 전달하기

NumPy의 인덱스도 0부터 계산합니다. 네 번째 위치의 데이터를 가져오기 위한 코드는 다음과 같습니다.

```
#네 번째 위치는 3을 전달
>>> arr[3]
3
```

뒤에서부터 데이터를 얻고 싶으면 배열에 -1을 전달하며, 이는 마지막 데이터 하나를 가져옵니다. 배열에 -2를 전달하면 뒤에서 두 번째 데이터를 가져옵니다. 0부터 순서대로 계산하거나, -1부터 역순으로 계산할 수도 있습니다.

```
#뒤에서 첫 번째 데이터 가져오기
>>> arr[-1]
9
#뒤에서 두 번째 데이터 가져오기
>>> arr[-2]
8
```

■ 특정 위치 구간 전달하기

배열의 각 요소는 위치를 갖습니다. 연속된 특정 위치의 요소를 가져오려면 요소의 시작 위치와 끝 위치를 지정하여 위치의 구간을 표현할 수 있습니다. 위치는 기본적으로 왼쪽 닫힘, 오른쪽 열림 구간으로 설정됩니다. 따라서 시작 위치의 요소는 선택되지만, 끝 위치의 요소는 선택되지 않습니다. 샘플은 다음과 같습니다.

```
#3~5 위치의 데이터 가져오기. 5 위치의 데이터는 포함되지 않음
>>> arr[3:5]
array([3, 4])
```

특정 위치 이후의 요소를 모두 가져오려면 시작 위치만 지정하면 됩니다. 샘플은 다음과 같습니다.

```
#3 위치 이후의 모든 요소를 가져오기
>>> arr[3:]
array([3, 4, 5, 6, 7, 8, 9])
```

특정 위치 이전의 요소를 모두 선택할 수도 있으며, 끝 위치만 지정하면 됩니다. 샘플은 다음과 같습니다.

```
#3 위치 이전의 모든 요소 가져오기
>>> arr[:3]
array([0, 1, 2])
```

역순 위치 계산 방법과 섞어서 사용할 수도 있으며, 샘플은 다음과 같습니다.

```
#3 위치에서 시작해 끝에서 두 번째 요소까지 가져오기. 2 위치는 포함되지 않음
>>> arr[3:-2]
array([3, 4, 5, 6, 7])
```

■ 특정 조건 전달하기

특정 판단 조건을 배열에 전달하면 조건에 맞는 요소를 반환합니다. 샘플은 다음과 같습니다.

```
#배열에서 3보다 큰 원소 가져오기
>>> arr[arr > 3]
array([4, 5, 6, 7, 8, 9])
```

15.4.2 다차원 데이터 선택하기

다차원 데이터는 여러 행과 열이 있는 다차원 배열을 의미합니다. 여러 행과 여러 열이 있는 배열에서 원하는 데이터를 선택하는 방법을 확인하겠습니다.

다차원 배열의 생성은 다음과 같습니다.

```
>>> arr = np.array([[1, 2, 3], [4, 5, 6], [7, 8, 9]])
>>> arr
array([[1, 2, 3],
       [4, 5, 6],
       [7, 8, 9]])
```

■ 특정 행 데이터 가져오기

특정 행 데이터를 가져오려면 행의 위치를 전달합니다. 샘플은 다음과 같습니다.

```
#2행 데이터 가져오기
>>> arr[1]
array([4, 5, 6])
```

■ 여러 행 데이터 가져오기

여러 행 데이터를 가져오려면 행의 위치 구간을 전달합니다. 샘플은 다음과 같습니다.

```
#2행과 3행 데이터 가져오기. 세 번째 행 포함
>>> arr[1:3]
array([[4, 5, 6],
       [7, 8, 9]])
```

특정 행의 앞 또는 뒤의 모든 행 데이터를 가져올 수 있습니다. 샘플은 다음과 같습니다.

```
#3행 앞의 모든 데이터 가져오기. 세 번째 행은 포함하지 않음
>>> arr[:2]
array([[1, 2, 3],
       [4, 5, 6]])
```

■ 열 데이터 가져오기

특정 열의 데이터를 가져오려면 열의 위치를 직접 전달합니다. 샘플은 다음과 같습니다.

```
#2열의 데이터 가져오기
>>> arr[:, 1]
array([2, 5, 8])
```

코드에서 쉼표의 앞은 행 위치를 표시하며, 쉼표의 뒤는 열 위치를 표시합니다. 쉼표 앞에 콜론을 입력하면 모든 행을 가져옵니다.

■ 여러 열 데이터 가져오기

여러 열의 데이터를 가져오려면 해당 열의 위치 구간을 전달합니다. 샘플은 다음과 같습니다.

```
#1~3열의 데이터 가져오기. 3열은 포함하지 않음
>>> arr[:, 0:2]
array([[1, 2],
       [4, 5],
       [7, 8]])
```

특정 열의 앞 또는 뒤의 모든 열을 가져올 수도 있습니다. 샘플은 다음과 같습니다.

```
#3열 앞의 모든 열을 가져오기. 3열은 포함하지 않음
>>> arr[:, :2]
array([[1, 2],
       [4, 5],
       [7, 8]])
#2열 뒤의 모든 열 가져오기. 2열 포함
>>> arr[:, 1:]
array([[2, 3],
       [5, 6],
       [8, 9]])
```

■ 행과 열 동시에 가져오기

행과 열을 동시에 가져오려면 행 위치와 열 위치를 구분하여 전달합니다. 샘플은 다음과 같습니다.

```
#1~2행, 2~3열 데이터 가져오기
>>> arr[0:2, 1:3]
array([[2, 3],
       [5, 6]])
```

15.5 NumPy 배열의 데이터 전처리

15.5.1 NumPy 배열의 유형 변환하기

유형이 다른 데이터는 계산 방법도 다르므로 가져온 데이터는 원하는 유형으로 변환해야 합니다. NumPy 배열은 astype() 메소드를 사용해 유형을 변환하며, 파라미터로 변환할 유형을 전달합니다. 샘플은 다음과 같습니다.

```
>>> arr = np.arange(5)
>>> arr
[0 1 2 3 4]

#arr 배열의 원래 데이터 유형은 int32
>>> arr.dtype
int32

#arr 배열을 int 유형에서 float 유형으로 변환
>>> arr_float = arr.astype(np.float64)
>>> arr_float
array([0., 1., 2., 3., 4.])
>>> arr_float.dtype
dtype('float64')

#arr 배열을 int 유형에서 str 유형으로 변환
>>> arr_str = arr.astype(np.string_)
>>> arr_str
array([b'0', b'1', b'2', b'3', b'4'], dtype = '|S11')
>>> arr_str.dtype
dtype('S11')
```

5.4.2절의 Pandas 부분에서도 변환 관련 설명을 진행하였으므로 이미 익숙할 것입니다. 둘의 차이점은 무엇일까요? 각각의 라이브러리에 존재하는 두 개의 메소드이지만 본질적으로는 같으며, Pandas의 특정 열은 실제로 NumPy 배열입니다.

15.5.2 NumPy 배열의 결측값 처리하기

결측값 처리는 두 단계로 나뉩니다. 첫 번째는 결측값의 존재 여부를 확인하여 결측값을 찾는 단계이며, 두 번째는 결측값을 채워 넣는 단계입니다.

결측값은 isnan() 메소드를 사용해 찾을 수 있습니다. 결측값을 판단하기 전에 결측값이 존재하는 배열을 먼저 생성합니다. NumPy에서 결측값은 np.nan으로 표시합니다.

```
#결측값을 포함하는 배열 생성. nan으로 결측값 표시
>>> arr = np.array([1, 2, np.nan, 4])
>>> arr
array([1., 2., nan, 4.])
```

결측값을 포함하는 배열 생성 후 결측값을 판단할 수 있습니다. 특정 위치의 값이 결측값이면 True, 그렇지 않으면 False를 반환합니다.

```
#3 위치는 결측값
>>> np.isnan(arr)
array([False, False, True, False])
```

발견한 결측값에 데이터를 채워 넣을 수 있습니다. 예를 들어, 다음과 같이 0으로 채워 넣을 수 있습니다.

```
#0으로 채우기
>>> arr[np.isnan(arr)] = 0
>>> arr
array([[1., 2., 0., 4]])
```

15.5.3 NumPy 배열의 중복값 처리

중복값은 unique() 메소드를 사용해 처리할 수 있습니다.

```
>>> arr = np.array([1, 2, 3, 2, 1])
>>> np.unique(arr)
array([1, 2, 3])
```

15.6 NumPy 배열 재구성

배열의 재구성은 배열의 형태를 변경하는 것입니다. 예를 들어, 3행 4열의 배열을 4행 3열의 형태로 변경하는 것과 같습니다. NumPy의 reshape 메소드를 사용합니다.

15.6.1 일차원 배열 재구성하기

일차원 배열의 재구성은 하나의 행 또는 하나의 열 배열에서, 여러 행과 여러 열의 배열로 변경하는 것과 같습니다. 샘플은 다음과 같습니다.

```
#일차원 배열 생성
>>> arr = np.arange(8)
>>> arr
array([0, 1, 2, 3, 4, 5, 6, 7])
#2행 4열 다차원 배열로 재구성
>>> arr.reshape(2, 4)
array([[0, 1, 2, 3],
       [4, 5, 6, 7]])
#4행 2열 다차원 배열로 재구성
>>> arr.reshape(4, 2)
array([[0, 1],
       [2, 3],
       [4, 5],
       [6, 7]])
```

앞의 일차원 배열은 2행 4열 또는 4행 2열의 다차원 배열로 변환할 수 있습니다. 2행 4열
또는 4행 2열 등 형태에 상관없이 재구성 후에도 원소의 개수만 같으면 됩니다.

15.6.2 다차원 배열 재구성하기

다차원 배열의 재구성은 다음과 같습니다.

```
#다차원 배열 생성
>>> arr = np.array([[1, 2, 3, 4], [5, 6, 7, 8], [9, 10, 11, 12]])
>>> arr
array([[1, 2, 3, 4],
       [5, 6, 7, 8],
       [9, 10, 11, 12]])
#4행 3열로 배열 재구성
>>> arr.reshape(4, 3)
array([[1, 2, 3],
       [4, 5, 6],
       [7, 8, 9],
       [10, 11, 12]])
#2행 6열로 배열 재구성
>>> arr.reshape(2, 6)
array([[1, 2, 3, 4, 5, 6],
       [7, 8, 9, 10, 11, 12]])
```

3행 4열의 다차원 배열을 4행 3열 또는 2행 6열로 재구성할 수 있으며, 재구성 후에도 원
소의 개수만 같으면 됩니다.

15.6.3 배열 바꾸기

배열 바꾸기는 배열에서 행을 열로 회전시키는 것으로, .T 메소드를 사용합니다. 샘플은
다음과 같습니다.

```
>>> arr
array([[1, 2, 3, 4],
       [5, 6, 7, 8],
       [9, 10, 11, 12]])
>>> arr.T
array([[1, 5, 9],
       [2, 6, 10],
       [3, 7, 11],
       [4, 8, 12]])
```

15.7 NumPy 배열 병합

15.7.1 가로 방향 병합하기

가로 병합은 행의 수가 동일한 두 배열을 행 방향으로 병합하는 것입니다. NumPy
는 DataFrame과 다르게 공통 열이 필요하지 않으며, 두 배열을 단순히 연결합니다.
concatenate, hstack, column_stack라는 세 가지 메소드를 사용할 수 있습니다.

두 배열을 생성하여 병합을 진행해 보겠습니다.

```
>>> arr1 = np.array([[1, 2, 3],
                     [4, 5, 6]])
>>> arr2 = np.array([[7, 8, 9],
                     [10, 11, 12]])
```

■ concatenate 메소드

concatenate 메소드는 병합할 두 배열을 리스트 형식으로 전달합니다. axis 파라미터
를 사용해 행 또는 열 방향을 지정합니다.

```
>>> np.concatenate([arr1, arr2], axis = 1)
array([[1, 2, 3, 7, 8, 9],
       [4, 5, 6, 10, 11, 12]])
```

axis 파라미터에 1을 전달하면 행 방향 결합을 나타냅니다.

◾ hstack 메소드

hstack 메소드는 axis 파라미터를 사용하지 않으며, 두 배열을 튜플 형태로 전달합니다.

```
>>> np.hstack((arr1, arr2))
array([[1, 2, 3, 7, 8, 9],
       [4, 5, 6, 10, 11, 12]])
```

◾ column_stack 메소드

column_stack 메소드와 hstack 메소드는 기본적으로 동일하며, 두 배열을 튜플 형태로 전달합니다.

```
>>> np.column_stack((arr1, arr2))
array([[1, 2, 3, 7, 8, 9],
       [4, 5, 6, 10, 11, 12]])
```

15.7.2 세로 방향 병합하기

가로 병합은 같은 수의 행을 가진 두 배열을 연결하는 것이며, 세로 병합은 같은 수의 열을 가진 두 배열을 연결하는 것입니다. concatenate, vstack, row_stack이라는 세 가지 메소드를 사용할 수 있습니다.

◾ concatenate 메소드

concatenate 메소드를 사용해 배열을 세로로 결합할 때, axis 파라미터에는 0을 전달해야 합니다.

```
>>> np.concatenate([arr1, arr2], axis = 0)
array([[1, 2, 3],
       [4, 5, 6],
       [7, 8, 9],
       [10, 11, 12]])
```

◾ vstack 메소드

vstack은 hstack과 유사한 메소드로, 두 배열을 튜플 형태로 전달합니다.

```
>>> np.vstack((arr1, arr2))
array([[1, 2, 3],
       [4, 5, 6],
       [7, 8, 9],
       [10, 11, 12]])
```

■ row_stack 메소드

row_stack은 column_stack과 유사한 메소드로, 두 배열을 튜플 형태로 전달하여 세로 결합을 진행합니다.

```
>>> np.row_stack((arr1, arr2))
array([[1, 2, 3],
       [4, 5, 6],
       [7, 8, 9],
       [10, 11, 12]])
```

15.8 자주 사용하는 데이터 분석 함수

15.8.1 요소 레벨 함수

요소 레벨 함수는 배열의 각 요소에 대해 동일한 함수 연산을 수행합니다. 주요 함수 설명은 다음과 같습니다.

함수	설명
abs	각 요소의 절대값 구하기
sqrt	각 요소의 제곱근 구하기
square	각 요소의 제곱 구하기
exp	각 요소의 e를 밑으로 하는 지수 계산하기
log, log10, log2, log1p	e를 밑, 10을 밑, 2를 밑으로 하는 대수와 $\log(1 + x)$ 계산하기
modf	실수에 적합하며, 소수와 정수 부분을 별도의 배열로 반환
isnan	NaN 판단. Bool 반환

요소 레벨 함수의 사용법은 다음과 같습니다.

```
#배열 생성
>>> arr = np.arange(4)
>>> arr
array([0, 1, 2, 3])
#각 요소의 제곱 구하기
>>> np.square(arr)
array([0, 1, 4, 9], dtype = int32)
#각 요소의 제곱근 구하기
>>> np.sqrt(arr)
array([0., 1., 1.41421356, 1.73205081])
```

15.8.2 통계 함수

통계 함수는 NumPy 배열 또는 특정 축의 데이터에 대한 통계 연산을 수행하는 것으로, 주요 기능은 다음과 같습니다.

함수	내용
sum	배열의 모든 요소 또는 행/열의 요소 합계
mean	평균 구하기
std, var	표준 편차와 분산 구하기
min, max	최솟값과 최댓값 구하기
argmin, argmax	최솟값과 최댓값 인덱스
cumsum	모든 요소의 누적 합계. 결과는 배열로 반환
cumprod	모든 요소의 누적 곱

새로운 배열을 생성하는 코드는 다음과 같습니다.

```
#새 배열 생성
>>> arr = np.array([[1, 2, 3], [4, 5, 6], [7, 8, 9]])
>>> arr
array([[1, 2, 3],
       [4, 5, 6],
       [7, 8, 9]])
```

자주 사용하는 함수는 다음과 같습니다.

■ 합계 구하기

전체 배열, 배열의 각 행, 각 열의 합을 구하는 코드는 다음과 같습니다.

```
#전체 배열의 합계 구하기
>>> arr.sum()
45

#배열 각 행의 합계
>>> arr.sum(axis = 1)
array([6, 15, 24])

#배열 각 열의 합계
>>> arr.sum(axis = 0)
array([12, 15, 18])
```

■ **평균 구하기**

전체 배열의 평균, 각 행의 평균, 각열의 평균을 구하는 코드는 다음과 같습니다.

```
#전체 배열의 평균 구하기
>>> arr.mean()
5.0

#배열의 각 행의 평균 구하기
>>> arr.mean(axis = 1)
array([2., 5., 8.])

#배열의 각 열의 평균 구하기
>>> arr.mean(axis = 0)
array([4., 5., 6.])
```

■ **최댓값 구하기**

전체 배열의 최댓값, 배열 각 행의 최댓값, 배열 각 열의 최댓값을 구하는 코드는 다음과 같습니다.

```
#전체 배열의 최댓값 구하기
>>> arr.max()
9

#배열 각 행의 최댓값 구하기
>>> arr.max(axis = 1)
array([3, 6, 9])

#배열 각 열의 최댓값 구하기
>>> arr.max(axis = 0)
array([7, 8, 9])
```

15.8.3 조건 함수

NumPy 배열의 조건 함수 np.where(condition, x, y)는 엑셀의 if(condition, True, False) 함수와 유사합니다. 조건condition이 true면 x, false면 y를 반환합니다. 조건 함수의 샘플은 다음과 같습니다.

```
#성적을 저장할 배열 생성
>>> arr = np.array([56, 61, 65])
>>> np.where(arr > 60, "합격", "불합격")  #60보다 크면 합격, 작으면 불합격
array(['불합격', '합격', '합격'], dtype = '<U3')
```

```
#조건에 만족하는 값의 위치를 반환
>>> np.where(arr > 60)
(array([1, 2], dtype = int64),)
```

15.8.4 집합 관계

각 배열은 하나의 집합으로 볼 수 있으며, 집합 관계는 두 배열 간의 관계입니다. 주로 포함, 교집합, 합집합, 차집합의 네 가지 유형이 있습니다.

```
#두 배열 생성
>>> arr1 = np.array([1, 2, 3, 4])
>>> arr2 = np.array([1, 2, 5])
```

■ 포함

배열 arr1에 배열 arr2의 데이터가 포함되어 있는지 확인하여 포함되어 있으면 해당 위치에 True를, 그렇지 않으면 False를 반환합니다.

```
>>> np.in1d(arr1, arr2)
array([True, True, False, False])
```

■ 교집합

교집합은 두 배열의 공통 부분을 반환합니다.

```
>>> np.intersect1d(arr1, arr2)
array([1, 2])
```

■ 합집합

합집합은 두 배열의 모든 데이터 요소의 집합을 반환합니다.

```
>>> np.union1d(arr1, arr2)
array([1, 2, 3, 4, 5])
```

■ 차집합

차집합은 arr1 배열에는 존재하지만, arr2 배열에는 존재하지 않는 요소를 반환합니다.

```
>>> np.setdiff1d(arr1, arr2)
array([3, 4])
```

찾아보기